O SEGREDO DOS RITOS

COLEÇÃO CELEBRAR

- *A missa: memória de Jesus no coração da vida* – Ione Buyst
- *Celebração do Domingo ao redor da Palavra de Deus* – Ione Buyst
- *Celebrar com símbolos* – Ione Buyst
- *Equipe de liturgia* – Ione Buyst
- *O segredo dos ritos: ritualidade e sacramentalidade da liturgia cristã* – Ione Buyst
- *Preparando a Páscoa: Quaresma, Tríduo Pascal, Tempo Pascal* – Ione Buyst
- *Preparando Advento e Natal* – Ione Buyst
- *Símbolos cristãos: os sacramentos como gestos humanos* – Michel Scouarnec
- *Símbolos na liturgia* – Ione Buyst
- *Sinais, palavras e gestos na liturgia* – Balthasar Fischer

Ione Buyst

O SEGREDO DOS RITOS

RITUALIDADE E SACRAMENTALIDADE DA LITURGIA CRISTÃ

Dados Internacionais de Catalogação na Publicação (CIP)
(Câmara Brasileira do Livro, SP, Brasil)

Buyst, Ione
    O segredo dos ritos : ritualidade e sacramentalidade da liturgia
cristã / Ione Buyst. – São Paulo : Paulinas, 2011. – (Coleção celebrar)

    ISBN 978-85-356-2867-8

    1. Celebrações litúrgicas 2. Igreja Católica - Liturgia 3. Ritos e
cerimônias I. Título. II. Série.

11-08907   CDD-264.02

Índice para catálogo sistemático:
1. Liturgia : Cerimônias e ritos : Igreja Católica : Cristianismo   264.02

1ª edição – 2011
1ª reimpressão – 2012

Direção-geral: *Bernadete Boff*
Editora responsável: *Vera Ivanise Bombonatto*
Copidesque: *Anoar Jarbas Provenzi*
Coordenação de revisão: *Marina Mendonça*
Gerente de produção: *Felício Calegaro Neto*
Capa e diagramação: *Telma Custódio*
Imagem de capa: © *Sieger Köder, Abendmahl*

Nenhuma parte desta obra poderá ser reproduzida ou transmitida
por qualquer forma e/ou quaisquer meios (eletrônico ou mecânico,
incluindo fotocópia e gravação) ou arquivada em qualquer sistema ou
banco de dados sem permissão escrita da Editora. Direitos reservados.

Paulinas
Rua Dona Inácia Uchoa, 62
04110-020 – São Paulo – SP (Brasil)
Tel.: (11) 2125-3500
http://www.paulinas.org.br – editora@paulinas.com.br
Telemarketing e SAC: 0800-7010081
© Pia Sociedade Filhas de São Paulo – São Paulo, 2011

Profunda gratidão a Dom Clemente Isnard, osb,
por tudo o que aprendi com ele
em sua fundamental contribuição
para a renovação litúrgica no Brasil.

Missa das 10

Frei Jácomo prega e ninguém entende.
Mas fala com piedade, para ele mesmo
e tem mania de orar pelos paroquianos.
As mulheres que depois vão aos clubes,
os moços ricos de costumes piedosos,
os homens que prevaricam um pouco em seus negócios
gostam todos de assistir à missa de frei Jácomo,
povoada de exemplos, de vida de santos,
da certeza marota de que ao final de tudo
uma confissão *in extremis* garantirá o paraíso.
Ninguém vê o Cordeiro degolado na mesa,
o sangue sobre as toalhas,
seu lancinante grito,
ninguém.
Nem frei Jácomo.

Adélia Prado

SUMÁRIO

SIGLAS 13

APRESENTAÇÃO 15

INTRODUÇÃO 17

1. LITURGIA COMO CELEBRAÇÃO DO "MISTÉRIO" 21
   1. Um mistério a ser celebrado 22
   2. Que mistério é este? 23
   3. O que acontece quando "celebramos" o mistério? 26
   4. Mistério e mistérios 29

2. SACRAMENTALIDADE DA LITURGIA 33
   1. "Mistério" e "sacramento" 34
   2. Voltando a Santo Agostinho 35
   3. Rito e acontecimento de salvação no sacramento do Batismo 38
   4. Forma, reforma, formação… 42

3. RITUALIDADE 47
   1. Rito, ritualidade, ritualismo 48
   2. Alguns aspectos da ritualidade na SC 52
   3. Um olhar atento para o sujeito da ação litúrgica 55
   4. Aprendizagem da ritualidade 57
   5. Um alerta final 65

4. LITURGIA COMO AÇÃO RITUAL 67
   1. Redescoberta da ritualidade 67
   2. Dimensão ritual e existencial da liturgia 68
   3. Ação ritual que expressa nossa fé 70
   4. Liturgia como realidade teologal 72
   5. Liturgia, primeira e necessária fonte de espiritualidade 74
   6. Formação litúrgica integral 75

5. LITURGIA NA INTEIREZA DO SER HUMANO E OS "TRÊS PONTOS" DO LABORATÓRIO LITÚRGICO 77
   1. Recorrendo ao histórico do laboratório litúrgico 78
   2. A visão unitária na antropologia teológica a partir do Concílio Vaticano II.....79
   3. O ser humano em sua inteireza na liturgia..85
   4. Os "três pontos" como eixo do laboratório litúrgico 95

6. ANÁLISE RITUAL NA APRENDIZAGEM PARA A RITUALIDADE 101
   1. Os livros litúrgicos são como "scripts" 101
   2. Análise ritual como primeiro passo 102
   3. Características da liturgia a serem levadas em conta.........................103
   4. Como construir um roteiro para a análise ritual?.............................106
   5. Alguns exemplos...108

7. LITURGIA E MISTAGOGIA...113
   1. Mistagogia: o que é?...114
   2. Comunidades mistagógicas 117
   3. Liturgia como mistagogia 120
   4. O segredo da liturgia: mística "no" corpo 123
   5. A mistagogia dos neófitos 124
   6. Mistagogia dos neófitos e catequese iniciática pós-batismal............127
   7. Prática catequética mistagógica..129
   8. O caminho mistagógico: do rito ao mistério.....................................135
   9. O ano litúrgico como caminho espiritual..139

8. O RITO COMO FONTE DE TEOLOGIA E ESPIRITUALIDADE: REVISITANDO CAMINHOS PERCORRIDOS NA FORMAÇÃO LITÚRGICA..... 145
   1. Preliminares: rito e teologia..145
   2. Formação das equipes de liturgia, incluindo as equipes de música..............149
   3. Laboratório litúrgico 152
   4. Observação participante..154
   5. A prática da leitura orante dos textos bíblicos e litúrgicos na preparação e na celebração..157
   6. Insistência na aprendizagem pela ação ritual....................................159

9. A FORMAÇÃO DO HOMILIASTA: CONTEÚDO, MÍSTICA, MÉTODOS......161
   1. Um caminho a ser percorrido...162
   2. Várias modalidades de formação, conteúdos e mística 164

3. Formação para o ser humano "integral" (corpo, alma, mente, espírito), com uma missão na sociedade 168

4. Uma proposta de formação de homiliastas: organização de possíveis fases (passos a serem dados) 169

À GUISA DE CONCLUSÃO 175

Anexo I. ALGUÉM ME TOCOU! SACRAMENTALIDADE DA LITURGIA NA *SACROSANCTUM CONCILIUM* 177

1. Encontro 177
2. Tocar Deus 178
3. Uma nova maneira de pensar a liturgia 179
4. Liturgia situada na história da salvação 180
5. A estrutura sacramental na economia da salvação 181
6. Sinais sensíveis, significativos e eficazes no encontro do Ressuscitado com o seu povo 183
7. Sinais-símbolos de uma realidade que extrapola a liturgia 185
8. Relevância atual do tema da sacramentalidade e desafios 187
9. Referências bibliográficas 189

Anexo II. BARRO E BRISA: CONVITE À EXPERIÊNCIA RELIGIOSA RITUAL 191

1. Práticas rituais: um dado antropológico 192
2. Ritos integram e interligam as várias dimensões do ser humano 193
3. Ritualidade e fé cristã 195
4. Experiência ritual, experiência litúrgica 198
5. O rito e seu referente 200
6. Caracterização das liturgias que temos 201
7. Referências bibliográficas 203

Anexo III. ESPIRITUALIDADE LITÚRGICA 205

SIGLAS

ASLI Associação dos Liturgistas do Brasil

CEBs Comunidades Eclesiais de Base

CELAM Conselho Episcopal Latino-Americano

CNBB Conferência Nacional dos Bispos do Brasil

DGC Diretório Geral para a Catequese (Congregação para o Clero, São Paulo: Paulinas, 1997)

DNC Diretório Nacional de Catequese (Col. Publicações da CNBB, Documento 1, Brasília: 2006)

GS *Gaudium et Spes*, constituição pastoral do Concílio Vaticano II sobre a Igreja no mundo de hoje

IGMR Instrução Geral sobre o Missal Romano

LMD *La Maison-Dieu, revue d'études liturgiques et sacramentelles*, Paris: Cerf, 1945

RICA Ritual de Iniciação Cristã de Adultos

RL *Revista de Liturgia*, São Paulo: 1973-

SC *Sacrosanctum Concilium*, constituição do Concílio Vaticano II sobre a sagrada liturgia, dez. 1963

APRESENTAÇÃO

"A vós foi dado o conhecimento
dos mistérios do Reino."
(Mt 13,11)

Quem se dispõe a compreender a liturgia, enquanto espaço e tempo simbolizados, linguagem e ação do mistério de Cristo celebrado, deve considerar, antes de mais nada, que o processo ritual e a dimensão sacramental estão intimamente relacionados. Quanto mais estivermos conscientes disso, tanto mais sentiremos a necessidade de acompanhar a reflexão teológica e pastoral sobre a ritualidade e a sacramentalidade inerentes à ação litúrgica. Trata-se de valorizar o corpo e considerar o contexto no qual interagem momentos verbais e não verbais. O que necessariamente irá repercutir no modo de celebrarmos como o Senhor nos recomendou e na maneira concreta como aderimos ao mistério de Cristo, desde o Batismo até a Unção dos Enfermos. Isto é, em todos os momentos da nossa vida.[1] Quanto mais levarmos a sério a ritualidade e a sacramentalidade, tanto mais a ação litúrgica será, de fato, o lugar privilegiado onde se realiza o desígnio salvífico de Deus para toda a humanidade.

A maneira didática e fascinante pela qual Ione Buyst desperta a nossa atenção, para a ação ritual e a sacramentalidade, deixa claro que se trata de "compreender o mistério por meio de rito e preces".[2] Portanto, o rito tem a sua importância, na medida em que palavras, gestos, imagens, cores, silêncio e sentimentos envolvem as pessoas e expressam o que

---

[1]   "Isto é, no mistério de Cristo, que está sempre presente em nós e opera, sobretudo, nas celebrações litúrgicas" (SC 35,2).

[2]   SC 48. Ver, na nota 6 do capítulo 4 deste livro, as observações da autora sobre a relação entre *mistério* e *ritos e preces* na tradução portuguesa.

significam: a atualização do mistério pascal de Cristo para a glorificação do Pai e nossa santificação. A ação ritual é dinâmica. Através "da junção de dois componentes interligados, rito e mistério", afirma Ione, entramos em relação com a Trindade, segundo a fórmula "ao Pai, pelo Filho, no Espírito Santo". No rito, o mistério se faz presente como momento de graça para o povo santo de Deus, reunido em assembleia.

A autora, com lucidez e clareza, explicita a natureza da experiência simbólica da ação litúrgica. Suas reflexões sobre o rito, enquanto linguagem própria da liturgia, nos remetem ao Movimento Litúrgico e ao Vaticano II, ligando liturgia, fé, espiritualidade e vida. Seu testemunho é precioso: "Escrevo a partir de minhas experiências como formadora no âmbito da liturgia, tanto no campo pastoral quanto na vida acadêmica. Estas foram muito marcadas pela busca de uma ponte entre teoria e prática, entre teologia e pastoral, entre celebração e espiritualidade".

A serviço do Reino, a pastoral litúrgica ganha com esta obra um precioso recurso para a formação dos seus agentes. Essa publicação vem facilitar a educação do povo de Deus, pastores e leigos, focalizando a natureza profunda e autêntica da liturgia.[3] Desta formação resultará um maior aprofundamento do mistério e a qualidade do momento celebrativo, à medida que nos deixamos transformar pelo mistério de Cristo, "convencidos de que a principal manifestação da Igreja se faz numa participação perfeita e ativa de todo o povo de Deus na mesma celebração litúrgica".[4]

† Joviano de Lima Júnior, sss

Arcebispo metropolitano de Ribeirão Preto

---

[3] Cf. SC 2; 14.
[4] SC 41.

INTRODUÇÃO

Em 1993 tive a oportunidade de introduzir no Curso de Especialização do Centro de Liturgia, em São Paulo, uma nova disciplina intitulada "ritualidade".[1] Tentava com isso chamar a atenção para o sentido holístico da liturgia, envolvendo o ser humano como um todo, em sua dimensão corporal, cognitiva, afetiva, espiritual e também social e cósmica. Era preciso ainda recuperar o rito enquanto "urgia", isto é, enquanto "ação", "trabalho" (sério, profissional, poético, artístico...) que exige competência e preparação, superando assim a rotineira "mesmice" e superficialidade de muitas celebrações realizadas mecanicamente. Era preciso redescobrir a liturgia enquanto *acontecimento e experiência*, ação expressiva, relacional, simbólica, como linguagem significativa, performativa, de encontro entre pessoas, de expressão e revelação do mistério da vida, superando assim o ritualismo, quando os gestos sacramentais são realizados de forma impessoal, como "instrumentos" da graça. Era preciso insistir que a liturgia se faz com o "corpo consciente e sensível" e trabalhar a unidade perdida entre liturgia, fé, teologia e espiritualidade, ou entre ação ritual, seu sentido teológico, e a vida litúrgico-espiritual. E isto não apenas no âmbito teórico, mas, sobretudo, operacional, pedagógico, formativo: ajudar as pessoas, as comunidades, a celebrar bem, vivendo os ritos conscientemente, comunitariamente e com proveito espiritual. O assunto deveria ser levado também aos cursos de nível acadêmico, na preparação de futuros professores de liturgia e assessores de pastoral litúrgica. Além das aulas no Curso de Especialização até junho de 2004, pude aprofundar o assunto em várias outras oportunidades, como encontros de estudo, conferências, seminários, semanas de liturgia, ou-

---

[1] Ver: CENTRO DE LITURGIA. *Curso de especialização em liturgia*; uma experiência universitária significativa. São Paulo: Paulus, 1995, pp. 86-93 (Cadernos de Liturgia, 4).

tros cursos (principalmente na Rede Celebra) e em vários escritos, nem todos publicados.

O tema continua fundamental por três motivos. Primeiro, porque ritos são tão necessários para o ser humano quanto comida e bebida. Segundo, porque não há vida cristã sem liturgia, que é nossa fé expressa em ação ritual. Terceiro, porque na cultura atual pós-moderna o rito está em alta, o que constitui de um lado uma chance para a liturgia, de outro lado um perigo. Se antigamente vivíamos uma liturgia como que engessada, acanhada, mecânica, penso que atualmente vemos muitas vezes uma "ritualidade" exagerada, deslocada, com celebrações cheias de movimento e abarrotadas de elementos visuais e sonoros em excesso, fora de propósito; realiza-se o rito pelo rito, sem uma referência transcendental, teológica.[2] E aí vem outro desafio para a liturgia: até que ponto estamos conservando fielmente a referência a Jesus Cristo no que diz respeito à forma ritual ("Façam isto…), ao sentido teológico e espiritual implícitos na celebração ("para celebrar a minha memória") e ao *compromisso* de viver de acordo com a memória que celebramos ("Amai-vos uns aos outros como eu vos amei"). Afinal, o objetivo principal da renovação litúrgica proposta pela constituição da sagrada liturgia (*Sacrosanctum Concilium* — SC) do Concílio Vaticano II (1963) é a *participação de todo o povo sacerdotal* no mistério celebrado, *por meio de uma participação na ação litúrgica*. Ou seja, trata-se de *tomar parte*, de *realizar* a ação ritual como "atores" litúrgicos e não como espectadores da ação realizada apenas pelos ministros. Não se deve mais "receber" os sacramentos, mas *celebrá-los*. E "celebrar" significa potencializar a forma ritual, vivenciá-la com todo o nosso ser, para que assim sejamos atingidos e transformados pelo *mistério* que celebramos, o *segredo* de nossa fé cristã. Seguindo a lei da encarnação, pela participação nos *ritos* — ativa, interior, consciente, plena, frutuosa… — entramos em contato com o *mistério* de Cristo e nos deixamos transformar por ele. Ou seja, a sacramentalidade depende da ritualidade. Os sacramentos não "funcionam" automaticamente; sua eficácia depende daquilo que conseguem *significar*

---

[2] Há ainda os grupos tradicionalistas que têm dificuldade de aceitar a reforma conciliar e insistem na volta da missa tridentina, em latim, com o padre de costas para o povo, com comunhão na boca etc.

para aquela determinada assembleia, com sua cultura e seu contexto de vida. Daí a necessidade de aprofundarmos a relação entre os elementos rituais e a fé que professamos e também a relação entre a *celebração litúrgica* e a *vida* "litúrgica" no cotidiano, ou seja, a vida vivida como serviço amoroso prestado a Deus,[3] ao cuidarmos das sementes do Reino de Deus e sua justiça, nas relações sociais e interpessoais.

Os antigos diziam: *Lex orandi, lex credendi*, a "lei" (norma) da oração (ou seja, da liturgia) é a "lei" (a norma) daquilo que cremos, ou seja, da fé. Acreditamos aquilo que celebramos; celebramos expressando ritualmente aquilo que cremos. Atualmente costuma-se acrescentar um terceiro item: *lex agendi*, ou *lex vivendi*: é preciso agir, viver, de acordo com aquilo que celebramos e cremos. Para ser um cristão "praticante", não basta celebrar, é preciso ainda que deixemos que o mistério celebrado passe a integrar, "in-formar" e transformar nossa vida, nossa realidade, nossa sociedade. É preciso que toda a nossa vida seja imbuída de nossa fé, da caridade imperiosa de Cristo, do seu amor sem fronteiras, dando continuidade à sua missão de renovar a sociedade e toda a realidade criada de acordo com o projeto do Pai, na força do Espírito.

O presente livro gira em torno de quatro eixos interligados: *o mistério ("o segredo"), a sacramentalidade, a ritualidade e a mistagogia*. A *espiritualidade* permeia a reflexão do começo ao fim. Cada capítulo é autônomo, abordando um ou outro aspecto destes eixos, aproveitando inclusive textos já elaborados em outras ocasiões — com estilos e destinatários variados. Procura-se tratar de algumas questões básicas, sem preocupação de completude. Como "funciona" a liturgia enquanto "rito" e a que se refere? O que pretende alcançar? De que forma nos faz participantes do "mistério da fé"? O que é preciso para que o rito seja "eficaz"? Até que ponto estamos conseguindo suscitar uma espiritualidade que tenha como fonte a *ação litúrgica*? O corpo, imbuído do Espírito, é nossa ferramenta principal na liturgia; de que modo estamos cuidando da corporeidade na formação do povo e dos ministros e ministras para que cheguem a expressar e experienciar o mistério, celebrando

---

[3] Cf. Rm 12,1-2.

com todo o seu ser? A formação litúrgico-sacramental que está sendo dada nos institutos de teologia, nas casas de formação, nas dioceses, nas paróquias e comunidades, nos movimentos eclesiais, na catequese e nas pastorais em geral está levando em conta esta relação entre liturgia, fé, espiritualidade, vida? Até que ponto partimos da liturgia como ação ritual e levamos a sério a análise dos ritos e rituais e a necessidade de um aprendizado na arte de celebrar com vivências e laboratórios? Até que ponto conseguimos introduzir o método mistagógico na catequese, na formação litúrgica, no estudo sistemático da liturgia de modo geral, e mais especificamente no estudo dos sacramentos?

Os três textos em *anexo* são como que o embrião dos temas gestados ao longo de vários anos; neles são encontrados respectivamente, de modo condensado, o tema da sacramentalidade, da experiência ritual e da espiritualidade.

Ione Buyst, Ribeirão Preto,
11 de julho de 2011,
Solenidade de São Bento

1

LITURGIA COMO CELEBRAÇÃO DO "MISTÉRIO"

É bastante comum hoje em dia vermos, principalmente pela televisão ou pela internet, ritos do povo judeu, ou de um povo indígena ou africano, ou de um grupo budista ou de outra tradição espiritual que nos é desconhecida. Podemos observar os movimentos, ouvir as palavras, ser tocados pela música ou pelas vestimentas, ou ainda pelos gestos e movimentos, achar aquilo tudo muito bonito e interessante... No entanto, o sentido profundo daquela celebração provavelmente nos escapará, a não ser que tenhamos tido oportunidade de ler algum livro ou escutar uma pessoa nos contar a respeito, para ao menos sabermos por alto de que se trata. Os ritos são expressão da maneira daquele grupo cultural ou religioso encarar e entender a vida. E quem começa a fazer parte do grupo deve ser "iniciado", aprendendo gradativamente os segredos daquela comunidade, sua maneira de viver e se relacionar, inclusive com o "sagrado". Assim também a comunidade cristã. Sua liturgia expressa o que tem de mais sagrado, seu segredo mais profundo, seu "mistério". Quem olha de fora, ou quem está lá dentro sem ter sido iniciado, não conseguirá captar este "mistério" e ser transformado por ele. Estará presente, poderá até cantar e rezar junto com todos, mas, se não for iniciado, não será atingido e transformado espiritualmente. É um desafio redescobrirmos a força e o fascínio da liturgia como ação ritual que expressa o mistério de nossa fé cristã e nos leva a uma experiência espiritual e um compromisso sempre mais profundo. Vamos, neste primeiro capítulo, lembrar qual é o "segredo", o "mistério" de nossa fé e de onde vem a força dos ritos de nossa liturgia.

1. Um mistério a ser celebrado

Nos livros litúrgicos encontramos inúmeras vezes a expressão "mistério celebrado" e outras semelhantes, tanto nos próprios textos litúrgicos como também nas instruções que costumam introduzi-los. Tomemos como exemplo a Instrução Geral sobre o Missal Romano (IGMR):[1]

Abriu-se a possibilidade da cada povo usar sua própria língua na liturgia, "para que mais plenamente se compreendesse o mistério celebrado" (IGMR 12). Foi autorizada a comunhão sob as duas espécies "a fim de que, através de uma apresentação mais elucidativa do sinal sacramental, haja uma oportunidade para se compreender melhor o mistério de que os fiéis participam" (IGMR 14; cf. SC 55). Na celebração eucarística "são de tal modo relembrados, no decorrer do ano, os mistérios da redenção, que eles se tornam de certo modo presentes" (IGMR 16). Em vários momentos da celebração estão previstos momentos de silêncio "para que todos se disponham devota e devidamente para realizarem os sagrados mistérios" (IGMR 45). O canto de entrada tem como finalidade, entre outras, "introduzir no mistério do tempo litúrgico ou da festa" (IGMR 47). A saudação e a resposta do povo no início da celebração "exprimem o mistério da Igreja reunida" (IGMR 50). Na liturgia da Palavra, Deus "revela o mistério da redenção e da salvação" (IGMR 55). A homilia deve ser realizada "levando em conta [...] o mistério celebrado" (IGMR 65). A profissão de fé tem por objetivo, entre outros, "recordar e professar os grandes mistérios da fé" (IGMR 67). Na oração após a comunhão, o presidente "implora os frutos do mistério celebrado" (IGMR 89). "A natureza e beleza do local e de todas as alfaias alimentem a piedade dos fiéis e manifestem a santidade dos mistérios celebrados" (IGMR 294). No local da celebração, as imagens do Senhor, da bem-aventurada Virgem

---

[1] IGMR, em sua última versão, de 2002.

Maria e outras "sejam aí dispostas de modo que conduzam os fiéis aos mistérios da fé que ali se celebram [...] a fim de não desviarem da própria celebração a atenção dos fiéis" (IGMR 318). Até mesmo "as diferentes cores das vestes sagradas visam manifestar externamente o caráter dos mistérios celebrados" (IGMR 345). Os Lecionários "foram compostos para levar os fiéis, por uma audição mais adequada da palavra de Deus, a compreender mais plenamente o mistério de que participam" (IGMR 359). Com o grande número de prefácios se pretende "realçar os vários aspectos do mistério da salvação" (IGMR 364).

Destaquemos algumas expressões nas passagens citadas acima. Trata-se do mistério (da salvação, da redenção, da Igreja reunida, do tempo litúrgico ou da festa...) e dos grandes mistérios (sagrados) da fé, que são anunciados na liturgia da palavra e se tornam de certo modo presentes. Os fiéis recordam, professam, realizam o(s) mistério(s) e dele(s) participam... Para que possam compreendê-lo(s) bem, é necessário que a liturgia seja celebrada na língua da comunidade e que a apresentação dos sinais sacramentais seja compreensível; até mesmo a beleza do local da celebração, assim como as cores das vestes litúrgicas contribuem para manifestar a santidade dos mistérios celebrados.

2. Que mistério é este?

Já lhe aconteceu de perguntar: Por que vivo afinal? O que estou fazendo aqui neste mundo? Por que tanta doença e miséria, tanta desigualdade? Por que vou morrer?... Qual o segredo de uma semente brotando, uma flor se abrindo, a neblina recobrindo a paisagem, o dia e a noite se revezando? Qual é o segredo da amizade, do amor, da solidariedade...? Perguntas como estas brotam do fundo de nossa observação e experiência de vida e estão sempre aí, como um rio subterrâneo, mesmo quando estamos ocupados com mil coisas. Invadem-nos com mais força quando temos coragem de parar para matutar, meditar, pensar na vida, ou quando algum acontecimento forte como que nos "obriga" a esta parada. Para este tipo de perguntas não há resposta que satisfaça plenamente. Pelo menos não "racionalmente". Dizemos que se trata de um "mistério", que nos leva a mergulhar no *Mistério* (com maiúscula), uma realidade que sustenta tudo, que está presente em tudo, chamando nossa atenção, seduzindo nosso desejo, convidando ao deslumbramento, à convivência, à entrega, à comunhão.

Em termos antropológicos, podemos dizer: "mistério" é o sentido oculto da vida e da morte, do mundo, da história, do amor, do sofrimento dos "justos" e das crianças... Em sentido cristão, é a presença escondida de Deus, revelada progressivamente a seu povo, num processo de convivência, de "aliança", ao longo da história. Na verdade, para nós, cristãos, Jesus é a revelação do mistério maior que é o próprio Deus, presente na criação, na constante evolução do cosmo e da vida, na história da humanidade, na variedade de povos e culturas, no coração e na vida de cada ser humano. Mistério, presença misteriosa, que se insinua e se esconde; procura contato, sem se impor. É intuído, mas nem sempre reconhecido... "Ninguém jamais viu a Deus; o Filho único, que é Deus e está na intimidade do Pai, foi quem o deu a conhecer" (Jo 1,18). E qual é o "rosto" de Deus revelado em Jesus? São João não cansa de dizer: "Ninguém tem amor maior do que aquele que dá a vida por seus amigos" (Jo 15,13). "Deus amou tanto o mundo, que deu o seu Filho único" (Jo 3,16). "Deus é amor" (1Jo 4,8). Esta revelação, este desvelamento do mistério, teve seu ponto alto na morte de Jesus na cruz e em sua ressurreição. Nelas ficou patente o sentido da vida, a força e a energia do Amor, capaz de encarar a perseguição, o ódio, o sofrimento, e a própria morte, para fazer valer a vida, para apostar na comunhão de todos os seres, para fazer desabrochar o Reino de Deus na sociedade. Por isso, falamos do mistério revelado em Jesus como sendo um "mistério pascal", termo com profundo sentido bíblico e patrístico, resgatado pelo Movimento Litúrgico e confirmado no Concílio Vaticano II.[2] O "mistério pascal" diz respeito à vida, morte e ressurreição de Jesus, e sua gloriosa vinda, sua páscoa-passagem, na qual foram revelados o rosto e o coração de Deus que acompanhou seu povo ao longo de toda

---

[2] Ver o verbete "mistério", de B. Neunheuser, in: SARTORE, D.; TRIACCA, A. M. (orgs.). *Dicionário de Liturgia.* São Paulo: Paulinas/Paulistas, 1992, pp. 756-771.

a história, de forma discreta, em segredo; "mistério" este que foi dado a conhecer plenamente na pessoa de Jesus. Assim, o mistério pascal de certa forma inclui toda a história da salvação passada, desde a criação, e ainda a história por vir até que, na expressão de São Paulo, Deus seja tudo em todos (cf. 1Cor 15,28).

A páscoa de Cristo é o mistério fundamental, a realidade na qual está alicerçada nossa fé cristã. É assim que afirmamos no coração da liturgia eucarística: "Eis o mistério de fé! Anunciamos, Senhor, a vossa morte e proclamamos a vossa ressurreição. Vinde, Senhor Jesus!". Cristo morreu e ressuscitou; passou da morte para a vida. Não se trata para nós de uma verdade meramente intelectual; trata-se de uma realidade que perpassa e está presente em nossa própria vida, em nossa história: "Páscoa de Cristo na páscoa da gente. Páscoa da gente na páscoa de Cristo".[3] O que se quer dizer com isso? As alegrias e tristezas, as angústias e esperanças, as experiências de vida e de morte, nossas e de todas as pessoas no mundo inteiro, são habitadas pelo próprio Cristo e seu Espírito Vivificador, que anima, que dá vida. "Cristo hoje, sobretudo por sua atividade pascal, nos leva a participar do mistério de Deus. Por sua solidariedade conosco, nos torna capazes de vivificar pelo amor nossa atividade e transformar nosso trabalho e nossa história em gesto litúrgico, isto é, de sermos protagonistas com ele da construção da convivência e das dinâmicas humanas que refletem o mistério de Deus e constituem sua glória vivente".[4]

É o mistério pascal acontecendo hoje, de forma dinâmica, em nossa história pessoal e social. O processo pascal de Jesus não terminou; continua em aberto. Prolonga-se na páscoa de seu povo, nas múltiplas experiências de "morte" e "ressurreição" de cada um de nós, do povo brasileiro e de todos os povos e até do cosmo. Cabe a nós ficarmos atentos e desvendar esta atuação misteriosa, discreta, escondida, pascal, do Deus- -Amor na história da humanidade, na realidade atual, em nossa própria

---

[3] CNBB. *Animação da vida litúrgica no Brasil*; elementos de pastoral litúrgica. São Paulo: Paulinas, 1989, n. 300 (Documentos, 43).

[4] CELAM, *Documento de Puebla*, n. 213.

vida, principalmente na vida dos pobres, tendo como dupla referência, primeiro, a maneira solidária e amorosa de ser e atuar do próprio Jesus e, segundo, a "vinda" e plena realização do Reino de Deus, que já está crescendo entre nós como um fermento na massa. Esta dupla dimensão histórica e escatológica do mistério, muitas vezes esquecida, confere à liturgia e à vida cristã seu dinamismo e fundamenta sua dimensão missionária, seu engajamento por uma sociedade baseada na justiça, na fraternidade, na solidariedade, no amor.

Infelizmente, o termo "mistério" e seu significado profundo não é muito conhecido da maioria dos cristãos; penetrou pouco na pregação, na catequese, na espiritualidade. Está presente e é bastante popular, sim, no catolicismo católico, na reza do terço e do rosário com seus "mistérios" gozosos, dolorosos, gloriosos e luminosos. Mas há uma diferença. O terço pode ajudar a "contemplar" os mistérios (principalmente aqueles considerados mais ligados a Maria, mãe de Jesus), mas não "celebra" os mistérios, como faz a liturgia. E aqui encontramos outra dificuldade: o termo "celebrar" é muito usado e por demais conhecido, até mesmo fora da área religiosa, com o sentido de "festejar". Na liturgia, no entanto, o termo "celebrar" tem um sentido mais restrito e é determinada por ele: celebrar é expressar o mistério em ação ritual, para que dele possamos participar em cada "hoje" de nossa vida e da história da humanidade.

3. O que acontece quando "celebramos" o mistério?

Tomemos como exemplo a celebração eucarística. Todo domingo, dia do Senhor, nós nos reunimos como irmãos e irmãs ao redor de duas mesas: a mesa da Palavra e a mesa da Eucaristia.[5] Como povo sacerdotal, viemos carregados da vida do mundo inteiro, de todos os povos e culturas e de cada pessoa em particular: suas alegrias e tristezas, suas esperanças e angústias, seus sonhos e suas desilusões, suas lutas, suas

---

[5] Inúmeras comunidades estão, infelizmente, privadas da possibilidade de celebrar regular e plenamente a Eucaristia no dia do Senhor; é preciso que este problema seja solucionado com urgência.

conquistas e derrotas, seus gestos de solidariedade e a dura realidade da pobreza institucionalizada e da violência... Trazemos também o sofrimento do planeta castigado e os esforços de muita gente para salvá-lo da destruição. É o mistério pascal acontecendo: história de morte e de superação de morte, de "ressurreição", aguardando a realização plena na "casa do Pai".

Ao redor da mesa da Palavra, ouvimos e comentamos os textos das escrituras sagradas, que recordam e revelam a atuação de Deus ao longo da história, tendo como ponto alto a páscoa de Jesus e que se prolonga em nossa própria história pessoal, comunitária e social. Na escuta da Palavra, procuramos discernir onde o mistério pascal está acontecendo em nossa vida, em nossa realidade, e o que o Senhor pede de nós. Ao redor da mesa da Eucaristia, sobre o pão e o vinho, que simbolizam todas as forças cósmicas e toda a realidade humana, pronunciamos a grande ação de graças e de súplica; aderimos ao "sacrifício de louvor", ação de graças e oferta de Jesus ao Pai, na força do Espírito Santo. Depois partimos aquele pão, repartimos entre todos — juntamente com o cálice com vinho — significando que, em Cristo, no Espírito dele, é possível passarmos da morte para a vida, tornar-nos um só corpo e um só espírito (é o "segredo", o "mistério" da comunidade!), para continuarmos hoje a missão de Jesus, "até que venha", até que o Reino esteja estabelecido sobre a terra.

Luis Maldonado[6] recorda que o teólogo alemão Karl Rahner usava a expressão "liturgia do mundo" para designar a presença atuante do mistério ao longo da história da humanidade. Perguntava: o que a "liturgia da Igreja" acrescenta a esta realidade muito mais ampla? E respondeu: a liturgia "expressa" com palavras e sinais a salvação acontecendo, o Reino crescendo em meio às ambiguidades e trivialidades do cotidiano. A liturgia da Igreja revela, *des*-cobre, manifesta, aponta... E Maldonado sintetiza: "Celebrar significa, portanto, dedicar tempo e espaço, durante nossa vida cotidiana, para desenvolver uma ação comunicante-expressiva

---

[6] Para todo este parágrafo, cf. MALDONADO, Luis. Liturgia do mundo e liturgia da Igreja, rumo a uma teologia litúrgica. In: *A ação litúrgica*; sacramento e celebração. São Paulo: Paulus, 1998, pp. 9-20.

que manifeste, de maneira explícita e consciente, o mistério de Cristo [...]. A liturgia da Igreja é a celebração dessa profundidade divina do cotidiano".[7] No mesmo livro,[8] Luis Maldonado diz que encontramos um apoio na SC para esta maneira de entender a liturgia. Nela o verbo "expressar" é um dos termos fundamentais[9] e equivale a "atualizar" (*exercere*, em latim), ao lado do verbo "celebrar", que é o mais usado. "A liturgia atualiza a história sagrada justamente porque a expressa, e a expressa para atualizá-la."[10] Na SC, "celebrar é atualizar e expressar".[11]

Na liturgia eucarística, *expressamos* e vivenciamos o mistério pascal com os mesmos ritos deixados por Jesus na última ceia ao profetizar sua morte, e que agora celebramos, seguindo o mandamento dele: "Façam isto em minha memória". Temos aqui uma sequência importante:

1. A vida, morte e ressurreição de Jesus são reconhecidos, na fé, como atuação de Deus na história da humanidade. Fazem parte da "liturgia do mundo". São considerados acontecimentos salvíficos, fatos que trazem salvação para a humanidade, da parte de Deus. Por isso, são chamados de "mistério".

2. Jesus anunciou profeticamente estes fatos e seu sentido "salvador" na última ceia antes de sua morte, com palavras e com gestos simbólicos: tomou o pão e o vinho, pronunciou a bênção (deu graças), partiu o pão e o vinho e deu a seus discípulos, explicitando o sentido novo que ele estava dando a este gesto familiar da ceia pascal judaica.

3. Jesus mandou que fizéssemos sempre este mesmo rito, com este mesmo significado *em memória* dele, ou seja, em memória de sua vida, morte, ressurreição, esperando sua vinda gloriosa.[12] Ao celebrarmos seu memorial somos misticamente feitos *participantes* do fato da história da salvação que recordamos e anunciamos: somos

---

[7] Ibid., pp. 18 e 19.

[8] Cap. 4 — Interpretações sobre a constituição *Sacrosanctum Concilium*, nn. 37-46.

[9] Ver, por exemplo, SC 2, 35, 59.

[10] MALDONADO, op. cit., p. 39.

[11] Ibid., p. 41.

[12] Cf. Oração Eucarística III: "... Celebrando agora, ó Pai, a memória do vosso Filho, da sua paixão que nos salva, da sua gloriosa ressurreição e da sua ascensão ao céu, e enquanto esperamos a sua nova vinda...".

associados à morte e ressurreição de Cristo, pelo Espírito que nos impulsiona para a missão a serviço do Reino que há de vir.

4. E, por isso, a própria liturgia é chamada de "mistério", atuação discreta, misteriosa de Deus, reconhecida somente pelas pessoas que ouviram e aceitaram a Palavra. É o mistério pascal de Jesus, o mistério da fé, em toda a sua densidade e extensão, acontecendo, atuando em nós, pelo rito litúrgico, pela celebração memorial, pela memória ritual, marcando todo o nosso viver, dinamizando nossa esperança e a "utopia" do Reino, de um mundo melhor. Esta é a teologia sacramental pascal da Eucaristia recuperada pelo Concílio Vaticano II, e ainda tão pouco presente na catequese, nas homilias e até mesmo nos estudos de teologia.

4. Mistério e mistérios[13]

O único mistério pascal de Jesus Cristo é celebrado de forma condensada na celebração eucarística. No entanto, todas as celebrações litúrgicas são consideradas memória de Jesus, o Cristo, celebração do seu mistério pascal, cada celebração enfocando um aspecto diferente. Podemos assim falar de um único mistério, como que desdobrado em vários "mistérios".

É o caso dos sacramentos e sacramentais. Pelo Batismo somos sepultados com Cristo na morte ao "pecado" (isto é, a tudo que vai na contramão da vida, na contramão do amor, na contramão da vinda do Reino de Deus), para ressurgirmos com ele para uma vida nova, no seguimento de Jesus. Pela Confirmação somos ungidos com o Espírito Santo do Senhor, configurados ao Cristo-Messias, rei, profeta e sacerdote, para sermos no mundo sacramento de Cristo. Pela Reconciliação reconhecemos que nos afastamos do caminho de Deus e somos perdoados e acolhidos pela misericórdia do Pai, manifestada na cruz e na ressurreição

---

[13] Cf. BUYST, Ione. Em minha memória. In: BUYST, Ione; SILVA, José Ariovaldo. *O mistério celebrado*; memória e compromisso I. Paulinas: São Paulo, 2004. Cap. 5, item 5: "Mistério e mistérios" (Col. Livros Básicos de Teologia, 9).

de Jesus. Na Unção dos Enfermos somos associados à paixão de Jesus, e encontramos força e alívio pelo poder de sua ressurreição que atua em nós. Por sua vida matrimonial, o casal participa da união que liga Jesus Cristo com sua Igreja, em todas as circunstâncias da vida, "na alegria e na tristeza, na saúde e na doença", fazendo juntos o seu caminho pascal. Os ministros ordenados são identificados a Cristo enquanto cabeça de sua Igreja, chamada a anunciar, celebrar e viver o mistério pascal. Na profissão religiosa, há identificação com Cristo pela vivência radical da vida batismal, no seguimento de Jesus Cristo, sintetizado nos votos religiosos. Nas exéquias, entregamos ao Senhor o caminho pascal percorrido pela pessoa falecida, desde o seu Batismo até a hora de sua morte. Na celebração da Palavra é o próprio Cristo que fala, todo dia, nos propondo o caminho pascal, a nova aliança, e nos leva a aderir a esta proposta, rumo à comunhão escatológica. Nas bênçãos bendizemos ao Senhor por todas as dádivas que dele recebemos, e pedimos que continue nos cumulando de suas graças. Nas peregrinações e procissões, colocamos nossos passos no seguimento de nosso Senhor, rumo ao destino final de nossa vida na casa do Pai.

Também *o tempo litúrgico* é essencialmente celebração do Cristo em seu mistério pascal. Nos ofícios diários da Liturgia das Horas fazemos memória da morte e ressurreição de Cristo, simbolizados no pôr do sol que "morre" e que "renasce" a cada manhã. O domingo se destaca entre os outros dias da semana como "dia do Senhor", dia da ressurreição, dia da vitória sobre a morte. O único mistério pascal se desdobra e reluz nos *vários* "mistérios" do Senhor celebrados ao longo do ano litúrgico, como se fosse um diamante que resplende em várias cores e matizes. De ano em ano, percorremos assim o caminho pascal: passamos pela espera ardente (advento) da definitiva vinda do Senhor, somos divinizados pela encarnação e manifestação do Filho de Deus em nossa humanidade, celebrada no natal e na epifania; somos levados à conversão e purificação nos quarenta dias no "deserto" da Quaresma; sofremos e morremos misticamente com Cristo na celebração de sua paixão e cruz, ressuscitando com a vitória da ressurreição; somos abrasados pelo fogo do Espírito na festa de pentecostes; passamos pela lenta e perseverante identificação com o Cristo Jesus ao longo do Tempo Comum.

Na carta apostólica *A Celebração do Mistério Pascal*, o Papa Paulo VI, aprovando as normas universais do Ano Litúrgico e o novo Calendário Romano Geral (1969),[14] não hesita em chamar estes vários mistérios celebrados ao longo do ano litúrgico de "sacramentos". De fato, celebrando cada um destes mistérios, com leituras, cantos, ritos e preces apropriados, *participamos*, hoje, aqui e agora, do acontecimento da história da salvação, mais especificamente do mistério de Cristo, que estamos trazendo ritualmente presente. Seguindo a antiga tradição dos Santos Padres, ele afirma que a celebração do ano litúrgico "goza de força sacramental e especial eficácia para alimentar a vida cristã" e que, portanto, as festas do ano litúrgico não podem ser entendidas apenas como uma recordação da vida de Jesus, uma "lembrança de ações passadas para instruir e nutrir a meditação dos fiéis".

Em seguida, o papa fala explicitamente do "sacramento do Natal do Cristo", e lembra o texto da SC n. 102, que diz: "Celebrando os mistérios da Redenção [...], os fiéis entram em contato com estes mistérios, tornados de certa forma presentes em todo o tempo e lugar, e se tornam repletos da graça da salvação". Importa ressaltar as seguintes expressões: graças à celebração podemos *entrar em contato* com os mistérios celebrados, porque de alguma forma *se tornam presentes* e assim nos enchem da graça da salvação.

E a festa de Maria e dos outros santos? O que nela celebramos? Continua o Papa Paulo VI: "As festas dos Santos proclamam as maravilhas do Cristo nos seus servos e oferecem aos fiéis oportunos exemplos a serem imitados [...]. A Igreja Católica sempre afirmou que nas festas dos Santos se anuncia e renova o mistério pascal do Cristo".

O Diretório sobre Piedade Popular e Liturgia (2001) aprofunda a diferença apontada por Paulo VI entre a memória litúrgica e uma simples recordação ou lembrança de ações passadas: "Quanto às sagradas encenações [da paixão de Cristo], mostre-se aos fiéis a profunda diferença que

---

[14] Citada conforme a tradução da CNBB, *Missal Romano*, 1972, pp. 99ss.

existe entre a 'encenação', que é mimese [imitação], e 'a ação litúrgica' que é anamnese, presença mistérica do evento salvífico da Paixão" (n. 144). Ou seja, a via-sacra, a procissão com o Senhor morto e eventuais outras expressões do catolicismo católico na Sexta-Feira Santa são "mimese", imitação. Procuram reviver o que aconteceu com Jesus, para expressar a devoção, instruir e nutrir a meditação dos fiéis. A celebração da Paixão do Senhor, porém, é ação litúrgica, sacramental; nela celebramos o mistério, realizamos o memorial pelo qual nos tornamos participantes da paixão gloriosa do Senhor, tornando-nos semelhantes a Jesus, trazendo em nós a imagem do homem novo.[15] Na prática pastoral muitas vezes a devoção prevalece sobre a celebração do mistério, a "mimese" sobre a "anamnese". Será por falta de uma evangelização, catequese e formação litúrgica adequadas? Será por falta de celebrações litúrgicas que levem a uma experiência profunda do mistério?

Cabe lembrar ainda que em todas as celebrações litúrgicas a música ritual litúrgica expressa o mistério pascal celebrado, acompanhando com textos, melodias e ritmos de acordo com os vários momentos das celebrações e os vários "mistérios" celebrados ao longo do ano. A música é um dos elementos da sacramentalidade da liturgia. Este é o motivo pelo qual não cabe qualquer música ou qualquer canto na liturgia, mesmo que se trate de música "religiosa" ou catequética.

Também o espaço litúrgico, o lugar onde realizamos nossas celebrações, é chamado a expressar o mistério pascal que aí se celebra, através da harmonia e da beleza do conjunto e ressaltando o "mistério" apontado por cada peça específica como o altar, a estante da palavra, a cadeira do presidente da comunidade, o recinto onde fica a assembleia, o batistério, a capela da reserva eucarística, as imagens, a decoração.

E, afinal, o mistério se expressa por todos os outros elementos com os quais se constrói uma liturgia: a assembleia com seus ministérios, a relação entre os participantes, a Palavra, as preces, os movimentos, os gestos de oração, a dança litúrgica...

---

[15] Cf. *Missal Romano*, oração inicial da celebração do Senhor, Sexta-Feira Santa.

2

SACRAMENTALIDADE DA LITURGIA

"Sacramentalidade" está relacionada com a palavra muito divulgada "sacramento". E logo nos lembramos dos sete sacramentos e da definição clássica de um sacramento: "Um sinal sensível de uma realidade invisível" e que "realiza aquilo que significa". Partindo desta definição clássica, podemos apresentar quatro perguntas essenciais: Qual é este "sinal sensível"? De qual "realidade invisível" ele é sinal? O que ele "significa"? De que forma "realiza aquilo que significa"? Como responder hoje a estas perguntas, depois que o Concílio Vaticano II — com sua "volta às fontes" — restabeleceu a relação entre "sacramento" e "mistério", ampliando o sentido de sacramento com o qual estávamos acostumados? De fato, voltamos a considerar toda a liturgia como realidade sacramental e não somente os sete sacramentos. Os "sinais sensíveis" não se limitam a ações pontuais, bem restritas, como o gesto de batizar, crismar…, mas apontam agora para a liturgia como um todo, e até para um "antes" e um "depois" da celebração do sacramento. Não se referem a uma graça pontual, mas expressam simbolicamente, ritualmente, a atuação secreta de Deus ao longo da história (história da salvação), e nos permitem dela participar aqui e agora. Vejamos a seguir neste capítulo: (1) a aproximação entre "sacramento" e "mistério"; (2) a relação entre o sinal sensível e a história da salvação, partindo de Santo Agostinho; (3) tomando como exemplo a celebração do Batismo; (4) tirando as conclusões para a reforma e a formação litúrgica.

— 33 —

1. "Mistério" e "sacramento"

Nem sempre nos damos conta de que, a partir do Concílio Vaticano II, o sentido de "sacramento" mudou significativamente. De certa forma, voltamos ao sentido original, quando o termo grego *mysterion* foi traduzido em latim por *sacramentum* ("sacramento"). Isto aconteceu lá pelo século II ou III, quando na sociedade romana daquele tempo deixou-se de falar a língua grega, que foi aos poucos substituída pelo latim. O Concílio fez de novo uma aproximação de "sacramento" com o termo "mistério" e, assim, estamos resgatando seu sentido mais amplo e mais dinâmico. Continuamos a falar de "sete sacramentos", mas consideramos que estes sete são como que uma expressão sacramental privilegiada (mas não única) do Cristo — "sacramento do Pai" — e da Igreja, "sacramento de Cristo" e como que sacramento, em Cristo, "da união íntima com Deus e da unidade de todo o gênero humano".[1]

Voltando ao exemplo anterior da liturgia eucarística: ela é sacramento-mistério enquanto, invocando o Espírito Santo, retomamos os gestos realizados por Jesus na última ceia, para que possamos *ter parte* na realidade de salvação simbolizada por estes gestos, ou seja, para que possamos *ter parte* na morte e ressurreição de Jesus, "ter parte" em seu mistério pascal. Morremos e ressuscitamos com ele, misticamente, sacramentalmente, para vivermos uma vida nova, numa nova maneira de encarar a vida e de nos comportar na sociedade. Principalmente nas cartas de São Paulo encontramos várias passagens onde se fala desta vida nova, do "homem novo" que vai se formando a partir de nossa imersão em Cristo pelo Batismo (cf. Rm 6,3-11; Gl 3,27-29; Cl 2,12; 3,1-11ss). Outras passagens falam da comum-união entre os membros da comunidade, que resulta do fato de comermos do mesmo pão e bebermos do mesmo cálice (1Cor 10,16-17).

Na celebração da Eucaristia, repetimos os mesmos gestos de Jesus na última ceia. De fato, não basta um "sinal sensível" qualquer para que possamos celebrar o sacramento-mistério; é preciso que este sinal esteja

---

[1] Constituição conciliar *Lumen Gentium*, sobre a Igreja, n. 1.

expressamente relacionado com o acontecimento da salvação, para que, através do sinal, tenhamos acesso a este acontecimento e possamos dele *participar*.

O sinal sacramental não atua por uma força própria como se fosse um objeto mágico, mas está sempre simbolicamente relacionado com a realidade da salvação, para nos inserir nesta mesma história.

2. Voltando a Santo Agostinho

Um estudo recente[2] recupera o pensamento original de Santo Agostinho em relação ao conceito sacramental da liturgia, sem as deformações ocorridas na Idade Média, a partir de Berengário.[3] A famosa frase usada por este último, tirada de uma homilia de Agostinho, é a seguinte: "Une-se a palavra ao elemento e acontece o sacramento".[4] Santo Agostinho estava dizendo: nós somos salvos não pela água do Batismo em si, mas pela palavra. A qual palavra Agostinha se referia? O contexto da homilia deixa claro: ele estava falando da palavra de Deus anunciada, que suscitou uma resposta de fé. Juntando esta palavra à água do Batismo, faz com que esta água se torne como que uma "palavra visível" (*visibile verbum*), e é isto que Agostinho chama de sacramento. Berengário, no entanto, entendeu a "palavra" como sendo a "fórmula" do Batismo, pronunciada juntamente com o gesto de batizar. Considerando ainda outros textos de Berengário e Agostinho, o estudo aponta para uma grande diferença entre estes dois autores. Para Agostinho, o sacramento está em relação com o acontecimento de salvação do qual é sacramento; daí sua eficácia. Para Berengário, porém, o sacramento é "a forma visível da graça invisível"; ele "causa" a graça e pronto. Ou seja, foi eliminada a relação com o acontecimento de salvação.

---

[2] MAZZA, E. Elementi agostiniani necessari per la concezione sacramentale della liturgia. In: CARR, E. (ed.). *Per ritus et preces*; sacramentalità della liturgia, Atti del VIII Congresso internazionale di liturgia. Roma 16-18 maggio 2007. Roma: Pontificio Istituto Liturgico — Centro Studi sant'Anselmo (no prelo).

[3] Berengário de Tours, renomado teólogo do século XI (viveu aproximadamente entre 999-1088) que esteve envolvido sobretudo nas controvérsias sobre a teologia eucarística.

[4] Accedit verbum ad elementum et fit sacramentum, in: Ev. Jo 8,3.

De que maneira o sacramento está relacionado com a história da salvação? Para Agostinho, um rito pode ser considerado sacramento somente se possui uma semelhança (*similitudo*) com o acontecimento de salvação do qual é sacramento; a *semelhança* define a natureza profunda do sacramento, não é um detalhe, ou um acessório. Lembremos que Agostinho inclui entre os sacramentos muitas festas, entre elas, em primeiro lugar, as festas pascais, precisamente por sua *semelhança* ou *analogia* com os acontecimentos centrais da salvação. A sacramentalidade da liturgia se baseia nesta semelhança, porque graças a ela podemos "celebrar" ("re-apresentar") o mistério da morte e ressurreição de Jesus e, assim, *participar destes acontecimentos* (e não somente da "graça" que é fruto do sacramento, como afirma a teologia escolástica). Para Agostinho, a graça da ação sacramental consiste exatamente na participação dos acontecimentos da salvação pela ação litúrgica.

O autor do estudo chama nossa atenção ainda para o fato de que a semelhança não se restringe ao gesto "central" ou "essencial" do sacramento; é expressa pela ação ritual como um todo, com sua linguagem figurativa e simbólica, capaz de acender em nós o desejo, o fogo do amor. A liturgia enquanto celebração alimenta e expressa em linguagem ritual a liturgia interior, do coração, sem a qual os ritos perdem sua veracidade. Assim, a ação ritual liga duas realidades: o acontecimento histórico da salvação da qual é "semelhança" e nossa "vida em Cristo", no seguimento dele, morrendo e ressuscitando com ele ao longo de nossa vida.

Voltando ao fato de Agostinho considerar o sacramento uma "palavra visível" de Deus, o autor conclui que para Agostinho a lógica do sacramento pertence à lógica da linguagem. A liturgia é uma linguagem ritual que expressa simbolicamente as ações de Deus realizadas na história e, assim, nos permite "voltar" até estes acontecimentos e deles participar, deixando que transformem nossa vida.

Qual o interesse maior desta recuperação do conceito sacramental da liturgia a partir de Santo Agostinho, superando as definições da teologia escolástica que — sejamos honestos — ainda não foram superadas em nossa maneira de celebrar e ensinar a liturgia? A partir da leitura do estudo mencionado, arrisco algumas conclusões para nossa prática celebrativa e formativa:

1. A eficácia da liturgia depende basicamente da qualidade do anúncio da "palavra da salvação", capaz de suscitar uma resposta de fé, e depende da *qualidade significativa e comunicativa do sinal, do rito*, em sua semelhança com o acontecimento histórico da salvação, capaz de nos atingir a ponto de provocar uma mudança, uma conversão permanente em nosso modo de vida.

2. A necessária "semelhança" dos ritos da liturgia cristã com os acontecimentos da história da salvação aponta para o caráter *histórico* de nossa fé. Acreditamos num Deus que se revelou na história, principalmente na pessoa e na vida de Jesus de Nazaré, e que nos convoca para sermos atuantes na história da humanidade. Por isso, a liturgia é "memória" e "compromisso"; supõe consciência histórica e responsabilidade com o presente e o futuro da humanidade. Em cada celebração devemos levar em conta e expressar o mistério pascal acontecendo no "hoje" da história através da recordação da vida, da releitura dos salmos e outros textos bíblicos, da homilia, dos ritos penitenciais e preces dos fiéis relacionados com os fatos da vida, com gestos e símbolos... Não temos o direito de fazer da liturgia um assunto de cunho espiritualista ou apenas intraeclesial; é preciso celebrar com as janelas e o coração abertos para o mundo.

3. Sem um profundo *enraizamento teológico e espiritual*, as nossas "liturgias" não passarão de passageira diversão devocional com um verniz ou aparência de santidade. Liturgia não é apenas uma expressão de religiosidade; é antes de tudo uma ação poderosa de Deus, o Senhor, que quer realizar em nós a transformação pascal e nos envia em missão a serviço de seu Reino.

4. É indispensável aprimorarmos a arte da comunicação litúrgica, que tem seus próprios objetivos e sua própria lógica, diferente dos objetivos e da lógica dos meios de comunicação social. Trata-se de saber articular e deixar que *o mistério se expresse através das múltiplas linguagens da liturgia.*

5. Na lógica da linguagem é indispensável cuidar da *inculturação*, não somente da língua falada (diga-se de passagem: querer desenterrar o latim significa um passo dado na direção oposta), mas também da linguagem gestual-corporal, musical, arquitetônica... Em todos estes aspectos, é preciso falar a língua da comunidade celebrante. Seguindo a lógica da encarnação do Verbo de Deus, esta linguagem será tanto mais "sagrada" quanto mais encarnada na vida de cada comunidade.

3. Rito e acontecimento de salvação no sacramento do Batismo

Voltemos ao exemplo do Batismo. Ouçamos uma passagem de São Paulo lida na Vigília Pascal, que consta também no Lecionário da celebração do Batismo (Rm 6,3-11):

> Acaso ignorais que todos nós, batizados no Cristo Jesus, é na sua morte que fomos batizados? Pelo Batismo fomos sepultados com ele na morte, para que, como Cristo foi ressuscitado dos mortos pela ação gloriosa do Pai, assim também nós vivamos uma vida nova. Pois, se fomos, de certo modo, identificados a ele por uma morte semelhante à sua, seremos semelhantes a ele também pela ressurreição (Rm 6,3-5.).

Primeiro, reparem que São Paulo fala da "semelhança" do Batismo com a morte. Esta semelhança aparece principalmente no Batismo de imersão, quando o batizando desce na piscina batismal, o ministro por três vezes o mergulha na água e por três vezes o retira, invocando a Santíssima Trindade. O momento do mergulho é, de certa forma, dramático: tem semelhança com um afogamento, uma morte! Mas logo o batizando é retirado das águas, significando seu salvamento para uma nova vida.

Ora, o Batismo cristão não é semelhança com uma morte qualquer, mas com a morte de Cristo. Os Evangelhos nos dizem que ele próprio comparou sua morte com um Batismo (cf. Mc 10,35-40). E aí entra o sentido profundo, teológico, espiritual, "mistérico" do rito do Batismo, seu "segredo". Não é "um simples rito de purificação, mas o sacramento da união com Cristo".[5] O gesto de ser salvo ao passar pelas águas se refere simbolicamente à morte-ressurreição de Jesus Cristo, acontecimento histórico no qual reconhecemos uma intervenção salvadora de Deus. Pelo Batismo, morremos e ressuscitamos misticamente, sacramentalmente, com ele, nele, por força do Espírito dele, para vivermos uma vida de "morte ao pecado" (isto é, a tudo que desvia de Deus e de seu projeto, de seu Reino), de "vida no Espírito", vida no seguimento de Jesus Cristo na realidade atual, nas circunstâncias da vida de cada um e cada uma de nós (cf. 2Cor 5,14-17).

Será que temos o direito de continuar pensando o Batismo como uma ação "automática", "mágica", que se reduza ao gesto central da abluição ou imersão na água acompanhada da "fórmula" *Eu te batizo em nome do Pai e do Filho e do Espírito Santo*? De forma alguma. A pessoa que está sendo batizada fez todo um caminho de escuta da Palavra, de aproximação e conhecimento de Jesus Cristo, um caminho de fé, de adesão; aprendeu a reconhecer e seguir o Espírito e a se relacionar com Deus-Pai; participou das reuniões, atividades e liturgias do grupo catecumenal, participou de algumas atividades da comunidade eclesial na qual será inserida pelos sacramentos da iniciação cristã e a partir da qual deverá dar testemunho de Jesus Cristo na sociedade. Na própria celebração do Batismo, foi acolhida pela comunidade reunida em assembleia, escutou a Palavra de Deus que foi proclamada e comentada, presenciou a bênção sobre a água, fez sua renúncia e sua profissão de fé. Ou seja, o sentido mistérico-sacramental do Batismo foi aparecendo e nos atingindo ao longo de toda a celebração, não em forma de explicação, mas em forma de ações simbólicas, rituais.

Não basta a fórmula pronunciada no momento do gesto de batizar; importa a ação ritual como um todo, com seu "antes" (a evangelização, o catecumenato) e "depois" (a vida nova em Cristo e na Igreja com o consequente testemunho na sociedade). Também não basta seguir formalmente, mecanicamente, todas as minúcias e rubricas prescritas

---

[5] RICA, final do n. 32.

no livro ritual. É preciso, sim, uma nova maneira de entender, realizar e experienciar o rito: não mais como gesto mecânico, mas como ação simbólica, carregado do mistério da salvação que nela pede para ser celebrado.[6]

Vejamos isso na oração sobre a água (também chamada de "bênção" da água ou "consagração"[7]) que o ministro proclama solenemente sobre a fonte batismal, com todo o povo ao seu redor, antes do rito da imersão ou ablução. Num primeiro momento ele lembra fatos da história da salvação relacionados com o sacramento do Batismo: a criação do mundo quando o Espírito de Deus pairava sobre as águas; o dilúvio no qual foram sepultados os vícios e foi prefigurado o nascimento de uma nova humanidade; a passagem pelo Mar Vermelho, rumo à liberdade, deixando para trás a escravidão; o Batismo de Jesus nas águas do Jordão e sua unção pelo Espírito como Messias; a água e o sangue que jorraram do lado aberto de Jesus morrendo na cruz; o envio dos apóstolos para fazerem discípulos e batizar em nome do Pai e do Filho e do Espírito Santo. Em seguida, vem o momento culminante desta bênção, a *epiclese* (invocação) quando o ministro pede ao Pai que envie o Espírito sobre esta água para que se torne "água do Batismo". Vejam o momento central desta invocação que consiste num pedido acompanhado de um gesto altamente sugestivo, simbólico. O círio pascal, símbolo do Cristo Ressuscitado, é mergulhado na água, enquanto o ministro invoca: "Nós vos pedimos, ó Pai, que por vosso Filho desça sobre esta água a força do Espírito Santo". Em seguida, mantendo o mesmo gesto, aponta para os efeitos desta água: "E todos os que, pelo Batismo, forem sepultados na morte de Cristo, ressuscitem com ele para a vida".

Devemos aprender a realizar e acompanhar este rito de tal forma que nos deixemos tocar por sua carga dramática. Somos participantes desta história evocada, de muitos séculos de caminhada. Somos parte deste povo a caminho, que morre e ressuscita em Cristo. As rubricas

---

[6] Ver a preferência dada ao Batismo de *imersão*, porque "demonstra mais claramente a participação na morte e ressurreição de Cristo" (RICA, observações preliminares gerais, n. 22). Ver ainda a introdução do RICA, nn. 28-33, explicitando a sequência e o significado dos ritos do sacramento do Batismo.

[7] Cf. RICA, observações preliminares gerais, n. 21.

não dizem, mas a expressividade do rito pede um momento certo para baixar e retirar o círio na água. De fato, na invocação, há dois verbos que conotam e indicam um movimento de descida e subida, respectivamente: "desça" e "ressuscitem". Para que gesto e palavra se reforcem mutuamente, mergulho o círio ao dizer: "Por vosso Filho *desça* sobre esta água o Espírito Santo" e retiro o círio ao pedir "que todos os que forem sepultados com Cristo pelo Batismo *ressuscitem* para a vida". Qualquer ator de teatro ou qualquer comunicador agiria desta forma, porque aprendeu a levar a sério a palavra e o gesto como veículo de comunicação, de ideias, sentimentos, afetos... Alias, a definição clássica do sacramento — *sinais sensíveis que realizam aquilo que significa* — sugere isso. A sacramentalidade depende da compreensão do significado do rito realizado; depende, por isso, da qualidade de nossa comunicação pelo rito, pelos "sinais sensíveis". O mistério nos atinge (ou não!) dependendo da expressividade na realização do rito. A comunicação do mistério passa por gestos e palavras sugestivas, expressivas, isto é, através de uma linguagem que toca nosso ser por inteiro.

Esta é a maneira de Deus se comunicar com seu povo. São Leão Magno dizia: "Tudo o que na vida de nossa Redentor era visível passou para os mistérios", isto é, para as ações litúrgicas, para os ritos sacramentais.[8] Com São João podemos dizer: "O que era desde o princípio, o que ouvimos, o que vimos com os nossos olhos, o que contemplamos e o que as nossas mãos apalparam da Palavra da Vida — vida esta que se manifestou, que nós vimos e testemunhamos, vida eterna que a vós anunciamos, que estava junto do Pai e que se tornou visível para nós —, isso que vimos e ouvimos, nós vos anunciamos, para que estejais em comunhão conosco. E a nossa comunhão é com o Pai e com seu Filho, Jesus Cristo" (1Jo 1,1-3). Na liturgia, o "Verbo da Vida" se manifesta à comunidade reunida em seu nome através de sinais "visíveis", "sensíveis", sinais que atingem nossa capacidade sensitiva (visão, audição, tato, olfato, paladar) e que provocam uma "experiência ritual", uma experiência de Deus através da ação litúrgica.

---

[8] Sermo 2 de Ascensione, 1-4; PL 54, 397-399; LH, Ofício de Leituras, Sexta-feira da VI Semana do Tempo Pascal.

4. Forma, reforma, formação...

Em vários escritos,[9] Andrea Grillo chama a atenção para a verdadeira "questão litúrgica" que na opinião dele está relacionada com a atenção à *forma simbólico-ritual* da liturgia e ao "pressuposto ritual da fé". Não somente por causa da fidelidade à Tradição, mas principalmente por uma questão antropológica é indispensável reencontrar a relação intrínseca, inseparável entre "forma" e "conteúdo" da liturgia, entre ação litúrgica (rito) e fé/teologia/espiritualidade (mistério), entre "sinal visível" e "graça invisível". Toda a atenção primeira vai para o rito, que é a linguagem própria da liturgia, além de, antropologicamente falando, ser indispensável para expressar e experienciar a fé. "Não se pode mais considerar a ação litúrgica como a simples 'moldura' de um 'evento dogmático', mas como aquele âmbito comunicativo complexo, no qual o evento do mistério pascal se realiza em modo simbólico-ritual, envolvendo todo o corpo do sujeito numa dinâmica que requer inteligência sensível e sensibilidade inteligente."[10]

É preciso ver a liturgia a partir da noção de "forma", conceito novo, introduzido nos inícios do século XX, e que deu origem à "ciência litúrgica".[11]"Forma", não entendida mais como "fórmula", nem apenas como forma verbal, mas como *forma ritual*. O caráter sacramental da liturgia é determinado pela junção de dois componentes interligados: o *rito*, que (usando a terminologia da linguística) constitui o "significan-

---

[9] GRILLO, A. *Teologia fundamentale e liturgia*; il rapporto tra immediatezza e mediazione nella riflessione teologica. Padova: Messagero, Abbazia di S. Giustina, 1995 (Caro Salutis Cardo. Studi 10); Id. *Introduzione alla teologia liturgica*; approccio teorico alla liturgia e ai sacramenti cristiani. Padova: Messagero, Abbazia di S. Giustina, 1999 (Caro Salutis Cardo. Sussidi, 3); Id. *Il rinnovamento liturgico tra prima e seconda svolta antropologica; il presupposto rituale nell'epoca del postmoderno*. Pontificia Facoltà Teologica Dell'Italia Meridionale, Molfetta, Quaderni della Rivista do Scienze religiosi (n. 2). Roma: Edizioni Vivere In, 2004; Id. Riformare la liturgia; senso teologico e aspetti pratici per la "formazione liturgica". In: *l'Ulivo*, Revista olivetana di spiritualità e di cultura monástica, pp. 26-53, 2008/1 [Atti dell'Incontro di Monte Oliveto: Monachesimo e Riforma Liturgica, Bilancio e prospettive a 40 anni dalla *Sacrosanctum Concilium*, Monte Oliveto Maggiore, 11-13 Settembre 2008].

Andrea Grillo é teólogo italiano de liturgia, professor de teologia sacramental e liturgia no Instituto Santo Anselmo (Roma), no Instituto de Liturgia Pastoral de Padova e, desde 1998, também no Instituto de Teologia de Ancona.

[10] GRILLO, A. Riformare la liturgia..., cit., p. 36.

[11] Cf. ibid., pp. 29 e 32-36.

te", e o *mistério* que constitui o "significado", expresso e veiculado pelo "significante". Um não existe sem o outro. Trata-se de uma forma *visível* (sinal sensível, relacionada à nossa corporeidade, portanto, humana, antropológica) com um sentido teologal e efeitos *invisíveis* (mistério, graça, vida nova em Cristo). Não é possível considerar e operar um sem o outro. A fé precisa do rito para que possa ser apreendida pelo ser humano; ou seja, não há fé cristã, nem espiritualidade, nem teologia..., sem liturgia. E, de outro lado, não há liturgia cristã de verdade sem que o rito expresse devidamente o mistério e leve a uma experiência da fé. Por isso, "compreender a renovação litúrgica equivale a repensar plenamente a correlação entre o teológico e o antropológico".[12]

A redescoberta da centralidade da ação litúrgica e de seu caráter simbólico-ritual tem consequências para o modo de celebrar, para a iniciação cristã, para a formação e para a ciência litúrgica. Além disso, o Autor lembra que o objetivo do Movimento Litúrgico, iniciado no final do século 19, vai muito além de uma reforma dos ritos; pretende uma reforma da própria Igreja como corpo eclesial, moldado pela liturgia, e uma reforma da vida cristã, a partir da participação plena do povo sacerdotal na liturgia. Nela nós nos redescobrimos como Igreja que não tem sua origem, nem seu destino, em si mesma: "A Igreja pode compreender-se a si mesma somente no Senhor".[13] A necessária reforma dos ritos está em função da experiência de fé do povo cristão que necessariamente passa pela experiência ritual, litúrgica. Usando um jogo de palavras, Andrea Grillo aponta para a importância da "re-*forma* (ainda inacabada e insuficiente) da *forma litúrgica* em função da *forma*-ção de todo o povo de Deus, a fim de que possa participar mais plenamente do mistério celebrado".[14] Ele está convicto de que "a questão litúrgica está estruturalmente ligada a uma questão espiritual e a uma questão eclesial".[15]

A partir dos muitos horizontes e pistas abertas por Andrea Grillo, ressalto alguns aspectos que serão trabalhados mais detalhadamente

---

[12] Id. *Il rinnovamento...*, cit., p. 31.
[13] Id. Riformare la liturgia..., cit., pp. 50-51, citando o teólogo Hans Urs Von Balthasar.
[14] Cf. ibid., p. 36.
[15] Cf. ibid., p. 29.

nos capítulos seguintes, a partir de uma prática formativa já comprovada entre nós: não há formação litúrgica sem sensibilização simbólica e consciência corporal. É preciso aprender a perceber e prestar atenção a cada coisa, cada elemento usado na liturgia, cada gesto e movimento, a tudo que se possa ver, ouvir, sentir, cheirar, apalpar... com todo o nosso ser. Isto exige observação e treino.

A partir daí, é preciso aprender a ver, ouvir, sentir, cheirar, apalpar... a realidade escondida que emerge de todos aqueles elementos, algo que ultrapassa nossa razão e nosso raciocínio. Aprender a ver, por exemplo, a beleza de uma paisagem, de uma gota de água, do voo de um pássaro, a harmonia de um detalhe arquitetônico; a sentir o perfume de uma rosa; ouvir a emoção na voz da cantora ou na maneira de tocar a flauta ou o violino; a reconhecer o que está por trás de um olhar ou da expressão de um rosto: alegria, sofrimento, apreensão... Ou seja, aprender a ver e realizar as ações litúrgicas como gestos simbólico-rituais, capazes de suscitar uma experiência espiritual. Isto exige sensibilidade para admirar.[16]

Cada elemento na liturgia tem seu fundamento bíblico-teológico. Para captar o sentido da água no Batismo, por exemplo, é necessário conhecer as páginas da Bíblia que nos falam da criação, do êxodo, do Batismo de Jesus no rio Jordão, da estacada da lança do soldado que abriu o lado de Jesus morrendo na cruz... É preciso ter penetrado nas cartas de Paulo que falam da nova vida em Cristo, a partir do Batismo. Isto exige estudo bíblico e leitura orante.

A ação litúrgica como um todo é chamada a expressar e deixar transparecer a ação de Cristo Ressuscitado e de seu Espírito, "pascalizando" nossas vidas, estreitando nossos laços com o Pai e entre nós, capacitando-nos para a missão. Onde isso faltar, não há como falar em liturgia cristã. Isto exige espiritualidade. Ou, como diz A. Grillo, "é claro que a formação litúrgica tem a ver estruturalmente com a 'questão espiritual', porque indica um novo início e uma nova realização do ser espiritual, colocando-o precisamente no coração da experiência litúrgi-

---

[16] Ver: ALVES, R. A complicada arte de ver. *Folha de S. Paulo*, versão on-line, 26 out. 2000 (editado em power-point por "Mourita", em 16 de fev. 2008, com o título "Onde você guardou seu olhos?").

ca, no mistério do culto, no corpo que celebra ações rituais e que fala linguagens simbólicas".[17]

É urgente assegurar a "veracidade" do sinal: por exemplo, povo reunido em assembleia (e não como "plateia"); a presidência servindo (e não dominando) a assembleia; a Palavra proclamada e meditada (e não simplesmente lida); o pão e o vinho da Ceia do Senhor para todos os participantes, servidos ali mesmo, do altar (e não hóstias tiradas do sacrário); água em abundância para o Batismo e a aspersão (sem jogar água com baldes, em forma de brincadeira); salmos, hinos, cantos, orações, preces... saindo do coração (e não recitados ou lidos mecanicamente, sem envolvimento afetivo e espiritual, sem diálogo com o Senhor). Isto exige autenticidade.

A formação litúrgica em todos os níveis, desde as equipes de liturgia até os cursos mais especializados e científicos, não pode jamais reduzir-se a aulas teóricas, mas incluir as práticas pedagógicas apontadas acima, em forma de vivências e "laboratórios litúrgicos". Isto exige diálogo e abertura para o novo.

Na ciência litúrgica (estudo científico da liturgia, incluindo a sacramentologia), devemos aprimorar o método que conjuga teologia com ciências humanas (antropologia, sociologia, linguística, filosofia, semiologia, história, ciências da comunicação, arte, música, arquitetura...) num regime de transdisciplinaridade, partindo da análise da ação ritual. Ou, com as palavras de A. Grillo: O Movimento Litúrgico sabia que era preciso "transformar o método teológico para não perder o objeto litúrgico [...], dialogar com o saber antropológico que descobriu a lógica da iniciação simbólico-ritual, restituindo à Igreja um patrimônio que havia em parte dilapidado, em parte esquecido, em parte escondido".[18] O estudo dos sacramentos não pode continuar dissociado da análise antropo-teológica da liturgia enquanto ação simbólico-ritual. Isto exige uma nova organização dos currículos dos institutos de teologia e uma nova aprendizagem por parte dos professores.

---

[17] GRILLO, Riformare la liturgia..., cit., p. 31.
[18] Ibid., p. 4.

Falando da lógica da iniciação simbólico-ritual: até agora a maioria das dioceses do Brasil ainda não conseguiu (ou não se interessou em) introduzir o catecumenato de adultos, proposto pela SC 64-66, seguido pelo DGC e pelo DNC. Este último indica claramente que "a inspiração catecumenal deve iluminar qualquer processo catequético".[19] *Não basta "dar catequese"*, conteúdos bíblico-catequéticos, ensinamentos morais, alguma explicação *sobre* a celebração dos sacramentos. Será preciso voltar a uma pedagogia mistagógica, num processo catecumenal que inclui também liturgias catecumenais, acompanhando os vários passos da iniciação. De fato, uma das características do processo catecumenal é sua dimensão celebrativo-litúrgico da fé. É o próprio mistério celebrado que nos inicia e "forma". Isto exige reformular todo o processo catequético, com pessoas de qualquer idade, partindo de uma profunda reciclagem para catequistas e catequetas.

Será necessário organizar e renovar a pastoral de tal modo que a liturgia deixe de ser uma pastoral ao lado de tantas outras, para se tornar, de fato, o centro vital e vitalizador da comunidade eclesial, que se deixe transformar e renovar, domingo a domingo, pela palavra e pelo sacramento (cf. SC 10: "cume e fonte"). Isto exige muita coragem e criatividade.

---

[19] N. 45. Ver conjunto nn. 45-50: "A catequese inspirada no processo catecumenal".

3

RITUALIDADE[1]

A vivência e a transmissão do sentido mistérico-sacramental e até mesmo sua "eficácia" (nossa transformação pascal em Cristo) dependem da maneira como os ritos são realizados. Em outras palavras, dependem da *ritualidade*. O que está em jogo, portanto, é a *veracidade* na realização e vivência dos ritos, a maneira de fazer com que o mistério *transpareça* na linguagem verbal, gestual, musical, arquitetônica, e até na "linguagem" do silêncio. Num primeiro momento, procuro apontar a importância do rito do ponto de vista antropológico e teológico e diferenciar ritualidade e ritualismo. Em seguida, remeto a três aspectos presentes na SC: os sinais sensíveis da liturgia, a necessidade de promover a devida participação e a necessária formação. Num terceiro momento, olhamos para o sujeito da ação litúrgica, levando em conta sua afetividade e corporeidade e para a consequente necessidade de uma antropologia holística. Num quarto momento, enfoco a aprendizagem da ritualidade em vista da participação

---

[1] Retomando a conferência proferida no Encontro Anual da ASLI (Associação dos Liturgistas do Brasil), em São Paulo, 2003, que tinha como tema geral: "SC 40 anos depois; por uma participação litúrgica ativa, consciente e plena". Bibliografia consultada (além das indicações bibliográficas ao longo do texto): BRANDÃO, Carlos. Ritos e festas dos catolicismos populares: "De tão longe eu venho vindo!". In: *Tempo e Presença*, Rio de Janeiro, 292: 8-10, mar./abr. 1997. HAMELINE, Jean Yves. Le culte chrétien dans son espace de sensibilité, *LMD*, Paris, 187: 7-45, 1991. KNAEBEL, Simon. *Anthropologie rituelle et théologie sacramentaire*. Université des Sciences Humaines, Strasbourg, Faculté de Théologie Catholique, 1994. MAGGIANI, S. Rito/Ritos. In: SARTORE, D.; TRIACCA, A. M. (org.). *Dicionário de Liturgia*. São Paulo: Paulinas/Paulistas, 1992, pp. 1021-1028. MALDONADO, L. As formas expressivas; uma morfologia litúrgica. In: Id. *A ação litúrgica*; sacramento e celebração. São Paulo: Paulus, 1998, pp. 130-139. Id. Sensibilidade litúrgica, os sentidos na celebração. In: *A ação litúrgica*; sacramento e celebração, cit., 1998, pp. 140-50. TIJDSCHRIFT VOOR GEESTELIJK LEVEN. *Breekbaar als glas; over de broosheid van symbolen en riten*, Leuven, (54), mrt.-apr. 1998. Id. *Weg van de wereld; symbolen en riten*, Leuven, (51) nov./dec. 1995.

pessoal, do exercício dos ministérios litúrgicos, do ensino e da ciência litúrgica. No final do capítulo, um alerta contra liturgias muito bem cuidadas, porém distantes da vida, da realidade sofrida do povo.

1. Rito, ritualidade, ritualismo

"Rito" é um conceito antropológico que nos permite abordar a sacramentalidade da liturgia via ciências humanas. Croatto[2] fala do rito como "manifestação gestual da religião". É um conjunto de gestos, eminentemente corporais, expressão da identidade do grupo, modelo de ação humana. Carrega valores simbólicos que são efetivados na realização do rito; por isso, dizemos que a ação ritual é "performativa": ela "perfaz", realiza, faz acontecer algo nas pessoas que dela partici-pam. O autor alerta para a diferença sutil entre "eficácia sacramental", simbólica, que expressa e produz um *sentido* da realidade e a ação mágica, que "compreendido como algo mecânico, é uma perversão do ato ritual, que está próximo do ritualismo".[3] A eficácia sacramental, simbólica "é o resultado invisível e profundo que o *homo religiosus* experimenta quando participa de um determinado rito. A ação ritual *trans*-figura outra coisa [...] e acredita-se que a divindade *realmente* age no rito. Os ritos são ações *religiosas* e devem ser compreendidas como tais".[4]

Mas os ritos sempre estiveram presentes também na vida social e política. Costuma-se falar, então, de "ritos profanos" ou "rituais à mar-gem do sagrado".[5] E hoje, na cultura pós-moderna, chama a atenção a "valorização do simbólico, sobrepondo-se de um modo geral à dimensão racional ou teológica da experiência religiosa. Ou seja, os símbolos, em

---

[2]   CROATTO, José Severino. *As linguagens da experiência religiosa*; uma introdução à fenomenologia da religião. São Paulo: Paulinas, 2001, pp. 329-353.
[3]   Ibid., p. 350.
[4]   Ibid., p. 352.
[5]   Cf. RIVIÈRE, Claude. *Os ritos profanos*. Petrópolis: Vozes, 1997; Id. *Ritualité aux marges du sacré*. Disponível em: <http://www.unites.uqam.ca/religiologiques/no9/riviere.pdf>. O autor, professor de sociologia na Sorbonne, França, tem outras publicações nas quais expõe suas pesquisas sobre o sagrado na modernidade, inclusive na política: *Nouvelles idoles, nouveaux cultes* (L'Harmattan, 1990) e *Les liturgies politiques* (PUF, 1988).

seu aspecto visual, são a referência central nas novas formas de crer em oposição às verdades doutrinárias [...]; os símbolos parecem movimentar mais do que as ideias".[6] Enquanto a cultura racionalista (que influenciou também a teologia) levou a "desvalorizar os rituais como um elemento significativo da experiência humana e religiosa", agora percebemos "uma abundância dos rituais na sociedade dos indivíduos".[7] Encontramos até rituais elaborados por "ritólogos" e "ritólogas" que oferecem seus serviços personalizados, na intenção de ir ao encontro dos "sem-igreja" ou sem uma tradição religiosa bem definida.[8]

Do ponto de vista antropológico, o rito tem uma função pedagógica muito forte, no sentido de transmitir a memória dos antepassados "gravando-a" no corpo e, a partir daí, recriar dinamicamente a sociedade. Leda Martins, da Universidade de São Paulo, falando dos rituais dos afrodescendentes no Brasil, afirma: "A hipótese é de que o gesto performático [dos rituais] não é simplesmente uma forma repetitiva, que traduz um hábito, mas uma ação que em si mesma registra, cria, institui e transmite conhecimentos [...]. O corpo em performance restaura, expressa, transmite, modifica e simultaneamente produz conhecimento [...]. Nas danças rituais brasileiras [...] a performance ritual é [...] um ato de inscrição [...] o corpo não apenas repete um hábito, mas também institui, interpreta e revisa o ato reencenado [...]. O conteúdo imbrica-se na forma; a memória grafa-se no corpo, que a registra, transmite e modifica dinamicamente [...]. Os ritos restauram terapeuticamente o indivíduo e sua comunidade e tornam-se instrumentos por meio dos quais a cultura fermenta o contexto social com o qual interage". Também a palavra pronunciada, cantada, dançada... "ecoa na reminiscência performática do corpo" e, como tal, opera sobre uma situação existencial. A autora criou o termo "oralitura" para falar da inscrição de saberes,

---

6 STEIL, Carlos Alberto. *A religião na sociedade dos indivíduos*; transformações no campo religioso brasileiro. São Leopoldo/RS: Instituto Humanitas Unisinos, 2007, ano 5, n. 93, pp. 9-10 (Col. Cadernos IHU Ideias).

7 Ibid., p. 10.

8 Por exemplo, HALLIDAY, Tereza. *Celebrações, rituais para momentos significativos*. São Paulo: Ágora, 2000. Também a reportagem de Silvia Rogar (Revista *Veja*, 5 de ago. 2009), citada em: "Simbologia à *la carte*. Casamentos misturam religiões em rituais próprios". Instituto Humanitas on-line, 01/08/2009. Disponível em: <http://www.ihu.unisinos.br/index.php?option=com_noticias &Itemid=18&task=detalhe&id=24417>.

valores, conceitos, visões de mundo e estilos na "grafia" de um corpo em movimento e na vocalidade.[9]

Do ponto de vista teológico, para nós, cristãos, a liturgia é um conjunto de ações rituais que tem sua origem em Cristo, na relação dos discípulos e discípulas com ele, e que é transmitido de geração em geração como expressão fundante da fé cristã. É expressão do "mistério cristão", uma realidade humano/divina que remete à fé na "encarnação" de Deus na pessoa de Jesus de Nazaré. Na linguagem joanina, dizemos que Deus entra na história, como um de nós. A Palavra eterna de Deus, o "Verbo", se fez "carne" (realidade humana), se fez corpo; atinge-nos pelos sentidos, pela corporeidade. Faz-se comunicação: *ouvimos, vimos com nossos olhos, nossas mãos apalparam...* (cf. 1Jo 1,1-4). Os prefácios do Natal desenvolvem este tema da comunicação da vida divina pelos sentidos corporais:

> "Quando o vosso Filho se fez homem, nova luz da vossa glória brilhou para nós, para que, vendo a Deus com nossos olhos, aprendêssemos a amar o que não vemos."

> "Ele (Cristo nosso Senhor), invisível em sua divindade, tornou-se visível em nossa carne; gerado antes do tempo entrou na história dos homens e, erguendo em si o mundo decaído, restaurou a integridade do universo."

> "Por ele realizou-se neste dia o maravilhoso encontro que nos faz renascer, pois, enquanto o vosso Filho assume a nossa fraqueza, a natureza humana recebe uma incomparável dignidade, torna-se de tal modo um de nós, que nos tornamos eternos."

Cipriano Vagaggini[10] chama a atenção para esta *estrutura sacramental da encarnação*, que a SC apresenta como sendo a estrutura da história da salvação, da Igreja-sacramento e de toda a liturgia (não só os sacramentos).[11] As expressões rituais procuram de alguma forma reprodu-

---

[9] Para todo este parágrafo, ver: MARTINS, Leda. Corpo, lugar de memória. *Revista da Biblioteca Mário de Andrade*, literatura e diversidade cultural, São Paulo, v. 59, pp. 121-127, 2000.

[10] Liturgista italiano, precursor e colaborador no Concílio Vaticano II e membro da comissão Consilium, encarregada de efetuar as decisões do Concílio; autor de, entre outros, *O sentido teológico da liturgia*, 1957.

[11] VAGAGGINI, C. Visão panorâmica sobre a constituição litúrgica. In: BARAÚNA, Guilherme. *A sagrada liturgia renovada pelo concílio*. Petrópolis: Vozes, 1964, pp. 133-135.

zir a experiência e inculcar as crenças e atitudes. Ou seja, procuram levar a uma experiência que é simultaneamente ritual e espiritual; o "espiritual" está "encarnado", "incorporado" na ritualidade e na experiência da mesma.

Esta estrutura sacramental da encarnação e da salvação é o ponto de partida para incorporar também na liturgia a *dimensão ecológica*, questão de vida e de morte para o planeta, e consequentemente para a humanidade.[12] Todos os elementos rituais da liturgia, assim como os seres humanos, de fato, são considerados por nós como criados por Deus, redimidos por Cristo, vivificados pelo Espírito. Água, pão e vinho, óleo, fogo e luz..., elementos da natureza, frutos da terra e do trabalho de homens e mulheres, tornam-se na celebração litúrgica, pela invocação do Espírito, sacramentos de nossa incorporação em Cristo, da vocação para a divinização de todo o universo quando Deus será tudo em todos (cf. 1Cor 15,28). A maneira de lidar ritualmente, carinhosamente, espiritualmente, com esses elementos, assim como uma formação eco--teológica-espiritual[13] poderão contribuir para uma consciência e prática ecológicas dos participantes de nossas celebrações litúrgicas.

Convém apontar para a diferença entre ritual, ritualismo, ritualidade. *Ritual* é conjunto de ritos, geralmente descritos nos livros, chamados de "rituais". Por *ritualidade* entendemos o caráter ritual (da liturgia, no caso) enquanto ação humana que envolve todas as dimensões do ser humano que *realiza* o rito: corporeidade, afetividade, inteligência, espiritualidade. Supõe um trabalho expressivo, comunicativo, simbólico, capaz de levar à experiência ritual, espiritual. Assim, ritualidade se contrapõe a *ritualismo*, que é rito reduzido a formalismo, a exterioridade, sem dimensão simbólica, sem suficiente atenção ao sentido que expressa e sem envolvimento afetivo.

---

[12] Ver o trabalho realizado neste sentido na preparação e realização das liturgias do 12º Intereclesial das CEBs em Porto Velho (RO), jul. 2009, que teve como lema: "Do ventre da terra, o grito que vem da Amazônia" (cf. *RL*, n. 215, p. 4, set./out. 2009). Ver, ainda, o tema "Ecologia e liturgia", trabalhado na Semana de Liturgia, out. 2009, em São Paulo, e uma série de artigos de minha autoria na *RL*, nn. 217-222, 2010.

[13] A proposta teológica de considerar o mundo como "corpo de Deus" poderá ajudar-nos neste empreendimento. Ver: MCFAGUE, Sallie. O mundo como corpo de Deus. *Concilium*, Petrópolis, n. 295, pp. 55-62, 2002/2. "No mundo como corpo de Deus, Deus é a fonte, o centro, a origem, o espírito de tudo o que vive e ama, de tudo o que é belo e verdadeiro...", p. 59.

2. Alguns aspectos da ritualidade na SC

Três enfoques no documento conciliar sobre a Sagrada Liturgia interessam para nosso assunto sobre ritualidade: os chamados "sinais sensíveis", a importância dada à "participação" e a insistência na "necessidade de formação".

2.1. Sinais sensíveis

A constituição conciliar sobre a Sagrada Liturgia fala de "sinais sensíveis" que realizam aquilo que significam (SC 7). Analisemos os termos desta definição. São "sinais": apontam para alguma coisa, chamam a nossa atenção para algo que está acontecendo. São "sensíveis": tem a ver com sensibilidade, sensitividade, sensorialidade, corporeidade. São sinais sensíveis que "significam". Na liturgia, os sinais sensíveis apontam para a obra da salvação realizada ao longo da história humana, tendo seu ponto culminante na pessoa de Jesus, o Cristo, o Deus-conosco. Não apontam para o Deus da metafísica, mas para o Deus radicalmente encarnado na história, revelado no "logos" da cruz de Cristo (1Cor 1,17-18). Os sinais sensíveis da liturgia expressam o mistério pascal, o mistério de Cristo e a genuína natureza da Igreja, com seu duplo caráter humano/ divino. O Verbo se fez carne, o Ressuscitado toma corpo na história e na Igreja pelo Espírito de Deus. Partilha de pão e vinho, ablução com água, unção com óleo perfumado, imposição das mãos, música, incenso e outros elementos naturais e culturais expressam o mistério de nossa fé; evocam experiências humanas profundas, nas quais o Cristo vem ao nosso encontro e nos revela o Pai.

Os sinais sensíveis *realizam*, isto é, fazem acontecer; são da ordem da ação (*urgia*) e não da ordem da explicação (*logia*). Trata-se de uma linguagem performativa, que "atualiza", faz acontecer aqui e agora; torna presente e possibilita nossa participação no mistério de Cristo, nos eventos históricos da salvação (cf. SC 2). Realiza de que forma? Não de maneira mecânica, automática, mas por um processo de comunicação significativa, dentro de uma realidade cultural. Isto, objetivamente falando, na intenção da Igreja. No entanto, convém perguntar: significam a mesma coisa para todas as pessoas presentes nas celebrações? Tiveram acesso a este sentido objetivo? Conseguem "traduzi-lo" em subjetividade, em sentido existencial, nas realidades do cotidiano e da vida social? E aqui, de novo, vem a pergunta a respeito do abismo entre aquilo que a Igreja afirma objetivamente e aquilo que de fato acontece com as pessoas que frequentam as celebrações litúrgicas. Até que ponto a liturgia está modificando a vida das pessoas? O que falta para que a pretendida "eficácia" funcione, aconteça de fato?

2.2. Participar

Certamente devemos lembrar outra categoria característica da SC: *participar*.[14] O mistério é expresso, manifesto, atualizado, para que possamos participar — via sinais sensíveis — do mistério celebrado. Como entender isso hoje? O liturgista neerlandês Gerard Lukken[15] lembra a abordagem de Greimas a partir da semiótica: o Concílio Vaticano II rompeu com a teatralização da liturgia na Idade Média baseada na imitação. Eliminou, por exemplo, a elevação da hóstia após a narrativa da instituição; eliminou os ministros-atores celebrando para um povo de espectadores,[16] reintroduziu a teologia da assembleia toda ela celebrante. Devolveu à liturgia seu estatuto de "participação mítica comunitária"[17] como acontece nas danças sagradas. Lukken afirma: na liturgia, a realidade é encenada, "penetrando em sua profundidade transcendente" como num "mistério" (não totalmente revelado) do qual participamos no e através do ritual. Os ministros exercem seus papéis, não como atores, mas como executores de uma ação ritual, na qual abrem espaço para que uma realidade transcendente possa agir, que — no caso da liturgia — é

---

[14] Cf. SC 11, 14, 18, 19, 21, 27, 30, 41, 48, 50, 53, 55, 79, 100, 114, 118, 121, 124...

[15] LUKKEN, Gerard. Wat heeft liturgie met theater te maken? Een verheldering vanuit de semiotiek van de verschillen, overeenkomsten en raakvlakken. In: LUKKEN, G.; MAAS, Jacques. *Luisteren tussen de regels*; een semiotische bijdrage aan de praktische theologie. Baarn: Gooi en Sticht, 1996, pp. 134-167.

[16] O autor usa, em neerlandês, uma troca de palavras — "doen zien/ zien doen": os atores "levam a ver" (isto é: mostram), enquanto a atividade do povo é reduzida a "ver o que (os atores) fazem".

[17] LUKKEN, G.; MAAS, J., op. cit., p. 156.

o próprio Cristo.[18] Desta forma, a liturgia é vista como ação simbólica — que estabelece a relação entre o rito e seu referente (o mistério pascal) e permite uma "apropriação" progressiva daquilo que cremos, uma transformação pascal a longo prazo. Tocando os sinais sensíveis (os símbolos, os ritos...), tocamos o mistério.

Quer me parecer, no entanto, que a "conserva cultural" na América Latina continua influenciando na prática litúrgica atual: a liturgia continua sendo pensada como teatro, onde há atores (os ministros) e espectadores (o povo), sem a participação mítica, sem uma penetração no âmago transcendente da realidade, sem um mergulho no "mistério" presente e atuante no coração da realidade, através da vivência simbólica. Será preciso que aprendamos de novo a ad-mirar como as crianças, deixar-nos arrebatar pelo "mistério" da vida expressa em beleza, símbolos e ritos. Também muitas expressões genuínas do catolicismo popular ainda guardam esta capacidade de "participação mítica comunitária" e são, portanto, uma fonte de aprendizagem, enquanto não sejam engolidas ou deturpadas pela mentalidade de "marketing" e entretenimento, características da maioria dos programas divulgados pelos meios de comunicação social.

2.3. Necessidade de formação

A participação na liturgia requer a devida formação litúrgica. O Concílio já apontou claramente para isso em SC 14 a 20, que traz como título "Necessidade de promover a instrução litúrgica e a ativa participação". Em vez do termo "instrução", prefiro "formação" (SC 14). Em vez de apenas "instruir", necessitamos imbuir do espírito da liturgia, levar a "vivenciar", experienciar. E os primeiros a serem formados neste novo espírito da liturgia são os próprios formadores e pastores (SC 15 a 19). De fato, é possível formar cozinheiras sem uma aproximação do fogão? É possível formar médicos, enfermeiras... sem um contato com pacientes? É possível formar jogadores de futebol fora dos campos; mecânicos de automóveis sem pegar em ferramentas e graxa; técnicos em informática

---

[18] Ibid., pp. 143-145.

sem mexer nos computadores? E, no entanto, nós continuamos teimando em formar "liturgos" (sejam ministros ordenados ou não) apenas com aulas teóricas e com livros. O corpo (em sua relação com a mente, a afetividade, o espírito), a ferramenta principal do trabalho na liturgia, não é considerado. Consequência: liturgias verbalistas, com "sinais" que não significam, "símbolos" que não simbolizam,[19] que não atingem as pessoas reunidas em assembleia; avalanches de palavras que não dizem nada, que não tocam o coração de ninguém, que não convertem, não animam, não entusiasmam, não convocam, não têm força de transformação, não possibilitam a participação verdadeira (consciente, ativa, interna, externa, plena, frutuosa...) preconizada pela SC. O comodismo está instalado. Poucos se preocupam com a situação... ou tem medo de mudar, ou não sabem como.

3. Um olhar atento para o sujeito da ação litúrgica

Ao falarmos em formação, impõe-se um olhar atento para o sujeito da ação e sujeito, portanto, da formação litúrgica. Devemos levar em conta sua afetividade e corporeidade e a consequente necessidade de uma antropologia holística.

3.1. Importância da afetividade e da corporeidade

O sujeito da ação litúrgica é o povo de Deus reunido em assembleia; é formado por pessoas humanas. Por isso, não podemos separar a dimensão teológica da dimensão antropológica. Quem se relaciona com Deus, quem crê e celebra sua fé são seres humanos, com sua racionalidade, mas também com sua afetividade e sua corporeidade. Para fazer jus ao Deus encarnado, a teologia precisa ampliar sua base antropológica. Antoon Vergote, no belíssimo artigo sobre "A afetividade que anima o rito", reclama da base antropológica demasiado estreita com a qual opera a teologia; ele chama a atenção para o fato de que "a expressividade afetiva

---

[19] Alusão a um artigo de GELINEAU, J. Sinais que signifiquem, símbolos que simbolizem. *Ora et Labora*. Singeverga (Portugal), 1981, n. 4, pp. 245-264.

e simbólica [...] é constitutiva da fé que supostamente anima a intenção de quem realiza o rito".[20] E podemos acrescentar: também sua corporeidade deve ser levada em conta. Fala-se hoje em *body experience* como *self experience*, ou seja, a experiência que temos de nós mesmos passa pela experiência que temos de nosso corpo. Na comunicação com as outras pessoas, nosso corpo fala mais que as palavras que proferimos. "Dar à linguagem corporal uma prioridade em relação à linguagem verbal na expressão individual e na comunicação social equivale a uma revolução antropológica."[21] Além disso, pelo corpo estamos unidos a tudo e, ao mesmo tempo, o corpo nos individualiza. Por isso, "O ritual é uma forma de comunicação com mediação corpórea, que se apresenta como uma forma de compromisso entre a distância-separação e a intimidade [...]. Se de um lado o rito se aproxima do abismo do inconsciente e nos faz provar a vertigem do absoluto, de outro lado, no plano interpessoal, nos aproxima da comunhão entre os seres."[22]

3.2. Necessidade de uma antropologia holística

O avanço das ciências aponta para uma inter-relação entre corpo/ mente/alma/espírito... Não podemos separar as várias dimensões da ação humana: "corporal", mental, afetiva, espiritual. Necessitamos adquirir e assumir uma antropologia holística. Deus vem ao encontro do ser humano em sua totalidade; a relação com Deus inclui nosso mundo de desejos, afetos, sentimentos... e esses passam necessariamente pelo corpo, e supõem um conjunto de convicções que habitam nossa consciência. Necessitamos *elaborar uma antropologia teológica ritual holística* e uma *pedagogia ritual holística* para embasar e possibilitar o trabalho de tomada de *consciência do corpo*, com vistas a uma *participação* ativa, consciente, plena, na inteireza do ser.

Não basta um conhecimento racional desta antropologia. Trata-se de uma nova percepção (ao mesmo tempo corporal, mental, afetiva e

---

[20] L'affectivité qui anime le rite. *LMD*, 218, 1999/2, pp. 117-129; aqui p. 129.
[21] SPINSANTI, S. Il linguaggio del corpo nella comunicazione rituale. In: SARTORI, Luigi (org.). *Comunicazione e ritualità*; la celebrazione liturgica alla verifica delle leggi della comunicazione. Padova: Edizione Messagero Padova, 1988, pp. 303-311 (Col. Caro Salutis Cardo, 4).
[22] Ibid., pp. 310-311.

espiritual) da *unidade* destas várias dimensões. Isto exige treino, ascese, pedagogia. O importante é *fazer*, prestar atenção, perceber, experienciar, aprender fazendo.

4. Aprendizagem da ritualidade

Focalizamos a ação ritual e a assembleia litúrgica como sujeito desta ação, partindo da corporeidade dos participantes. Como liturgistas e formadores estamos à procura de um caminho no qual a liturgia possa tornar-se, de fato, "a primeira e necessária fonte, da qual os fiéis haurem o espírito verdadeiramente cristão".[23] Para chegar a isso, buscamos o "como fazer", na celebração e na formação do povo e de ministras e ministros (clérigos e leigos). A aprendizagem da ritualidade passa necessariamente pela superação do ritualismo. É preciso descobrir "o outro lado" do rito, sua dimensão espiritual e teológica, não apenas através de estudos teóricos, mas também através de vivências e laboratórios.

A SC colocou os alicerces: a participação na liturgia passa pelos "sinais sensíveis" que tem a ver com o "casamento" de nossa corporeidade com nossa espiritualidade. É preciso celebrar com todo o nosso ser, orientado pelo Espírito do Senhor. Creio que estamos de acordo sobre a necessidade de partir de uma antropologia holística. Proponho que nos detenhamos nisso e apontemos algumas orientações em relação aos seguintes aspectos: (1) na participação pessoal na ação ritual (vivência, experiência, espiritualidade); (2) no exercício dos ministérios litúrgicos; (3) no ensino da liturgia; (4) na ciência litúrgica.

4.1. Na participação pessoal na ação ritual (vivência, experiência, espiritualidade)

O proveito espiritual da liturgia depende em primeiro lugar de cada um e cada uma de nós, membros da assembleia litúrgica. O que podemos fazer para chegar a uma participação consciente, plena, frutu-

---

[23] SC 14, cf. Pio X, *Tra le sollecitudini*, 1903.

osa das celebrações? SC 11 fala das necessárias disposições pessoais e aponta três delas: é preciso vir com "reta intenção", "acompanhar com a mente as palavras", "cooperar com a graça do alto". O que seria "reta intenção"? Penso que se trata de fazer coincidir nossa intenção (nossa vontade, desejo, objetivo) com o propósito da própria liturgia. Infelizmente, muitas pessoas pretendem "usar" a liturgia para outros fins; trazem suas "intenções" individuais (pelos falecidos, por uma cura, em cumprimento de uma promessa, por uma graça alcançada...). Vêm à liturgia, portanto, com "segundas intenções"; de certa forma instrumentalizam a liturgia. E, assim, não cooperam com a graça do alto, que nos é dada na participação gratuita, acolhendo o que Deus quer nos oferecer. Trata-se de uma relação de aliança a ser desejada e alimentada. Supõe relações orantes, afetivas, íntimas, com o Senhor. A graça que nos é oferecida nada mais é que a comunhão com o Pai, pelo Filho, no Espírito Santo. É a participação no mistério pascal que nos faz passar a cada momento da "morte" para a "vida nova" em Cristo, em estreita comunhão com o Pai, na intimidade e na força do Espírito Santo. Porém, não se trata de um relacionamento individual e subjetivo, mas comunitário e objetivo; não apesar do rito, mas através dele.

Não é possível separar espiritualidade e ritualidade. Do ponto de vista antropológico, tomamos consciência da relação que existe entre espírito e matéria, entre corpo, mente, afeto, espírito, espiritualidade. De fato, "Está acontecendo em nossos dias um encontro, estranho, mas sintomático, entre as ciências físicas, que abandonaram a arrogância, e as ciências psicológicas e do espírito. Com o advento da ciência quântica sobre a matéria, tudo volta a ser discutido. Todos concordam que é preciso falar de probabilidade, de ondas de probabilidades e *do espírito que parece aninhar-se dentro da matéria* [itálico meu], do qual não se consegue descobrir a natureza".[24]

Do ponto de vista teológico, o rito é veículo do Espírito Santo. A ação do Espírito se encarna no rito, em palavras e ações simbólicas,

---

[24] TERRIN, Aldo Natale. A doença? Síndrome de desarmonia do espírito; tratado sobre religiões antigas e novas. In: ibid., p. 230. Ver também: VV.AA. *Liturgia e terapia*; a sacramentalidade a serviço do homem na sua totalidade. São Paulo: Paulinas, 1998.

pela memória de Jesus, pela invocação epiclética e, desta forma, nos leva progressivamente a uma vida no Espírito de Jesus Cristo. Pouco a pouco, ao longo dos anos, somos levados à conversão, à superação do "homem velho" voltado sobre si mesmo. Somos configurados a Jesus Cristo, o "homem novo" em sua solidariedade, em seu amor sem medida. E, assim, temos oportunidade de crescer espiritualmente, de ano em ano, sendo transformados pela celebração dos mistérios do Senhor. Trata-se de "uma experiência mística que deve ser recuperada no interior do ritual [...]. O rito verdadeiro deve levar a uma 'outra dimensão'".[25]

É por isso que devemos acompanhar com a mente (e o coração!) as palavras (e as ações) da liturgia. Vejamos como nos exorta São João Crisóstomo a respeito do canto dos salmos: "Não vás pensar que entraste aqui unicamente para dizer palavras, mas antes para que, quando respondes ao salmo, compreendas que ficas ligado por este refrão. Quando cantas: 'Como o veado anseia pelas águas vivas, assim minha alma anseia por Vós, Senhor', fazes um pacto com Deus. Assinas um recibo, sem papel nem tinta; confessas com a tua voz que O amas acima de tudo, que não pões nada antes d'Ele e que ardes de amor por Ele. Por isso, não entremos aqui de qualquer maneira, nem cantemos refrães por rotina, como coisa já sabida, mas sirvamo-nos deles como apoio de viagem. Um só versículo é capaz de nos ensinar muita sabedoria".[26] São Bento, falando da recitação dos salmos, ensina em sua Regra: "que nossa mente concorde com nossa voz".[27]

Por isso, não podemos mais, como se fazia antigamente quando a missa era em latim, recitar o terço ou nossas orações individuais..., deixando de prestar atenção, de acompanhar atentamente as ações próprias da liturgia. Não podemos tampouco substituir os cantos litúrgicos por cantos devocionais, muito religiosos, mas que não expressam o mistério

---

[25] TERRIN, Aldo Natale. Il rito tra razionale e irrazionale. In: Id. *Nuove ritualità e irrazionale*; como far rivivere il "mistero" liturgico? Padova: Edizione Messagero Padova, Abadia di Santa Giustina, 1993, p. 269 (Col. Caro Salutis Cardo/ 9).

[26] São João Crisóstomo (doutor da Igreja, bispo de Constantinopla no século V; sofreu perseguição e exílio), numa homilia sobre o salmo 41(42). In: *Antologia litúrgica*; textos litúrgicos, patrísticos e canônicos do primeiro milênio. Fátima (Portugal): Secretariado Nacional de Liturgia, 2003, n. 2607.

[27] *Regra de São Bento*, cap. 19.

celebrado. Ao contrário, devemos aprender a nos concentrar na própria liturgia, fazer nossas as palavras e os gestos da liturgia. É preciso "subjetivar a objetividade da liturgia", segundo a sugestiva expressão de dois liturgistas franceses e, assim, viver uma experiência ritual.[28] É a única maneira de superar a monotonia, o perigo da "mesmice" da liturgia que, por definição, é repetitiva. Celebra-se sempre com os mesmos ritos e com as mesmas palavras. O que faz o rito ser novo é a plena atenção a partir de nossa experiência de vida, conforme ensina o monge João Cassiano (c. 365-435) em sua Conferência n. 9, quando fala sobre a oração dos salmos: "Quando nossa experiência percebe e, mais ainda, antecipa seu sentido [dos salmos] e manifesta-se a força das palavras pelo próprio texto e não por alguma exposição [...], como num espelho límpido, reconhecemos o que nos aconteceu [...] e penetramos no sentido do texto por já o termos experimentado antes".

Um outro meio muito eficaz que nos leva a esta participação consciente e plena nas celebrações litúrgicas é certamente a *preparação individual ou grupal* por meio de *leitura orante dos textos bíblicos e litúrgicos*, principalmente da celebração do domingo, dia do Senhor.

4.2. No exercício dos ministérios litúrgicos

A participação e a vivência pessoal na ação litúrgica são imprescindíveis. Mas não são tudo. Enquanto membros da assembleia litúrgica, dependemos do desempenho de cada um dos ministérios que, em equipe, estão a serviço da comunidade celebrante: a presidência, a diaconia, os acólitos, a equipe de acolhida, os cantores e instrumentistas, os leitores, o sacristão... E este desempenho depende em grande parte da reunião de preparação que de modo nenhum pode se reduzir a "repartir as tarefas". É necessário um estudo e aprofundamento dos textos bíblicos e litúrgicos, uma atenção à realidade da comunidade e da sociedade, uma atitude de oração e de serviço a Deus e à comunidade, treinamentos, vivências, laboratórios.

---

[28] OLIVIÉRO, Philippe; OREL, Tufan. L'expérience rituelle. *Recherches de Science Religieuse*, 78/3 (1990), pp. 329-372.

Enfocando a ritualidade e pensando na preparação e realização de uma celebração, podemos distinguir resumidamente *seis momentos* (ou aspectos):

1. Antes de tudo, é preciso tomar conhecimento da *proposta ritual* dos livros litúrgicos: o tempo, a festa, os textos, os cantos...

2. Depois, é necessário *interpretar esta proposta a partir da comunidade celebrante,* com sua cultura e realidade, no momento histórico atual... Como este rito será "lido" ou "recebido" pela comunidade celebrante? Que mensagem contém para sua realidade? O que será que Deus quer dizer ou provocar nela?...

3. É hora de pensar na *elaboração do roteiro da celebração,* escolha de textos, cantos, ações simbólicas, ocupação e ornamentação do espaço..., repartição dos ministérios e outros serviços; vivências, ensaios.

4. Será útil de vez em quando fazer uma *análise ritual*[29] e uma *vivência* de um ou mais elementos da ação litúrgica, para aprofundar seu sentido e aprimorar sua realização: por exemplo, a aspersão com água, a oração inicial, a aclamação ao Evangelho, o prefácio, a fração do pão, a distribuição da comunhão...

5. A celebração é o momento da *efetuação (execução, realização) da proposta ritual,* lembrando que a equipe e cada um dos ministérios celebra "com", e não "para" a assembleia. Por isso, ao efetuar a ação, o "ator" é também beneficiário da ação e da reação da assembleia. É preciso estarmos atentos e conscientes deste diálogo, desta interação entre ministros e povo. Para construir conscientemente esta "ponte", esta empatia, esta comunhão, podemos aprender com a "tele" na técnica do psicodrama. "A 'tele' é a faculdade humana de comunicar afetos a distância." No trabalho de grupo manifesta-se em "energias de atração, rejeição, indiferença [...]. No espaço psicodramático a tele é responsável pela manutenção dos laços afetivos que unem o

---

[29] Ver capítulo 6. Para a análise ritual dos cantos: BUYST, Ione; FONSECA, Joaquim. *Música ritual e mistagogia.* São Paulo: Paulus, 2008 (Col. Liturgia e Música).

grupo e lhe dão coesão, sem que se perca a individualidade, mas mantendo uma certa troca entre grupo e indivíduo".[30]

6. Por fim, logo depois da celebração ou no início da próxima reunião, faz-se a *avaliação* da ação ritual efetuada (pessoal, equipe de liturgia, comunidade...), a partir da proposta feita na reunião de preparação. Alcançamos este objetivo? O que ajudou? O que atrapalhou ou dificultou? Como podemos melhorar?...

Condição fundamental para a atuação dos ministros é a *autenticidade e profunda busca espiritual* ao realizar a ação ritual, superando qualquer indício de distração, superficialidade, vaidade, oportunismo, "fazer-de-conta". É preciso acreditar naquilo que estamos fazendo. É preciso criar espaço e silêncio, é preciso abrir alas para o "ator" principal: Deus, Jesus Cristo, o Espírito Santo. É preciso orar de verdade e não "recitar orações" ou gesticular automaticamente. Através de nossa maneira de nos relacionar com Deus, com nosso tom de voz, com nossa atitude corporal, com nosso envolvimento espiritual, produzimos e comunicamos uma imagem de Deus, positiva ou negativa, verdadeira ou deformada.

Na verdade, muito se tem falado de outra qualidade necessária para a liturgia: *a beleza*. A arquiteta Regina Machado nos lembra: "A palavra beleza tem um conceito religioso, remonta ao sânscrito: *bet El za* ("lugar em que Deus brilha"). A liturgia é o lugar privilegiado da beleza, lugar em que Deus brilha. ... O lugar onde Deus brilha é bom, belo e verdadeiro".[31] Isto não vale apenas para a construção, a organização do espaço, vestes e objetos litúrgicos, mas também para a ritualidade como arte de dizer, andar, cantar, movimentar-se... O mistério não cabe em linguagem racional; necessita da arte, da linguagem poética, sensorial, cinética, musical. Em *Sacramentum Caritatis*, o Papa Bento XVI dedica o parágrafo 35 à beleza da liturgia. Destaca seu valor litúrgico e teológico, que deve ser visto "não enquanto mero esteticismo, mas como modalida-

---

[30] BARONTO, Luís Eduardo Pinheiro. *Laboratório litúrgico*; pela inteireza do ser na vivência ritual. São Paulo: Salesiana, 2000, pp. 105ss (nova edição: São Paulo: Paulinas, 2007).
[31] Liturgia é beleza. In: *Vida Pastoral*, n. 267, jul./ago. 2009, pp. 15-19; citação na p. 16.

de com que a verdade do amor de Deus em Cristo nos alcança, fascina e arrebata, fazendo-nos sair de nós mesmos e atraindo-nos assim para a nossa verdadeira vocação: o amor [...]. Ele [Cristo] é a manifestação plena da glória divina". E termina afirmando: "A verdadeira beleza é o amor de Deus que nos foi definitivamente revelado no mistério pascal".

4.3. No ensino da liturgia

No ensino da liturgia, a ritualidade não pode continuar sendo tratada como algo marginal, de pouca importância, que possa ser deixada à mercê dos gostos ou das iniciativas privadas..., nem na pastoral, nem nos institutos de teologia, muito menos na formação específica de liturgos e liturgistas. É um assunto que deve ser tratado com rigor científico, com abertura interdisciplinar, com profundidade teológico-litúrgica e espiritual, porque a ritualidade é um elemento constitutivo da teologia litúrgica.

Preocupa principalmente o fato de a maioria dos currículos dos institutos de teologia fazerem uma separação entre as disciplinas "sacramentos" e "liturgia". Ensinam uma teologia dos sacramentos sem levar em conta que se trata de celebrações litúrgicas, com seus ritos, seus textos bíblicos e eucológicos próprios. De outro lado, situam a liturgia entre as disciplinas práticas, como se a liturgia não fosse uma realidade teologal. Quando o currículo contempla a disciplina "espiritualidade", esta também costuma estar desvinculada da liturgia, não levando em conta que a liturgia é a fonte da espiritualidade, a "piedade da Igreja".[32] Portanto, necessitamos de uma teologia litúrgica com base antropológica, que integre a ritualidade como elemento constitutivo e coloque as bases para uma espiritualidade que tenha sua fonte na liturgia.

Não podemos nos contentar com aulas teóricas. Ritualidade aprende-se com uma metodologia ativa, numa aprendizagem holística que inclui elementos cognitivos racionais, assim como corporais, afetivos, espirituais..., em unidade. Uma técnica disponível, criada por uma

---

[32] Alusão ao estudo clássico do liturgista Beauduin que, com seu livro sobre a liturgia *La piété de l'Eglise* (1914), procurou recolocar a liturgia no seu devido lugar em relação à espiritualidade e vice-versa. Ver também: SC 11-13.

equipe interdisciplinar do Centro de Liturgia, é o chamado "laboratório litúrgico"[33] e as "vivências" dela decorrentes.

É evidente que a aprendizagem ritual supõe um regime de interdisciplinaridade, incluindo, por exemplo, especialistas na área do teatro, do psicodrama, da consciência espiritual do corpo.

É altamente desejável que esta aprendizagem da ritualidade seja introduzida também nos seminários e outras casas de formação, em forma de iniciação à Liturgia das Horas, preparação às liturgias dominicais e aos tempos litúrgicos, retiros etc.

4.4. Na ciência litúrgica

Quanto à ciência litúrgica, quero ressaltar dois aspectos: o método mistagógico e a observação participante. Ambos levam a sério a liturgia enquanto ação ritual.

O método mistagógico procura extrair a teologia litúrgica e a espiritualidade de uma determinada celebração, fazendo uma análise do ritual, com seus "ritos e preces", levando em conta sua fundamentação bíblica e o desenvolvimento histórico do rito e de sua teologia e espiritualidade. Parte da *lex orandi* para chegar à *lex credendi* e levar à *lex vivendi*.[34]

A "observação participante",[35] uma técnica usada na pesquisa de campo dos estudos antropológicos, foi adaptado por nós à ciência litúrgica, como técnica para abordagem da realidade litúrgica.[36] "Ela permite partir do real. Permite partir da experiência que a assembleia participante tem da liturgia, de sua própria atuação ali dentro, da relação liturgia-vida, liturgia-história. Permite checar as grandes linhas teológico-litúrgicas: até que ponto estão presentes na realidade litúrgica e até que ponto conseguem expressar o sentido teológico-litúrgico que tem aqui

---

[33] Ver referências e bibliografia sobre laboratório litúrgico nos capítulos 5 e 8.

[34] Mais informações e bibliografia no capítulo 7, item 8: "O caminho mistagógico: do rito ao mistério".

[35] O assunto será retomado e completado por outro ângulo no capítulo 8: "O rito como fonte de teologia e espiritualidade; revisitando caminhos percorridos na formação litúrgica".

[36] Cf. BUYST, Ione. Metaliturgia; elementos para uma metodologia da ciência litúrgica. In: *Pesquisa em liturgia*; relato e análise de uma experiência. São Paulo: Paulus, 1994, pp. 65-110, mais especificamente, pp. 90-96.

e agora, neste determinado contexto eclesial e social."[37] Permite captar a experiência litúrgica dos participantes de uma determinada comunidade para confrontá-la com a proposta objetiva do rito. Permite observar cientificamente a possível distância entre a teoria e a prática, os motivos de tal distância e os possíveis passos pedagógico-pastorais a serem dados para melhorar a vida litúrgica daquela comunidade. A celebração de um determinado mistério, uma determinada festa, levou a uma experiência e uma participação neste mistério? Como? Através de qual expressão? Até que ponto as pessoas foram atingidas? Deixaram-se atingir?

5. Um alerta final

A atenção à ritualidade não nos deve levar à alienação, a liturgias desligadas da "vida", dos problemas sociais. É preciso manter a vigilância profética ("ideológica"): liturgia é "uma festa no deserto", como era a festa do povo hebreu, fugindo da escravidão imposta pelos faraós egípcios (cf. Ex 3), é uma festa longe do faraó, da exploração, da escravidão, do consumismo. Liturgia não pode ser celebrada na conivência com os "faraós" de qualquer tempo ou lugar. Deve, ao contrário, expressar a esperança e o ardente desejo de uma sociedade fraterna, pacífica, solidária, igualitária..., que corresponda à promessa do Deus de Jesus Cristo e do Reino por ele inaugurado. Muitas liturgias nos Intereclesiais de CEBs, por exemplo, são um claro sinal da possibilidade de unir ritualidade litúrgica com consciência política, opção pelos pobres, ecologia.

Trata-se de discernimentos e opções a serem feitos, pessoalmente e como comunidade eclesial. Necessitamos marcar, também na liturgia, uma distância, uma ruptura com a idolatria (do mercado e da economia, da diversão, do consumo, do hedonismo...) para adorar unicamente o Deus verdadeiro, o Deus-Amor que se manifestou na vida, morte e ressurreição de Jesus Cristo e que nos convoca a trabalhar para um "outro mundo possível".

---

[37] Ibid., p. 93.

4

LITURGIA COMO AÇÃO RITUAL[1]

A redescoberta da ritualidade nos coloca diante de um desafio: conjugar a valorização da expressão simbólico-ritual da fé cristã com a dimensão profética e existencial da liturgia. Esta é uma preocupação levada a sério na Rede Celebra, que busca formas inculturadas de celebração, porém, sem descuidar da profundidade teologal e espiritual da liturgia cristã.

1. Redescoberta da ritualidade

Nas décadas de 1960 e 1970, as pessoas que procuravam valorizar os "ritos" e a liturgia de modo geral, eram consideradas alienadas, porque "rito" (e, por extensão, toda a liturgia) era associado a ritualismo e formalismo. Era considerado supérfluo ou até contrário à vivência autêntica da fé que supõe atitudes de vida, de amor, de compaixão, de libertação. Era muito comum a referência à crítica dos profetas contra os cultos vazios (Amós, Miqueias, Isaías...), assim como à crítica de Jesus às atitudes legalistas dos fariseus e a contraproposta dele de colocar em primeiro lugar o amor e a misericórdia ativa em relação aos excluídos (cf. Evangelho do bom samaritano, a parábola do juízo final...).

---

[1] Texto apresentado na reunião nacional da Rede Celebra, dez. 2005. Aqui com algumas adaptações. Para informações sobre a Rede Celebra, ver: <www.redecelebra.com.br>.

De lá para cá, na cultura emergente do terceiro milênio, os ritos ganharam espaço e simpatia. Isto aparece de maneira marcante, entre outras, nas celebrações dos encontros Intereclesiais de CEBs, que foram superando o verbalismo, introduzindo movimentos, ações simbólicas, bandeiras etc. Até mesmo fora dos espaços convencionais das igrejas e dos templos surgem "místicas", ritos com ou sem conteúdo religioso ou sacral, para todos os gostos. No âmbito da liturgia cristã, esta valorização dos ritos carrega aspectos positivos e negativos. Positivos, no sentido em que possibilita resgatar a compreensão da liturgia enquanto ação ritual; negativos, enquanto muitas vezes os "ritos" criados (ou supostos ritos) seduzem pela sua mobilidade, seu apelo à dimensão sensorial e imaginativa, mas nem sempre expressam o mistério cristão, nem sempre levam em conta a tradição litúrgica, nem sempre provocam uma tomada de consciência existencial que leva a uma atitude de vida, a um compromisso.

2. Dimensão ritual e existencial da liturgia

A Carta de Princípios da Rede Celebra[2] expressa claramente a opção por uma liturgia que procura "casar" a dimensão ritual e existencial: que tenha profunda raiz na missão, na solidariedade com os excluídos, na vida real das pessoas e comunidades, no mistério pascal de Cristo acontecendo na vida, nos gestos mais simples e cotidianos de amor fraterno, como nas práticas mais abrangentes da solidariedade e do exercício da cidadania:

> 9. Uma leitura das Sagradas Escrituras, especialmente dos Evangelhos, mostra que, para Jesus e para as comunidades cristãs primitivas, a experiência essencial da nossa relação com Deus, da religião, da adoração verdadeira, acontece na vida, no dia a dia das pessoas. A liturgia de Cristo e dos cristãos consiste, antes de tudo, na experiência do Deus libertador e, como consequência, num serviço a este Deus, passando necessária e prioritariamente pelo serviço ao nosso semelhante,

---

[2] Ver a versão integral da Carta de Princípios, atualizada na assembleia comemorativa dos 10 anos da rede em: <www.redecelebra.com.br>, guia "A Rede Celebra".

pela solidariedade com os excluídos, no dar a vida pelos irmãos (Lc 10,25-37; Mt 25,31-46). Esse culto existencial é a adoração que o Pai espera de nós, fruto do Espírito (Jo 4) e que se realiza plenamente no mistério pascal de Cristo e dos cristãos (Hb 10,5-10; 1Jo 3,14-18; Rm 12,1-2; 1Pd 2,4-10).

10. Por isso, ao nos ocuparmos com a celebração, nosso olhar se volta, antes de tudo, para a vida das pessoas e a casa da humanidade. Isto nos torna capazes de perceber o mistério pascal de Cristo acontecendo na vida, nos gestos mais simples e cotidianos de amor fraterno, como nas práticas mais abrangentes da solidariedade e do exercício da cidadania. E é desse olhar de fé, provocado pelo anúncio e acolhida do Evangelho, que brota a celebração autêntica da nossa vida em Cristo, do seu mistério pascal em nós. Somente uma celebração a partir da realidade existencial se tornará uma fonte de renovada energia, capaz de dar novo impulso ao nosso viver para Deus em Cristo na força do Espírito, comprometendo--nos sempre mais com o bem dos irmãos e das irmãs, com a causa da vida. Só assim a liturgia celebrada será verdadeiramente cume e fonte da vida da Igreja (SC 10). Desvincular o rito de sua referência existencial é tornar a celebração um escape e uma farsa. Há, portanto, uma necessidade de superar certo idea-lismo litúrgico, característico de tantas celebrações, vistosas e pomposas, mas sem raiz na vida real das pessoas e comunidades e, por isso mesmo, ilusórias e alienantes. Precisamos cultivar um sadio realismo, que, antes de qualquer outra preocupação, nos coloque diante da nossa existência concreta em busca de Cristo que, para ser reconhecido na celebração, precisa ser reconhecido primeiro na realidade da vida.

Trata-se de liturgias que sejam ao mesmo tempo orantes, cheias da ternura do nosso Deus e Senhor, favorecendo nossa relação pessoal e comunitária com ele, expressando nossa fé, não somente com palavras, mas também com movimentos, gestos, ações simbólicas, música e dan-ça... "Consideramos que é a pessoa toda que celebra, com seu corpo, sua mente, seu coração." É um desafio e tanto! Trata-se, no fundo, de redescobrir, valorizar e aprender a fazer liturgia como *ação ritual, ex-pressão ritual de nossa fé cristã*:

15. É a pessoa toda que celebra, com seu corpo e sua mente, seu coração. A mente acompanha o que o corpo faz e o coração sente. Uma liturgia fria, sem envolvimento afetivo, sem coração, não satisfaz nem a pessoa humana nem as exigências da aliança com o Deus dos nossos pais, que se apresenta como um

Deus amoroso, compassivo, que se une a nós num amor eterno e exclusivo. As comunidades estão sedentas de celebrações proféticas, enraizadas nas realidades duras da vida e, ao mesmo tempo, orantes e cheias da ternura do nosso Deus, favorecendo o encontro e o diálogo entre as pessoas, bem como a relação pessoal e comunitária com Deus.

16. As comunidades estão redescobrindo que a liturgia é um encontro, uma ação, um acontecimento e uma festa. A celebração não se faz só com palavras, mas também com movimentos, gestos, música e dança. O Batismo, a santa ceia, a celebração da Palavra, o ofício divino, as vias-sacras, as procissões, as romarias são ações simbólicas, que nos permitem expressar, em linguagem humana, a presença escondida do Deus que se fez "carne", humano com os humanos (1Jo 1,1-4). Esses gestos são a linguagem da nossa adoração e da nossa comunhão com ele na intimidade do seu amor. O fruto que colhemos na liturgia, a graça de Deus que dela nos vem para o nosso crescimento na fé passa pela expressividade da ação litúrgica. Por isso, é incoerente continuar com gestos malfeitos, com orações recitadas às pressas, com textos bíblicos lidos sem expressão, com ações sacramentais inexpressivas, perdendo sua força simbólica. Os exemplos, todos conhecemos: banho batismal reduzido a minguadas gotas d'água, pão eucarístico impossível de ser reconhecido como pão, bênçãos feitas mecanicamente, celebrações com muitos textos e discursos, espaço celebrativo inadequado, uso do folheto em detrimento da participação da assembleia.

3. Ação ritual que expressa nossa fé

O que é uma ação ritual? Em que uma ação ritual difere de uma ação qualquer? Do ponto de vista antropológico, o rito está relacionado com o sentido da vida. É condensação de uma determinada maneira de ver a vida, o ser humano, o cosmo, a história...; condensação de uma "sabedoria" e de uma espiritualidade, portanto, nascida ao longo de muitos anos num determinado grupo cultural (por exemplo, a maneira de ser "guarani"[3]). "Rituais são modelos estruturais antiquíssimos da alma

---

[3] "Os Guarani têm uma forma especial de ser. É o chamado *Nãnde Rekó* (algo como 'a nossa forma de ser'). Segundo eles, o bom Guarani é aquele que vive de acordo com o *Nãnde Rekó*. E é por meio dele que se atinge o *Aguyje*, um estado de elevação espiritual que os ajuda a deixar a 'terra

humana. E desde tempos antigos moldam a convivência dos homens [e mulheres]."[4] Com a realização da ação ritual, a tradição é mantida e passada de geração em geração. Os gestos, ações simbólicas, movimentos, danças, palavras, músicas e silêncio... da ação ritual traçam como que uma "inscrição" no corpo e na mente dos participantes,[5] provocando um mergulho na existência, uma inserção no grupo cultural, uma tomada de consciência (ainda que latente), uma assimilação de valores, uma adesão aos princípios do grupo, levando a um compromisso de vida. Por isso, ritos não se inventam a toda hora. "Rito" tem a ver com "repetição", com "ritmo": exige fidelidade à tradição, porque perder o rito significa perder a referência comum que permite a identificação do indivíduo (ideia de "pertença"), assim como a coesão grupal, social. O que importa não é a constante "novidade", ou a "diversidade", como que para escapar da monotonia; o que importa no rito é a penetração sempre mais profunda naquilo que não muda ou muda muito pouco. O "novo" vem da assimilação progressiva daquilo que o rito representa, em diálogo com nossa realidade pessoal, comunitária e social que, esta sim, muda a toda hora. O rito é uma referência permanente, como uma estaca na qual se apoiar, ou como um farol que indica o porto ao qual queremos chegar.

O rito *religioso*, então, expressa, provoca e revitaliza nossa relação com o transcendente, com o sentido absoluto. Para nós, cristãos, a liturgia é condensação ritual da fé cristã, um conjunto de *sinais sensíveis* (SC 7), realizado pela comunidade de fé, permitindo que seus membros *participem* da realidade crística. Liturgia é *ato teologal* em ação ritual, que realiza e renova a cada momento da história a aliança entre o Deus de Jesus Cristo e a comunidade de fé, corpo de Cristo, aqui e agora. A fé não existe fora desta economia simbólico-sacramental, coerente com

---

imperfeita' (*Ywy-Ahty*) para atingir a 'terra sem mal' (*Ywy-Mãraey*). As palavras e os cantos são, neste contexto, importantes instrumentos que os auxiliam a viver de acordo com esta 'forma de ser Guarani'". PEDUZZI, Pedro. Encontro de pajés fortalece educação tradicional Guarani. In: FUNAI. *Brasil Indígena*, Brasília, ano II, n. 13, pp. 42-44, nov./dez. 2002.

4   GRÜN, Anselm. *Para que tua vida respire liberdade*; rituais de purificação para o corpo e a alma. São Paulo: Paulus, 2005, p. 91.

5   Cf. MARTINS, Leda. Corpo, lugar de memória. *Revista da Biblioteca Mário de Andrade*, literatura e diversidade cultural, São Paulo, v. 59, pp. 121-127, 2001.

a encarnação do Verbo, e com o memorial deixado pelo Crucificado-
-Ressuscitado. Liturgia é um *dado da tradição*, tanto no que diz respeito
àquilo que deve ser *feito*, quanto ao *significado* daquela ação (cf. "Façam
isto para celebrar *a minha memória*"). Assim como as Sagradas Escrituras, ela pertence à herança de nossa fé. É *urgia* ("ação", "trabalho",
"serviço") de Deus que nos atinge pela ação ritual, é *urgia* da comunidade
cristã que realiza e confirma sua adesão a Deus, expressando-a. Esta
afirmação acarreta sérias consequências quanto ao lugar que a liturgia
deve ocupar na comunidade cristã, como fonte de vida cristã e fonte
também para a teologia e a espiritualidade.

4. Liturgia como realidade teologal

Uma primeira consequência é que não se deve subestimar o peso
que a liturgia deve ter na vida da comunidade cristã. A liturgia não é
facultativa, não é periférica na vida cristã, não pode ser considerada
como um "enfeite" ou um "deleite para quem gosta dessas coisas". Não!
A liturgia é *fonte* de vida cristã e fonte também de teologia, juntamente
como as Sagradas Escrituras. Na realidade, tanto na teologia como nas
práticas pastorais, nem sempre a liturgia é levada a sério como ato teologal, como ação simbólico-sacramental, "fundante" da comunidade
de fé, vida e missão. Por outro lado, é preciso medir também toda a
tragicidade de uma "liturgia" que acaba sendo puro formalismo, e não
expressão genuína da fé cristã, impedindo assim que a comunidade se
alimente, enquanto comunidade, da fonte comum de sua fé.

Uma segunda consequência diz respeito à ligação intrínseca entre
aquilo que se celebra (o "conteúdo" da fé) e o *como*, ou seja, o rito,
o jeito e os elementos com os quais se expressa esta mesma fé. Estes
devem ser levados a sério como expressão *simbólico-sacramental* de
nossa fé. A participação na vida crística *depende* de nossa participação
(ativa, externa e interna, consciente, frutuosa, plena...) na ação ritual,
que nos vem da Tradição.

Convém apontar para uma afirmação fundamental em SC 48 a respeito da relação entre o rito e o mistério expresso pelo rito. Falando da

participação do povo na liturgia eucarística, diz: "A Igreja zela para que os fiéis não assistam a este mistério da fé como estranhos ou espectadores mudos, mas cuida para que, compreendendo-o bem [= o mistério] em seus ritos e preces, participem consciente, piedosa e ativamente da ação sagrada".[6] Trata-se de entrar no mistério, de "conhecer" Deus, através da participação na ação ritual. Conhecemos o mistério *pelos* ritos e preces e somente desta forma poderemos participar de verdade na ação sagrada. Não basta conhecer bem "os ritos e as preces" em seu lado "externo": é preciso penetrar em seu sentido teológico, espiritual, mistérico (e aí é bom lembrar que o silêncio e a interioridade são parte essencial da ritualidade).

Por isso, não podemos introduzir e viver o gesto pelo gesto, a música pela música, a dança pela dança, o movimento pelo movimento... Por falta de conhecimento da natureza *teologal* da liturgia, muitas vezes esta é substituída por uma "celebração", feita de dinâmicas de grupo, vivências, alguma leitura bíblica, uma prece, um canto... para "expressar nossa realidade". Outras vezes, são introduzidas, ao longo da liturgia, "dinâmicas", brincadeiras, gestos, ações simbólicas..., como se fossem um "divertimento" para tornar a liturgia mais aprazível, mais leve, mais "participativa"! Procura-se uma "liturgia criativa" na qual cada um deixa a fantasia solta em vez de fazer valer a natureza ritual dos elementos e da estrutura das celebrações litúrgicas (missa, celebração da Palavra, Ofício Divino, Batismo, Matrimônio, bênçãos...). Desta forma, acaba-se invadindo e destruindo a verdadeira liturgia.

É preciso, sim, cuidar de uma liturgia *inculturada* que expresse a liturgia herdada da Tradição em linguagem própria da comunidade celebrante, capaz de fortalecer os laços de intimidade e comunhão com o Deus da Aliança. Foi esta a tentativa do *Ofício Divino das Comunida-*

---

[6] A tradução da editora Paulus reza: "que os cristãos não assistam a este mistério de fé como estranhos ou espectadores mudos, mas participem da ação sagrada, consciente, piedosa e ativamente, por meio de uma boa *compreensão dos ritos e orações*..." (*Documentos do Concílio Ecumênico Vaticano II*, 2001. Col. Clássicos de Bolso, p. 53 — grifo meu). O texto original não fala de compreender os ritos e preces, mas de *compreender o mistério*, por meio dos ritos e preces: "ne christifidelis huic fidei mysterio tamquam extranei vel muti spectatores intersint, sed per ritus et preces id bene intelligentes, sacram actionem conscie, pie et actuose participent...". São duas coisas muito diferentes.

des…, tão apreciado entre nós. Este mesmo estilo de liturgia inculturada poderá ser estendido às outras expressões litúrgicas das comunidades: à celebração dominical da Palavra de Deus, à celebração eucarística, ao Batismo, à Reconciliação, às celebrações com enfermos, aos velórios e exéquias, às bênçãos, às várias celebrações do ano litúrgico…

Por isso, penso que, assim como o CEBI sempre alia leitura popular com estudo rigoroso das fontes e do método hermenêutico, também a Rede Celebra deve preocupar-se com uma *abordagem "científica" da liturgia*, para poder fundamentar as formas inculturadas no estudo sério das fontes da liturgia (fontes bíblicas, litúrgicas, patrísticas, arqueológicas…) e da história, no conhecimento da piedade popular, na antropologia cultual.[7] Coisas estas aludidas na Carta de Princípios, n. 19:

> 19. Observar a prática celebrativa das comunidades e estabelecer critérios comuns para analisar e avaliá-la à luz das tradições litúrgicas, das culturas e das lutas pela vida.

Na pastoral, não podemos aceitar a mentalidade de "na liturgia qualquer coisa serve", ou "deixe que o povo crie a celebração e faça à sua maneira". Tudo isso é consequência de uma maneira redutiva ou distorcida de ver a liturgia. O povo tem direito a uma formação litúrgica séria, ligada ao mesmo tempo com a Tradição e com a realidade atual.

5. Liturgia, primeira e necessária fonte de espiritualidade

A consideração da liturgia como *ação ritual* acarreta também consequências para a espiritualidade. Como nos lembra a SC 14: "Ela é a primeira e necessária fonte onde os fiéis hão de beber o espírito genuinamente cristão". Afinal, para quê celebramos? Para que possamos nos transformar naquilo que expressamos ritualmente: nossa *identidade* como grupo cultural ou religioso, ou existencial. Ao participarmos da liturgia, nos é oferecida a

---

[7] Podemos lembrar ainda outra área na qual o estudo acadêmico vem reforçar o conhecimento popular: a seriedade científica no estudo das plantas para o resgate e o aproveitamento da medicina popular.

oportunidade de interiorizar a maneira de ser de Jesus Cristo, de deixar que o Espírito Santo inscreva em nós a vida pascal (morte-ressurreição) de Jesus, nas realidades sempre mutantes de nossa vida pessoal e social. A partir desta realidade, a liturgia é vivida de maneira sempre nova a cada celebração. Não somos nós que devemos mudar os ritos, são os ritos que provocam e realizam em nós a mudança, a conversão. Liturgia é "método espiritual", uma "mistagogia", um conjunto de "exercícios espirituais" sabiamente inseridas nas estruturas antropológicas de nossa vida: cotidianas, semanais, anuais (Liturgia das Horas, celebração do domingo, ano litúrgico, sacramentos e sacramentais...).[8] A realidade social não mudará porque gritamos slogans ou fazemos discursos "conscientizadores". Somente valores evangélicos trabalhados pedagogicamente na pastoral em geral e mistagogicamente na liturgia terão força de renovar o ser humano e, a partir dele, a realidade social. (Lembremos a importância da dimensão mistagógica da homilia, da redescoberta dos salmos, da leitura orante entendida também como método litúrgico, do aprofundamento e meditação com textos litúrgicos, do uso de refrãos meditativos...)

6. Formação litúrgica integral

Tudo isto aponta para a necessidade da *formação litúrgica integral*: que contemple o ser humano como um todo (corpo, alma, mente, espírito), que leve em conta a dimensão comunitária da liturgia, que consiga conjugar teoria e prática, teologia e pastoral, que parta da liturgia enquanto ação ritual, para daí aprofundar sua teologia, espiritualidade e traçar as pistas pastorais. Insistimos na importância do laboratório litúrgico:[9]

24. Desenvolver uma metodologia coerente de formação litúrgica com as seguintes características: (a) organizar os momentos de formação combinando reflexão e experiência celebrativa; (b) usar técnicas adequadas como "laboratórios litúr-

---

[8] Leia mais: BUYST, Ione. *Mística e liturgia*; beba da fonte! São Paulo: Paulinas, 2005 (Col. Rede Celebra, 8). Texto original, e mais breve, em: *CEBs: espiritualidade libertadora*; seguir Jesus no compromisso com os excluídos — texto-base do 11º Intereclesial de CEBs. Belo Horizonte: O Lutador, 2004, pp. 104-113.

[9] Para bibliografia sobre o laboratório litúrgico, ver capítulo 6, item 1: "Recorrendo ao histórico do laboratório litúrgico".

gicos" e outras; (c) explicitar as expressões litúrgicas em uso nas comunidades e aprofundar seu sentido bíblico-teológico; (d) conhecer as tradições litúrgicas; (e) conhecer as propostas oficiais das várias igrejas; (f) compreender as formas rituais e os sentidos teológicos das várias tradições religiosas populares.

25. Enraizar a prática celebrativa na vida das pessoas e grupos humanos, na sua existência concreta, nos seus sonhos e nas suas lutas, contempladas à luz do mistério pascal, com a ajuda do Espírito, de modo a termos celebrações cheias de vida e impulsionadoras do compromisso cristão.

26. Integrar a prática celebrativa num processo de evangelização, de forma que as celebrações venham acompanhadas de uma prática constante de revisão de vida.

27. Buscar um jeito de celebrar que reflita as peculiaridades culturais de cada região, de cada grupo humano, de tal maneira que as pessoas encontrem a sua identidade na celebração e celebrem com prazer e criatividade sua vida em Cristo.

28. Valorizar a capacidade de acolhimento litúrgico das comunidades populares; manter-nos abertos ao diálogo interconfessional e inter-religioso, inclusive aproveitando as oportunidades de celebrarmos juntos.

A formação na ação deve ter a primazia e ser considerada o fundamento para qualquer estudo mais avançado da liturgia. Daí a importância na formação permanente nas reuniões semanais das *equipes de liturgia* em cada comunidade e seu acompanhamento por parte de agentes pastorais qualificados.

5

LITURGIA NA INTEIREZA DO SER HUMANO E OS "TRÊS PONTOS" DO LABORATÓRIO LITÚRGICO[1]

A "ferramenta" básica da ação ritual é o corpo. Por isso, levar a sério a liturgia enquanto ação ritual requer a aprendizagem de uma nova relação com este corpo. Desde 1988 estamos tentando fazer isso em nossos cursos e encontros de formação litúrgica com a ajuda da técnica do laboratório litúrgico e das vivências. Mas sentimos a necessidade de um aprofundamento e uma partilha de experiências. Necessitamos também clarear o conceito de "corpo": superar o dualismo grego, redescobrir a visão bíblica original do ser humano, aprofundar a visão holística contemporânea e — a partir disso — uma teologia do corpo. O presente texto trabalha a problemática recorrendo ao histórico do laboratório litúrgico e lembrando a visão unitária do ser humano a partir do Concílio Vaticano II. Em seguida, tenta demonstrar como trabalhamos esta visão unitária no laboratório litúrgico, apontando três dimensões da ação ritual: a base

---

[1] Retomando e ampliando um texto usado na terceira etapa da Escola para Formadores Litúrgicos, da Rede Celebra, em Hidrolândia (GO), 10 a 16 de julho de 2004, com o tema "Laboratório litúrgico". Principais textos consultados, além dos citados nas notas de rodapé: CAPRA, Fritjof; STEINDL--RAST, David; com Thomas Matus. *Pertencendo ao universo*; explorações nas fronteiras da ciência e da espiritualidade. São Paulo: Editora Cultrix, 1991; CONCILIUM. *A liturgia e o corpo*. Petrópolis: Vozes, n. 259, 1995/3; LASZLO, Erwin. *Conexão cósmica*; guia pessoal para a emergente visão da ciência. Petrópolis: Vozes, 1999; MALDONADO, L. *A ação litúrgica*; sacramento e celebração. São Paulo: Paulus, 1998; McFAGUE, Sallie. O mundo como corpo de Deus. *Concilium*, Petrópolis, n. 295, pp. 55-62, 2002/2; SCOUARNEC, Michel. *Símbolos cristãos*; os sacramentos como gestos humanos. São Paulo: Paulinas, 2001 (Coleção Celebrar); SPINSANTI, S. Corpo. In: FIORES, Stefano de et alii (org.). *Dicionário de Espiritualidade*. São Paulo: Paulinas/Paulistas, 1989, pp. 204-218.

sensorial, a tomada de consciência da ação realizada, a comunhão com o Deus-Trindade. Por fim, apontamos a "conversa sobre os três pontos" como eixo do laboratório litúrgico.

1. Recorrendo ao histórico do laboratório litúrgico[2]

O laboratório litúrgico nasceu no final da década de 1980 como reação à insatisfação com a maneira predominante de realizar as celebrações litúrgicas: ritualismo, formalismo, sentimentalismo, devocionalismo, racionalismo, verbalismo... Havia insatisfação também com os resultados dos cursos de liturgia: não influenciavam decisivamente na maneira de celebrar dos participantes, no sentido da superação dos "ismos" apontados acima. Na busca de saídas, resolvemos olhar melhor a ação litúrgica e o ser humano que é o sujeito desta ação; procuramos elaborar uma pedagogia ativa para a formação dos agentes litúrgicos, que conjugasse teoria e prática. E, assim, criamos o laboratório litúrgico.

A intuição dos "três pontos" veio-me durante a escuta de um programa de rádio, em 1981, sobre a cultura tradicional japonesa, marcada pela harmonia entre o agir, o saber e o sentir. Daí a tentativa de trabalhar no laboratório litúrgico a harmonia (unidade) entre gesto ritual ("corporal"), sentido teológico-litúrgico e atitude espiritual, ou entre fazer, saber e sentir-saborear. O que está em jogo é uma determinada antropologia, a visão do ser humano em sua "inteireza" (unidade), diferente da visão dualista na qual muitos de nós fomos formados.

Quando Luiz Eduardo Baronto estava quase terminando a tese de mestrado em Filosofia da Educação na UFPE (Universidade Federal de Pernambuco — Recife) em 1999, sobre o laboratório litúrgico, perguntou-me se houve em sua elaboração uma influência da holística.

---

[2] Textos de referência sobre o laboratório litúrgico: ORMONDE, Domingos. Laboratório litúrgico. In: CENTRO DE LITURGIA DA FACULDADE DE TEOLOGIA N. S. DA ASSUNÇÃO. *Formação litúrgica*; como fazer? São Paulo: Paulus, 1994, pp. 36-41 (Caderno de Liturgia/3); BARONTO, L. *Laboratório litúrgico*; pela inteireza do ser na vivência ritual. São Paulo: Salesiana, 2000; BUYST, Ione. Laboratório litúrgico, uma técnica a serviço da formação litúrgica. In: Id. *Símbolos na liturgia*. 4. ed. São Paulo: Paulinas, 2004, pp. 85-88 (Col. Celebrar). Ver também no presente livro, no capítulo 8, o item 3.

Respondi que sim, além de outras influências como a da pedagogia de Montessori e Lubienska de Lenval, assim como das oficinas de teatro e do psicodrama. Se não me engano, foi a partir da relação do laboratório litúrgico com a holística que Luiz Eduardo introduziu o termo "inteireza do ser" para falar da "unidade" ou "harmonia" entre as várias dimensões do ser humano na vivência da ação ritual, sintetizadas nos "três pontos" do laboratório.

De fato, a cultura contemporânea é marcada pela crescente influência do paradigma holístico, que vem suplantando a visão dualista do mundo; esta última tornou-se cientificamente insustentável. A fé cristã não pode ficar alheia a este dado cultural; devemos buscar pontos de contato entre nossa fé e o novo paradigma. E aí talvez cheguemos à conclusão de que o paradigma holístico é mais compatível com a fé cristã que o dualismo da filosofia grega assumida pela tradição cristã ocidental de tal forma que pareciam inseparáveis. Afinal, a antropologia bíblica não é dualista! Tampouco a liturgia em sua essência e em suas origens. Numa tentativa de aproximação com a cultura helênica, os Santos Padres procuraram expressar a fé em conceitos próprios daquela cultura. Neste empreendimento, no entanto, a Igreja foi "contaminada" pelo dualismo da filosofia grega, caracterizada pela separação entre corpo e alma, entre espírito e matéria, e pela valorização da alma e do espírito (e do estudo e das pessoas que podem dedicar-se a ele...) em detrimento do corpo e da matéria (assim como do trabalho manual e das pessoas que se ocupam dele...). Mas agora, principalmente a partir do Concílio Vaticano II, estamos tentando superar esta visão dualista, aproximando criteriosamente o novo paradigma e os dados de nossa fé.

2. A visão unitária na antropologia teológica a partir do Concílio Vaticano II

No Concílio Vaticano II, a Igreja Católica Romana deu uma guinada antropológica. Interessa-nos ressaltar dois aspectos relacionados com nosso tema: (1) na *Sacrosanctum Concilium* (SC), "Constituição conciliar sobre a Sagrada Liturgia", fala dos "sinais sensíveis" da liturgia dentro da estrutura sacramental da história da salvação; (2) a *Gaudium et Spes* (GS), "Constituição Pastoral sobre a Igreja no mundo", insiste na visão unitária do ser humano. Por fim, veremos quatro pequenos textos como exemplo desta visão unitária recuperada e algumas observações.

2.1. Os "sinais sensíveis" da liturgia dentro da estrutura sacramental da história da salvação (SC, 1963)

A SC situa toda a liturgia na *estrutura sacramental* da história da salvação. Deus se aproxima do ser humano e se revela por gestos (ações) e palavras, ao longo de toda a história, culminando com a encarnação do Verbo, a Palavra de Deus: "a Palavra se fez carne", realidade humana (cf. Jo 1,14); "O que era desde o princípio, o que ouvimos, o que vimos com os nossos olhos, o que contemplamos e o que as nossas mãos apalparam da Palavra da Vida — vida esta que se manifestou" (1Jo1,1-2). Na Palavra encarnada, Deus se comunica, coloca-se ao alcance de nossos sentidos: nosso olhar, nossa audição, nosso tato, nosso corpo... A liturgia com seus "sinais sensíveis", celebração memorial da história da salvação em ação ritual, é considerada como que extensão do Verbo encarnado, presença sacramental transformadora do Cristo Ressuscitado. Daí a importância do corpo na liturgia: é mediação para o encontro com o Ressuscitado e para a assimilação da vida nova no Espírito dele. O mistério de Deus, o mistério pascal, é significado e expresso através de *sinais sensíveis* (SC 7), sinais que atingem nossos sentidos corporais e, através deles, todo o nosso ser. Sendo tocados pelos sinais da liturgia, somos tocados e transformados pelo Espírito do Cristo Ressuscitado.

2.2. A visão unitária do ser humano (GS, 1965)

No proêmio do documento *Gaudium et Spes* (Constituição Pastoral sobre a Igreja no mundo de hoje), o Concílio diz que a Igreja se sente real e intimamente ligada ao gênero humano e à sua história e que está a serviço da salvação de todo ser humano, e não somente dos membros

— 80 —

da Igreja. É neste contexto que o Concílio afirma: "Trata-se, com efeito de salvar a pessoa humana [...] o homem uno e integral: corpo e alma, coração e consciência, inteligência e vontade" (GS 3). Portanto, é superada a dicotomia entre corpo e alma e a preocupação da Igreja em salvar apenas a "alma", como se fosse possível considerá-la separada do corpo.

No capítulo 1, que trata da dignidade do ser humano, criado à imagem de Deus, na liberdade, o concílio afirma:

> Corpo e alma, mas realmente uno, o ser humano, por sua própria condição corporal, sintetiza em si os elementos do mundo material, que nele assim atinge sua plenitude e apresenta livremente ao Criador uma voz de louvor. Não é, portanto, lícito ao ser humano desprezar a vida corporal, mas, ao contrário, deve estimar e honrar o seu corpo, porque criado por Deus e destinado à ressurreição no ultimo dia [...]. É, pois, a própria dignidade humana que exige que o ser humano glorifique a Deus em seu corpo... (GS 14).

Vale a pena reler todo o capítulo, onde se acentua a interioridade do ser humano, sua alma espiritual e imortal, sua participação na luz da inteligência divina, o aperfeiçoamento na sabedoria, a contemplação do mistério divino graças ao dom do Espírito Santo, a dignidade da consciência moral, o germe da eternidade presente na condição humana mortal...

No n. 22, a Constituição apresenta Cristo como modelo do ser humano, como ser humano novo, capaz de nos levar à plena realização de nossa vocação:

> Só no mistério do Verbo encarnado se esclarece verdadeiramente o mistério do ser humano [...]. Cristo, novo Adão [...], revela o ser humano a si mesmo e descobre-lhe a sua vocação sublime [...]. Ele é o ser humano perfeito que restituiu aos filhos de Adão a semelhança divina [...]; devemos acreditar que o Espírito Santo dá a todos a possibilidade de se associarem a este mistério pascal por um modo só de Deus conhecido.

No final do n. 38, lembra que no sacramento da Eucaristia "os elementos naturais cultivados pelo ser humano se convertem no Corpo e no Sangue gloriosos, na ceia da comunhão fraterna e na prelibação do banquete celeste", prefigurando de alguma forma a transformação de todas as coisas na nova terra e no novo céu.

O n. 45 lembra a recapitulação de todas as coisas em Cristo, alfa e ômega, Verbo de Deus, "homem perfeito".

Portanto, na *Gaudium et Spes*, quem participa da vida divina é o ser humano em sua totalidade, com todas as suas dimensões (biológica, psíquica, espiritual, social...) na inteireza do ser, incluindo sua relação com os outros elementos que compõem o universo, e que, com ele, são chamados à transformação pascal e à plenitude da vida em Deus.

2.3. Quatro pequenos textos como exemplo da recuperação da visão unitária do ser humano

1) Afonso Langella. *A dimensão litúrgico-sacramental da função terapêutica da salvação:*[3]

A intuição principal da teologia terapêutica, no plano antropológico, é a redescoberta da visão da totalidade da pessoa, segundo a qual o ser humano é considerado como o resultado de mútuas relações entre os elementos físicos, emocionais, intelectuais, espirituais etc. que o constituem: esta ideia é partilhada pelas ciências médicas, sempre mais atentas aos aspectos psicossomáticos das doenças, como também pela teologia que, retornando à concepção bíblica da unidade estrutural do ser humano, se inclina sempre mais para superar o dualismo alma-corpo, que caracteriza a definição da pessoa na filosofia grega.

2) Edouard Pousset. *Corpo e espírito, superar o dualismo:*[4]

E por que o corpo não seria a irradiação do espírito e o espírito a própria realidade do corpo? Somos, aliás, já constituídos segundo essa unidade primordial: corpo físico vivo e por outro lado inteligência e vontade; somos afetividade e imaginação, isto é, a unidade do corpo em sua realidade mais carnal e do intelecto em suas abstrações mais universais. Os três se interpenetram e se integram:

---

[3] DAL PINO, F. et alii. *Liturgia e terapia.* São Paulo: Paulinas, 1998, pp. 148ss (Col. Liturgia e Participação).

[4] Ver: *Grande Sinal*, Petrópolis, (56), pp. 480-490, jul./ago. 2000/4 [com alguns reparos na tradução, de minha parte, a partir do texto original em francês].

corpo físico, corpo animado por um psiquismo, intelecto (inteligência e vontade). Sua unidade primordial é precisamente o nosso espírito que se vai tornando ele mesmo (p. 482). O espírito não deve ser colocado mais do lado do pensamento do que do lado da carne ou da afetividade. Ele nunca deixa de estar unido a esses três aspectos (p. 482).

O corpo é nosso limite, nossa "prisão", mas também, muito mais que um agregado de matéria, é um foco de energias poderosas e ágeis, uma maravilha de equilíbrio sempre rompido e sempre restaurado, uma unidade que se exprime, se comunica e age. Esse aglomerado de células vivas sustenta e nutre funções que, por sua vez, desenvolvem uma vida psíquica pela qual nossa energia viva atinge as regiões da afetividade superior, da inteligência e da vontade, onde desabrocham nossos atos livres; assim se vão aos poucos tecendo nossa vida pessoal e nossa história social [...]. Este corpo se torna meio de comunicar-se e de ocupar todo o espaço. [Graças à educação, ao treinamento, à disciplina...] vai realizar proezas, as do artesão que maneja suas ferramentas com perfeita maestria, as da mão que cuida do bebê, as do engenheiro... Este corpo se torna flexível, forte e ao mesmo tempo de leveza saltitante — e saltar é superar os próprios limites — como o bailarino que percorre o tablado em dois saltos e ocupa todo o palco; ou ainda um centroavante no futebol que se move ocupando todo o campo. Um mínimo de esforço, o máximo de efeito. Um chute certeiro, e a bola está no gol. E um casal de patinadores no gelo! Eles giram, se cruzam, se unem e separam-se e tornam de novo a unir-se [...]. Onde é que estão esses dois corpos que se tornam como que uma trajetória imaterial, um círculo traçado no espaço, uma água que se escoa, um puro movimento? (p. 484). Como o bailarino enche o palco, os homens por seu trabalho enchem o mundo com seu trabalho corporal. Todos os produtos do trabalho e a arte [...] são prolongamentos do corpo humano, ou melhor, sua representação corporal ativa, estendida ao universo inteiro. No limite, o universo interior, vem a ser o corpo humano (p. 485).

3) Régine du Charlat. *Castidade, sinal de ressurreição:*[5]

Ao lado da abordagem psicológica e sexual, há também a "abordagem espiritual do corpo". A fé "toma corpo" num corpo sensível. A sensibilidade física desemboca numa sensibilidade interior que não é menos real (cf. 1Jo 1,1-4). Trata-se de nosso corpo, não nascido da carne e do sangue, mas de Deus (cf. Jo 1), susci-

---

5   [*Chasteté, signe de résurrection.*] In: *Christus*, Paris, 154:187-192, avril 1992.

tado em nós pelo Espírito de Deus. É um corpo que tem sentidos: experimenta, saboreia, vê, ouve. Este corpo é o mais real de nós mesmos, o mais real do real. Não nega a nossa sensibilidade física, mas manifesta a sua verdade. Porque a verdade de nosso corpo está na vida em Deus. É o corpo espiritual, o corpo da ressurreição que, do interior, irradia nosso corpo carnal fazendo com que se transforme à imagem de Cristo. E podemos perceber esta mudança no olhar de certas pessoas, no timbre da voz, na luz que transparece de rostos sofridos... Pelo trabalho interior, o corpo se torna "gracioso" e começa a se manifestar aquilo que um dia seremos plenamente (cf. 1Jo 3,2).

4) Sallie McFague. *O mundo como corpo de Deus*:[6]

É da natureza de Deus estar incorporado, ser Aquele em quem vivemos, nos movemos e temos o nosso ser. No cristianismo, a relação Deus-mundo é entendida à luz da encarnação [...]. Para os cristãos, a doutrina da criação não é diferente da doutrina da encarnação: em ambas, Deus é a fonte de toda a existência, Aquele "em quem" nascemos e renascemos. Nesta perspectiva, o mundo não é pura matéria, enquanto Deus é espírito. Ao contrário, há continuidade (embora não identidade) entre Deus e o mundo. O mundo é a carne da "carne" de Deus. O Deus que tomou nossa carne numa pessoa, Jesus de Nazaré, sempre agiu assim [...]. Portanto, um modelo cristão adequado para compreender a criação é o mundo como corpo de Deus.

2.4. Unidade e dispersão, inteireza e fragmentação

De um lado, as ciências avançam e descobrem a unidade das várias dimensões do ser humano e sua relação intrínseca com o cosmo. De outro lado, observando a realidade vivida no cotidiano percebemos a persistência da dicotomia, da dispersão, da não preocupação com a harmonia, com a unidade.

Não se trata de idealizar a realidade humana: somos seres marcados pelo pecado: "Sabemos que a Lei é espiritual; eu, porém, sou carnal, vendido ao pecado como escravo [...]. Não faço o bem que quero, mas faço o mal que não quero" (Rm 7,14.19). No entanto, somos chamados a viver de acordo com o Espírito que habita em nós e nos ajuda a travar a luta interior

---

[6] Ver: *Concilium*, Petrópolis, n. 295:55-62, p. 55, 2002/2.

a fim de crescermos no amor e sermos capazes de contribuir na implementação de uma "civilização do amor" na expressão do Papa João Paulo II. E a ação litúrgica é um momento transformador à medida que estamos atentos à Palavra proclamada, interpretada, interiorizada, e nos deixamos "moldar" pelas ações rituais, simbólico-sacramentais, e voltamos para nossa realidade cotidiana onde somos chamados a ser "testemunhas" do Ressuscitado, fermento de novas relações na "massa" da sociedade humana.

De que forma o corpo é vivido, tratado e apresentado nos meios de comunicação social, nas academias de ginástica ("malhar" o corpo!), nos bailes..., nos hospitais, nas fábricas..., na relação entre homem e mulher...? O que pensar da exclusão social, dos problemas não resolvidos da fome e da miséria, da falta de cuidados com a saúde, da exploração sexual, da exploração do trabalho escravo ou semiescravo, da violência generalizada, da falta de cuidados com o meio ambiente, com a ecologia, com a sobrevivência do planeta...? Até que ponto a educação visa à formação do ser humano em sua inteireza, em sua plenitude corporal-espiritual? Qual tem sido o papel das Igrejas na educação para a inteireza do ser humano? Será que em nossas pastorais superamos a dicotomia corpo-espírito? Estamos trabalhando conscientemente com um projeto holístico de ser humano, sociedade e cosmo? Enquanto formadores litúrgicos, como podemos contribuir para uma mudança de mentalidade e de atitudes? Dentro de nosso âmbito de trabalho na formação litúrgica, tentamos esboçar uma visão holística da ação litúrgica, vista a partir do agente humano.

3. O ser humano em sua inteireza na liturgia

A liturgia é expressão de nossa fé cristã em ação ritual. É realizada em interação entre: Deus (Pai e Filho e Espírito Santo) e a comunidade cristã reunida em assembleia litúrgica, no contexto social, cultural, cósmico. Queremos olhar agora esta ação litúrgica a partir do ser humano em sua inteireza, numa leitura antropo-teológica. Queremos destacar como a ação litúrgica, memorial de Jesus Cristo, requer uma participação corporal-espiritual, na qual convergem várias dimensões do ser humano. Por isso, num primeiro momento vamos tentar "destrinchar" esta ação (ou conjunto de ações), analisando as seguintes dimensões: (1) a base sensorial; (2) a tomada de consciência da ação realizada; (3) o estabelecimento de uma relação afetiva, comunitária, com Jesus Cristo e com o Pai, no Espírito Santo, ligando a comunidade local com outras comunidades (Igreja), com a sociedade ("mundo") e com o cosmo. Num segundo momento, vamos realçar a necessária unidade entre estas várias dimensões e os fundamentos teológicos desta unidade.

3.1. Base sensorial

No princípio da liturgia está o mandamento de Jesus: *Façam isto!* Na "lit-urgia", a ação é primordial: comer, beber, banhar, ungir, impor as mãos...; entrar, andar, olhar, movimentar-se, dançar...; encontrar-se, olhar, sorrir, cumprimentar, abraçar...; escutar, falar, fazer silêncio...; acender vela, queimar incenso, cheirar... A ação é a base de tudo na liturgia. E é uma base corporal, visto que ações do ser humano são realizadas com o "corpo".

A SC 7 diz que a liturgia é feita com "sinais sensíveis", portanto sinais que passam pelos cinco sentidos do corpo: visão, audição, olfato, tato (pele! mãos!), paladar (gosto). Os cinco sentidos são uma ferramenta de aproximação, de contato com o "mundo" ao nosso redor, e até mesmo com nosso próprio corpo e com nossa interioridade. Formam a base de nossa vida mental, afetiva, espiritual. Todo o nosso conhecimento, por mais racional ou mais sofisticado ou mais espiritual que seja, passa pelo corpo. Todas as nossas relações, também nossa relação com Jesus Cristo ressuscitado e com o Pai, passam pelo corpo (cf. 1Jo 1,1-4). Devemos reencontrar a base sensorial da memória bíblico-litúrgica pela qual celebramos a nova e eterna aliança do Deus de Jesus Cristo com o seu povo. Daí a importância da liturgia para a vida de fé. Daí a importância da participação *ativa* na ação litúrgica.

3.2. Ação consciente

Costumamos dizer que o bem mais precioso do ser humano é a sua *consciência*. Mas o que é a "consciência"? De onde vem? Onde nasce?

Como acontece? Não temos condições de explicitar e contrapor aqui os conceitos variados de "consciência" apresentadas por várias "escolas" de pesquisadores e as várias áreas do saber, por exemplo na física, biologia, medicina, psicologia, psiquiatria, neurociências, filosofia... Seria muito valioso poder aprofundar, em relação à liturgia, estudos sobre a relação entre a sensorialidade (relacionado com os gestos e ações litúrgicas) e a consciência, sobre a importância das emoções para a aquisição de conhecimentos e a tomada de decisões. O que pensar, por exemplo, da seguinte afirmação de um neurocientista:

> A consciência se define como a elaboração de um conhecimento relativo a dois fatos: (1) o organismo entra em relação com um objeto qualquer ["objeto" entendido em sentido amplo; pode ser também uma pessoa, ou uma ideia, ou um sentimento]; (2) o objeto que entra na relação é a causa de uma mudança no organismo.[7]

Ou esta outra: "A consciência nasce de um sentimento".[8]

Na primeira parte de seu livro *O homem holístico: a unidade mente-natureza*, o neurocirurgião brasileiro Francisco Di Biase discorre sobre "A natureza da consciência".[9] Ele distingue dois modelos no estudo da interação cérebro/consciência: o modelo científico e o modelo místico. O primeiro é desenvolvido segundo o paradigma cartesiano-newtoniano. Nele "a matéria é primordial, e a consciência resulta de processos neurobiológicos [...]. É um modelo dualista (divide o homem em corpo e mente), reducionista (reduz o funcionamento do universo e do homem às interações atômico-moleculares) e mecanicista (concebe o universo como um imenso e complexo mecanismo de relógio). Neste enfoque, a consciência emergiria como um epifenômeno dos processos neurofisiológicos".[10] "A ciência tal qual é praticada hoje, desta forma dualista, reducionista, mecanicista não tem como lidar com experiências vivenciais, nem com valores, nem com ética, ou tudo que se refira à qualidade [...].

---

[7] DAMASIO, Antonio R. *Le sentiment même de soi*; corps, émotions, conscience. Paris: Ed. Odile Jacob, 1999, p. 29.

[8] Ibid., p. 309.

[9] DI BIASE, Francisco. *O homem holístico*; a unidade mente-natureza. 3. ed. Petrópolis: Vozes, 2002, pp. 15-74.

[10] Ibid., p. 19.

A experiência em si foi lançada para fora do discurso científico."[11] O segundo modelo, chamado "místico", *é de caráter espiritual e filosófico. Nesta concepção a consciência é considerada a realidade primordial, a essência do universo, e o fundamento de todo ser* [...]. Algumas concepções físicas modernas identificam a consciência pura transcendental mais profunda e universal com o campo quântico universal, o oceano de energia que preenche o espaço vazio do universo".[12]

Qual a relação de tudo isso com a liturgia? Como poderíamos ampliar e aprofundar o sentido da "participação consciente" na liturgia preconizada pelo Concílio Vaticano II, levando em conta as novas maneiras de compreender a consciência? Fica em aberto este imenso campo de pesquisa! Por ora, para o nosso trabalho no laboratório litúrgico, fiquemos com o conceito da consciência do senso comum: procuramos aumentar a autoconsciência, superando a distração, concentrando-nos naquilo que estamos fazendo, prestando atenção a todas as potencialidades de nosso ser, levando em conta nossa ligação com o "oceano de energia" do universo.

E, ao se tratar de uma realidade teologal, a consciência na liturgia implica um conhecimento bíblico-teológico e se efetua em dois planos: (1) no plano do significado primeiro, imediato; (2) no plano do significado simbólico-sacramental.

Tomemos o exemplo do círio, aceso na Vigília Pascal. O significado primeiro, imediato, é: a luz brilha nas trevas, acaba com a escuridão, afasta o medo. Este significado vem como que automaticamente; não é preciso pensar. O nosso organismo nos informa e faz aflorar este significado. É importante notar a dimensão subjetiva, muito pessoal, desta consciência: sou eu que tomo consciência; sou eu que percebo determinado significado, baseado em minhas experiências anteriores e outros fatores talvez. Por isso, nem todos experimentamos as coisas da mesma maneira. O segundo significado, próprio da liturgia cristã, é um significado simbólico, objetivo, adquirido pela catequese, pela cultura religiosa, pelo estudo das Escrituras Sagradas, pela tradição. É um sentido memorial: aprendemos a associar a luz acesa do círio pascal com a pessoa de Cristo Ressuscitado, "luz

[11] Ibid., p. 20.
[12] Ibid., pp. 22-23.

do mundo", que acaba com nosso medo da morte e da perseguição, que elimina as "trevas" de nossa vida pessoal e social.

Para que o duplo significado da ação tenha sentido "para mim", é preciso que eu "preste atenção", que eu "tome consciência". Prestar atenção, tomar consciência dizem respeito a um estado de alerta, de vigilância; é o oposto de um estado de torpor, de desatenção... Pela tomada de consciência, a ação realizada se torna uma ação inteligente, significativa. Participamos conscientemente, como pede a SC. Fazemos com que "nossa mente concorde com nossa voz",[13] com nossos gestos, com nosso olhar, com aquilo que escutamos. Portanto, não se trata tanto de um conhecimento racional, do tipo: "eu sei isso". Trata-se de um conhecimento experiencial, um "saber", um "sentir", a partir de um "estar presente" naquilo que faço, digo, ouço, percebo...

Por fim, a ação litúrgica é considerada uma ação de Cristo, no Espírito Santo. A SC 7 fala da presença ativa de Cristo nas ações litúrgicas: é Cristo que fala, é Cristo que batiza, é Cristo que ora e canta, é Cristo que preside... São Paulo dizia: "Eu vivo, mas não eu: é Cristo que vive em mim" (Gl 2,20). Parafraseando, podemos dizer: é Cristo em mim que realiza cada uma das ações que faço na liturgia. Assumindo esta certeza na fé, devo, portanto, tomar consciência deste duplo Ator (Cristo e o Espírito Santo) que atua em mim durante a ação litúrgica.

3.3. Estabelecimento de uma relação afetiva, comunitária, com Jesus Cristo e com o Pai, no Espírito Santo

A liturgia é um conjunto de ações rituais realizadas por uma comunidade reunida em assembleia. Seu objetivo é criar e expressar laços de comunidade, de comunhão, de aliança..., portanto, laços afetivos. As várias ações rituais vão como que tecendo uma teia de relações entre os participantes, formando um "corpo comunitário", na bela expressão de São João Crisóstomo.[14] Nos ritos iniciais, as relações se estabelecem na acolhida à

---

[13] Cf. SC 11.
[14] Hom. 18 sobre 2Cor, PG. 61, 383-610. Nesta homilia, João Crisóstomo fala da "grande força da assembleia", que atua juntamente com o presbítero em todas as ações litúrgicas, como um só corpo:

porta da igreja, no fato de andar juntos em procissão, no cantar juntos, na saudação... Na liturgia da Palavra, as relações passam pela palavra falada, cantada, proclamada e interpretada, ouvida, meditada... Na liturgia eucarística, ou na liturgia batismal etc., além das palavras das orações, são os gestos simbólico-rituais (comer e beber juntos, banhar, ungir, abraçar...) que criam ou reforçam as relações entre os participantes... É fundamental a atuação dos vários ministérios (presidência, leitores, cantores, equipe de acolhimento...) neste estabelecimento de relações afetivas.

Em nível simbólico-sacramental, estas relações interpessoais expressam nossas relações com o Pai, pelo Filho, no Espírito Santo. São relações da "nova e eterna aliança", estabelecida na pessoa de Jesus Cristo. O objetivo das ações rituais é expressar e levar-nos a viver pessoalmente a "graça sacramental", o mistério de comunhão e de intimidade que nos une em Cristo. Acolhendo uns aos outros, acolhemos o Cristo e somos por ele acolhidos. Ouvindo os leitores, ouvimos o Cristo e, por ele, o Pai. Repartindo o pão e o vinho uns com os outros, estamos expressando nossa comunhão com Jesus Cristo em seu mistério pascal, no Espírito Santo, e através dele com o Pai e com todas as comunidades cristãs espalhadas pelo mundo, e com todas as pessoas e todas as realidades..., já que — em nossa perspectiva de fé — Deus está presente em tudo e em todos. Daí, a implicação de exigências éticas na celebração litúrgica: quem entra na aliança com o Deus de Jesus Cristo se compromete em lutar por um mundo de justiça, de igualdade, de paz, de respeito para com a natureza e de cuidado com o equilíbrio ecológico..., tendo como ponto de partida a opção pelos pobres, como o enfoca claramente o Documento de Medellín (1968), retomado na assembleia e no Documento de Aparecida (2007).

Para que sejam verdadeiras (autênticas) em sentido humano e cristão, estas relações deverão ser de ordem afetiva, amorosa, de benquerer... em um nível que somente o Espírito Santo pode realizar. Daí a importância das "epicleses", invocações para que Deus envie seu Espírito Santo duran-

---

nas preces e súplicas, no beijo da paz, na oração eucarística... ("Não é o sacerdote sozinho que dá graças, mas todo o povo"). Por isso, pede que "cada um esteja vigilante" e que não deixe tudo por conta do ministro. Cf. *Antologia litúrgica*; textos litúrgicos, patrísticos e canônicos do primeiro milênio. Fátima (Portugal): Secretariado Nacional de Liturgia, 2003, n. 2642, pp. 631-632.

te a ação litúrgica. Somente com a ação dele, nossas relações afetivas na liturgia terão condições de se tornarem relações "espirituais", expressão do novo mandamento deixado por Jesus a seus discípulos e discípulas: "Amem-se uns aos outros, como eu os amei" (Jo 15,12). "[Pai], para que sejam um como nós somos um: eu neles e tu em mim" (Jo 17,22-23).

Podemos dizer ainda que são relações "de coração", no sentido bíblico do termo. "Enquanto na linguagem comum o coração costuma designar a vida afetiva, na Bíblia o coração se refere ao interior da pessoa humana, lugar de toda a vida psicológica, intelectual, moral e religiosa, lugar da decisão vital que compromete a pessoa como um todo. É fonte da personalidade consciente, inteligente, livre, e lugar da misteriosa ação de Deus na pessoa. É a pessoa como um todo, vista em sua realidade interior, e não apenas em seus atos externos."[15] Isto deixa supor que tanto os ministros e ministras como toda a assembleia tenham sido iniciados neste mistério de relacionamento íntimo com o Pai de nosso Senhor Jesus Cristo, no Espírito Santo, e que alimentem esta relação na liturgia, na oração pessoal e em todos os momentos da vida.

Parece-me necessário tentar esboçar aqui a relação entre sensação, emoção, sentimento, afeto. Os conceitos mudam conforme a área de estudo e conforme os autores. Baseado em muitas leituras,[16] tento uma conceituação provisória para o nosso trabalho na liturgia:

- Sensação: é causada por um estímulo externo ou interno; p. ex., sensação de frio, de fome, de dor, de bem-estar ou de mal-estar...[17]

- Emoção: reação breve e intensa do organismo (a uma sensação?); impulso necessário para agir.

---

[15] BUYST, Ione. *Liturgia, de coração*. São Paulo: Paulus, 2003.

[16] Entre outros: DERMOTT, Brian Mc. Os sacramentos como evento-oração. *Concilium*, n. 179, pp. 239, 1982/9; VISCOTTI, David. *A linguagem dos sentimentos*. São Paulo: Summus, 1982; OLIVEIRA, Isócrates de. *Evestética*; o rejuvenescimento pelo exercício das emoções. Goiânia: Editora do Autor, 1992; GOLEMAN, Daniel. *Inteligência emocional*. Rio de Janeiro: Objetiva, s/d.; CENTRO DE LITURGIA. *Liturgia e subjetividade*. São Paulo: Paulus, 1998; VERGOTE, Antoine. L'affectivité que anime le rite. In: *LMD*, 218: 117-129, 1999/2; DAMASIO, Antonio R. *Le sentiment même de soi; corps, émotions, conscience*. Paris: Ed. Odile Jacob, 1999; *Dicionário Aurélio Eletrônico*, 1999.

[17] Isócrates de Oliveira fala do duplo sentido da sensação: 1) como percepção, que é o aspecto cognitivo da sensação; 2) como afeição, o aspecto afetivo da sensação, do qual nascem os sentimentos, os gostos, as emoções, a afetividade em geral (*Evestética*, v. 2, p. 15).

— 91 —

- Sentimento: percepção (intuitiva?), tomada de consciência da repercussão de uma emoção e do sentido que pode ter para nós: alegria, tristeza, esperança, atração, repulsa...

- Afeto: embora se manifeste "sob a forma de emoções, sentimentos e paixões, acompanhados sempre da impressão de dor ou prazer, de satisfação ou insatisfação, de agrado ou desagrado, de alegria ou tristeza",[18] o afeto é atividade intencional, relacional, resposta ao mundo; envolve compreensão, escolha. O amor aos inimigos, por exemplo, é intencional; é uma escolha consciente, superando a primeira reação que costuma ser de raiva, repulsa, medo.

Na liturgia, a sensibilidade, a afetividade... servem para expressar e veicular simbolicamente o afeto, o benquerer, o amor de Deus para com o seu povo e vice-versa, por Cristo, com Cristo e em Cristo, na unidade do Espírito Santo. Servem para criar e reforçar a comunhão, a intimidade própria da aliança. Assim o expressa A. Vergote: "A afetividade [...] é uma disposição que se realiza em quatro passos: sentir a presença significativa, orientar-se para ela, efetuar um ato de dom de si que é indissociável da acolhida do dom do Outro".[19]

Esta premissa levanta algumas questões:

- Podemos continuar celebrando sem envolvimento afetivo, sem preocupação em "tocar o coração" das pessoas?

- Até que ponto nossas liturgias levam a uma experiência mística, experiência de Deus, presente na celebração litúrgica? Até que ponto fazem nosso coração "arder", como aconteceu com os discípulos de Emaús?

- Deixamo-nos guiar pelo Espírito de Deus ao longo de toda a celebração?

- Temos consciência de que a linguagem litúrgica é necessariamente uma linguagem afetiva, única capaz de tecer relações (enquanto a linguagem racional serve para explicar)?

---

[18] Cf. *Dicionário Aurélio*.
[19] VERGOTE, op. cit., p. 126.

- Até que ponto estaremos cuidando da música, da poesia, da beleza e estética na arquitetura e na ornamentação do espaço litúrgico..., como expressão e fonte de experiência ritual, espiritual, mística?

- Estamos dispostos a aprender com as expressões da piedade popular, nas quais a devoção tem uma forte carga afetiva?

- Como fazer de nossas liturgias momentos de festa, marcadas pela alegria do Reino, pela satisfação do encontro com Deus na comunidade, pela vibração pascal?...

- Até que ponto as pessoas que vêm para celebrar já tiveram sua experiência de Deus? Até que ponto tiveram uma autêntica experiência do Deus de Jesus Cristo? Até que ponto nós levamos em conta estas experiências?

- Como ligar as experiências individuais, subjetivas (muito diversificadas) com a experiência objetiva do mistério de Jesus Cristo que a liturgia pretende proporcionar?

- Temos o direito de criar uma "liturgia emocional" apenas para atrair as pessoas, satisfazendo suas necessidades psicológicas, sem propor e proporcionar um encontro existencial com a pessoa de Jesus Cristo e uma adesão à sua proposta do Reino?

3.4. Várias dimensões em unidade

Depois de ter analisado três aspectos da ação litúrgica (base sensorial, tomada de consciência da ação, estabelecimento de uma relação), vamos agora apontar a dimensão holística: nenhum destes três aspectos existe separado dos outros, cada um deles está presente nos outros dois. Para poder celebrar a liturgia holisticamente, na inteireza do ser, devemos habitar nossos gestos e nossas palavras corporal e espiritualmente, harmonicamente, criando laços afetivos, de comunhão entre nós e com Deus, numa comunhão universal com tudo e com todos. Por isso, a participação na liturgia é ao mesmo tempo uma participação corporal e espiritual; supõe uma experiência ritual-espiritual. (Ver o gráfico "Liturgia, uma ação ritual, simbólico-sacramental, do ser humano em sua inteireza", que procura visualizar a complexidade desta ação.)

Liturgia, uma ação ritual, simbólico-sacramental, do ser humano em sua inteireza	
1. Elementos litúrgicos: espaço (+ altar, ambão, cadeira… + ornamentação…); tempo (luz/trevas, manhã/tarde/noite); água, pão, vinho, óleo, sol, fogo, velas, incenso…; Palavra, música, silêncio…	2. Base sensorial, corporeidade, cinco sentidos: visão, audição, olfato, tato (pele! mãos!), paladar.

3. Ação = rel-ação entre os elementos litúrgicos e nossos sentidos:
entrar, andar, olhar, sorrir, movimentar-se, encontrar-se, dançar,
comer, beber, acender vela, queimar incenso, cheirar…
escutar, falar, fazer silêncio, ficar em silêncio…

4. Sentido simbólico-sacramental desta ação para a comunidade celebrante:
memorial de Jesus Cristo, de sua morte-ressurreição,
na sinergia do Espírito Santo (importância da epiclese),
estabelecendo uma relação (encontro, aliança, comunhão…):
por Cristo, no Espírito Santo, com o Pai,
entre nós (comunidade, assembleia), com a humanidade e com o cosmo:
invocação (do Nome), anúncio, proclamação,
aceitação, adesão, confiança, esperança,
alegria, festa, ação de graças, louvor, súplica, intercessão,
oferta, doação, participação, comunhão,
satisfação, prazer, paz, compromisso.

5. Vida cristã, tendo a liturgia como "cume e fonte" (SC 10)

4. Os "três pontos" como eixo do laboratório litúrgico

A liturgia é antes de tudo uma "ação", *urgia*; por isso, o elemento corporal, gestual, ritual deve ser o ponto de partida para um estudo sobre a liturgia ou uma aprendizagem litúrgica. Porém, trata-se de ações *simbólicas*, que remetem *para* e nos conectam *com* uma realidade considerada teologal, "espiritual": a comunhão com o Ressuscitado, no Espírito Santo e através dele com o Pai e com todas as pessoas e com todas as realidades existentes. Os autores das ações litúrgicas são seres humanos, chamados a viverem uma vida "espiritual", a se tornarem "espirituais". Por causa da unidade intrínseca entre todas as dimensões do ser humano (visão holística), este caminho de espiritualização passa necessariamente pela participação na liturgia, começando por seu componente "corporal", sensorial.

Uma ferramenta pedagógica para aprender a celebrar holisticamente é o laboratório litúrgico. Seu objetivo é a vivência da liturgia na inteireza do ser. O meio que encontramos para alcançar este objetivo é a atenção prestada, na prática, às três dimensões citadas acima (os chamados "três pontos"): o gesto corporal, o sentido deste gesto e a requerida atitude espiritual, buscando vivenciar a harmonia (unidade) entre eles. De que maneira estas três dimensões e sua unidade são trabalhadas nas várias etapas do laboratório litúrgico? É o que tentaremos aprofundar agora.

4.1. Primeira etapa

A *primeira etapa* do laboratório litúrgico consta de "trabalho corporal", com respiração, relaxamento e exercícios de aquecimento que de alguma forma preparam o rito que será trabalhado. Nele procuramos vivenciar nossa base sensorial, perceber nosso corpo, ativar nossos cinco sentidos, prestar atenção às nossas sensações, estar presente em cada gesto, em cada ação. De fato, muitas vezes atuamos de forma automática, sem tomar consciência do que fazemos ou daquilo que se passa em nós.

Um dos elementos principais nesta etapa é a tomada de consciência da *respiração*, ou a respiração consciente. Precisamos aprofundar muito ainda o papel da respiração nesta vivência da harmonia. Ela é um elemento de ligação. É essencial na manutenção da saúde, tanto física quanto psíquica e espiritual:

> Imagem muito forte de nossa emoção, a respiração representa nossa troca com o mundo [...]. A respiração abre espaço para percebermos musculaturas mais profundas que, simbolicamente, chamaremos de musculaturas de emoção. O primeiro passo em direção a uma maior harmonia interna é deixar o ar penetrar fundo em nosso corpo.[20]

> [A respiração] é uma função que obedece, ao mesmo tempo, aos centros neuro-vegetativos inconscientes e incontrolados e à vontade. Portanto, é uma função que liga o mundo exterior ao mundo interior, o eu e o isto, o corpo e o ser, agindo estreitamente sobre a base química da vida [...]. Mas a boa respiração não se ensina, ela se restabelece espontaneamente quando o corpo estiver bem "harmonizado", bem relaxado [...]. A inspiração se fará pelo nariz, mas sem forçar, muito delicadamente, como se aspirássemos um odor, e não como se fungássemos com avidez [...]. Pouco a pouco se estabelecerá o fluxo-refluxo tranquilo que deve ser percebido intensamente por todos os sentidos.[21]

> [...] Temos de saber usar a respiração, uma vez que ela é um instrumento natural e de extrema importância para impedir a dispersão. A respiração é o elo que liga a consciência à vida, que une o corpo à mente. Sempre que sua mente começar a vagar, use a respiração para retomar seu controle.[22]

> A respiração afetiva [...] é a respiração carregada de sentimentos [...]. Respirar afetivamente um sentimento é deixar que ele acompanhe a inspiração de ar até ao fundo dos pulmões. Nesse processo toma-se consciência da onda formada pela fusão da inalação do ar com o sentimento da emoção, e do movimento da mesma onda pelos meandros da respiração.[23]

---

[20] Klauss VIANNA, em colaboração com Marco Antônio de CARVALHO. *A dança*. São Paulo: 1990, p. 56.
[21] BERGE, Yvonne. *Viver o seu corpo*; por uma pedagogia do movimento. 4. ed. São Paulo: Martins Fontes, 1988. p. 39.
[22] HANH, Thich Nhât. *Para viver em paz, o milagre da mente alerta*; manual de meditação para militantes da paz. Petrópolis: Vozes, 1993. p. 34.
[23] OLIVEIRA, Isócrates de. *Evestética II*; como exercitar as emoções, ou deixar-se exercitar por elas. Goiânia (GO): Ed. do Autor, 1993. p. 33-34.

4.2. Segunda etapa

Na *segunda etapa*, partimos de ritos sociais ou religiosos. Conversamos sobre determinadas atitudes do povo: entrar numa igreja ou capela e saudar o altar ou saudar o santo; beijar a bandeira do Divino; acender vela como cumprimento de promessa; jogar flores ou um punhado de terra no caixão de um amigo ou parente falecido que acaba de ser baixado na cova; acolher uma visita em casa, oferecer um cafezinho; agitar a bandeira do clube esportivo em momento de vitória... Lembramos as circunstâncias, os gestos, as emoções e sentimentos... Como o povo faz? Por quê?... Outra possibilidade é partir de fotografias nas quais foram registrados alguns destes gestos significativos do povo. Podemos observar, pedir que cada um dos participantes escolha uma das fotografias e que nos comunique: o que vê nesta foto, o que a pessoa retratada parece querer expressar, o que parece estar sentindo etc.

Depois da conversa sobre estas atitudes ou gestos do povo, sugerimos que alguém do grupo procure reproduzir e vivenciar um destes gestos ou atitudes. A seguir, vem a conversa sobre os "três pontos". Algumas perguntas ajudam a socializar aquilo que cada participante observou: O que a pessoa fez? (O que vimos?). O que quis dizer com isso (ou: O que parecia querer expressar? O que entendemos?). Que sentimentos transpareceram em seu gesto ou atitude? O que isso provocou em nós? (O que sentimos?)...

Também quem realizou a ação tem muito a nos ensinar, contando sua experiência, expressando aquilo que vivenciou. Por isso, perguntamos: Como você se preparou para realizar a ação? O que fez? Por quê? O que se passou interiormente? O que pensou, sentiu, experimentou...? Como sentiu a presença do grupo?...

Geralmente, nos gestos listados acima e em outros gestos semelhantes, não perdemos a natural unidade entre agir, pensar e sentir. Principalmente a observação das atitudes das "pessoas do povo", menos influenciadas talvez pela cultura dualista, pode nos ensinar muito sobre a inteireza do ser que queremos alcançar nas ações litúrgicas.

Depois desta aprendizagem com gestos e ritos cotidianos ou religiosos, podemos acrescentar um momento de pura criatividade e improvisação, utilizando livremente os objetos que serão colocados no meio do círculo (esteiras, panos, velas, bacia ou jarra com água, copos, prato com pão ou com frutas, folhagens, sementes...). Somos convidados a exercitar ou tomar consciência da harmonia entre o gesto corporal, a consciência que temos deste gesto (ou o sentido que lhe damos, a intenção com que o realizamos) e a emoção, ou sentimento ou afeto que acompanham sua execução.

4.3. Terceira etapa

Na *terceira etapa* passamos a trabalhar com o rito litúrgico escolhido de antemão. De que maneira entra nesta etapa o trabalho com os "três pontos"? O rito é analisado sob os quatro aspectos listados e já explicados nos itens 3.1, 3.2, 3.3, 3.4: base sensorial; tomada de consciência do sentido da ação; o estabelecimento de uma relação afetiva, comunitária, espiritual; a unidade entre estas várias dimensões. Depois da análise, passamos à ação: combinamos um "recorte" (uma pequena unidade do rito que acabamos de estudar), repartimos as tarefas a serem assumidas, procuramos exercitar a unidade dos três pontos (as três dimensões), "como se fosse" numa celebração de verdade. Depois da realização do recorte, faz-se a "conversa sobre os três pontos": de que maneira vivenciamos o gesto corporal, o sentido teológico-litúrgico, a atitude espiritual e a harmonia entre estes três? O que ajudou? O que dificultou? Cada pessoa pode falar de sua própria experiência.

Neste trabalho com o recorte, há, portanto, quatro abordagens diferentes e complementares dos três pontos: (a) na análise do rito, em suas várias dimensões; (b) na execução do recorte; c) na observação de quem executa o recorte e, finalmente, (d) na socialização da experiência de execução e observação do recorte.

4.4. Quarta etapa

No *final da terceira etapa* podemos aprofundar mais ainda a harmonia entre os "três pontos". E aqui convém chamar a atenção para o papel do Espírito Santo e a atitude espiritual que provoca em nós. Se, do ponto de vista funcional, a respiração é o elemento unificador entre as várias dimensões do ser humano, do ponto de vista teológico e espiritual, devemos lembrar que a respiração é símbolo do Espírito Santo de Deus. O Sopro divino (Pneuma, Espírito) está presente e anima o nosso sopro humano. É ele o elemento unificador das várias dimensões do ser humano. É ele que nos faz entrar em relação com as outras pessoas e com tudo aquilo que está ao nosso redor. Por isso, ao respirar, unamos nosso sopro ao sopro divino; deixemos que penetre todos os recônditos de nosso ser, purificando, desobstruindo, pacificando, iluminando e aquecendo, vivificando, suavizando... (cf. a sequência de Pentecostes).

Vejamos o belo texto de J.- Y. Leloup sobre a oração "em espírito e verdade" (ou: prece de atenção ao sopro, prece do sopro consciente, ligada à invocação do nome de Jesus), que podemos facilmente aplicar à liturgia:

> O que rememora o Ser em mim é o sopro. Meu sopro está em contato com o Ser [...]. Trata-se de aceitar esta consciência, este sopro consciente. Orar é respirar. À oração, acrescentar a vigilância — *aletheia*, verdade que, literalmente significa: sair da *lethé*, sair do sono, viver em estado de atenção [...]. Estar consciente à consciência do sopro no âmago de minha respiração, estar presente ao *pneuma*. Deus está conosco, mas nós não estamos com ele. Trata-se de entrar nesse movimento que me inspira e que eu expiro, reentrar nesse movimento do sopro.

Onde situamos a presença e a atuação do Espírito Santo nos "três pontos" do laboratório litúrgico? Não podemos restringir a ação do Espírito Santo ao "terceiro ponto" (atitude espiritual), pois o Espírito está presente também na base sensorial e na tomada de consciência do sentido.

Se usarmos a imagem do triângulo formado pelos três pontos, o Espírito Santo está como que no interior, ativando, informando, transformando e harmonizando todas as dimensões do ser humano.

Assim, no "trabalho de corpo" (primeira etapa) podemos realizar uma *tríplice escuta* do corpo e da respiração: uma escuta física, psicológica e espiritual.[24] A visão holística "recoloca a dimensão espiritual em seu verdadeiro papel de harmonizador".[25]

TRÊS DISTINÇÕES IMPORTANTES

1. No teatro, os atores representam para uma plateia. Na liturgia, todos somos atores, coatores, interagentes, chamados a participar, mergulhar profundamente na ação ritual que está sendo realizada no gozo da comunhão com o Senhor. Não há plateia. Até mesmo Deus é Ator!

2. Uma coisa é *gesticular* e fazer *mímica* na liturgia; outra coisa bem diferente é vivenciar, como experiência litúrgica, a unidade entre o gesto ritual, o sentido teológico-litúrgico, a atitude espiritual próprios daquela liturgia. Não se trata de *inventar* gestos, nem de expressar sentimentos ou pensamentos..., mas de assumir subjetiva e comunitariamente a expressão objetiva da fé que nos é dada numa determinada tradição eclesial e cultural.

3. Uma coisa é *laboratório* litúrgico (exercícios preparatórios); outra coisa é a *celebração* litúrgica. Eventuais exercícios de respiração, técnicas de relaxamento etc. não deveriam ser usados dentro da celebração. Comparem: não se interrompe um jogo de futebol ou um teatro ou um concerto de música, para fazer exercícios... O laboratório litúrgico é uma técnica que, a meu ver, tem objetivo duplo: (a) exercitar a unidade dos "três pontos" (gesto ritual, sentido teológico-litúrgico, atitude espiritual), para encontrarmos o caminho de um conhecimento e uma vivência mais profunda e unificada da liturgia; (b) exercitar a criatividade, buscando a melhor expressão possível, de cada rito ou subdivisão de um rito, dentro da cultura e do momento histórico de uma comunidade celebrante.

---

[24] Cf. Id. *O corpo e seus símbolos*. Petrópolis: Vozes, 1998, pp. 15-22.
[25] BARONTO, op. cit., p. 172.

6

ANÁLISE RITUAL NA APRENDIZAGEM PARA A RITUALIDADE[1]

Um dos momentos do laboratório litúrgico é a análise ritual, condição indispensável para a compreensão e realização de qualquer rito. Como são preparadas as liturgias em nossas comunidades? O que acontece entre o momento da programação de uma celebração e o dia de sua realização? Será suficiente preparar o local e deixar o livro litúrgico prontinho na página indicada? Ao comparar os livros litúrgicos com os "scripts" ou roteiros para teatro ou meios audiovisuais, sugiro que se introduza na formação litúrgica, assim como na ciência litúrgica, a prática da *análise ritual*.

1. Os livros litúrgicos são como "scripts"

Para celebrar a liturgia, nós nos servimos de livros litúrgicos, também chamados de "rituais"; são os Missais, os Lecionários, os hinários, os rituais do Batismo, da Confirmação, da Reconciliação, da Unção dos

---

[1] Textos consultados: MALDONADO, L.; FERNÁNDEZ, Pedro. Sinais, gestos, ritos, simbologia e ritualidade litúrgicas. In: BOROBIO, Dionisio (org.). *A celebração na Igreja 1*; liturgia e sacramentologia fundamental. São Paulo: Loyola, 1990, pp. 217-35; PINDADO, Vicente Martín. Liturgia y talante celebrativo. *Phase*, Barcelona, 107: 443-59, 1978. BOURGEOIS, Henri. La foi naît dans le corps. *LMD*, Paris, 146: 39-67, 1981. CHAUVET, Louis-Marie. La théologie sacramentaire est-elle an-esthésique? *LMD*, Paris, 188: 7-39, 1991. HAMELINE, Jean Yves. Le culte chrétien dans son espace de sensibilité. *LMD*, Paris, 187: 7-45, 1991. RENAUD-CHAMSKA, Isabelle. De la sensibilité aux choses et du sens des mots; la bénédiction de l'eau baptismale. *LMD*, Paris, 188: 41-55, 1991. VERGOTE, Antoine. Gestos e ações simbólicas na liturgia. *Concilium*, Petrópolis, n. 62, pp. 168-178, 1971/2.

Enfermos, do Matrimônio, das ordenações, das bênçãos, da dedicação de igreja e altar, o livro da Liturgia das Horas e do Ofício Divino etc. Os livros litúrgicos contêm os roteiros que descrevem a sequência da ação ritual de uma determinada celebração, indicando os textos bíblicos e eucológicos, os diálogos, os momentos de silêncio, os gestos, movimentos e ações simbólicas, a atuação de cada ministério, a indicação dos espaços a serem ocupados.

Como estes livros litúrgicos devem ser usados? Podemos compará-los com os "scripts", os roteiros para cinema, teatro, vídeo, CD, DVD, programa de televisão etc. elaborados por profissionais especializados, chamados de "roteiristas". E qual é o destino destes roteiros minuciosamente preparados? O que vai acontecer com eles? Irão para as mãos de outros profissionais para serem "executados": para que se faça, a partir deles, o filme ou a peça de teatro, ou o programa de rádio ou de televisão... pensado pelo roteirista. Sem nos deter na técnica de cada um destes meios, podemos distinguir pelo menos quatro fases neste trabalho. Primeiro vem uma *análise minuciosa do roteiro*, para compreender o "enredo", o perfil de cada personagem, a sequência das cenas e o desenvolvimento da ação, o clímax, o objetivo da peça... Depois seguem os inúmeros *ensaios* em preparação para a gravação do filme, CD ou DVD, ou para a representação da peça de teatro, a emissão do programa de rádio ou televisão..., cuidando com atenção de cada detalhe. Em terceiro lugar vêm a preparação do local e a aquisição e *preparação de todo o material necessário* para o evento. Finalmente chegou o momento culminante: a *realização* do evento, antes da qual ainda se fará um tempo de concentração.

2. Análise ritual como primeiro passo

Não deveríamos fazer a mesma coisa com os roteiros das celebrações nos livros litúrgicos, observando a sequência destes quatro passos acima, iniciando com a análise do roteiro? Nenhum ator ou apresentador de programa irá para a plateia sem a devida preparação. Mas o que acontece, infelizmente, com a grande maioria dos ministros litúrgicos? Vão para a celebração com o "script" na mão e vão lendo e executando na hora, sem ter feito um estudo dos textos, sem ter assimilado a relação entre as várias partes da celebração, sem ter combinado nada com os outros ministérios, sem ter preparado a homilia, sem ter ensaiado a parte cantada, sem ter procurado melhorar junto com a equipe o jeito de realizar cada ação ritual, sem ter se preparado em oração pessoal, sem se preocupar com a participação da assembleia que depende da forma como a liturgia é realizada... Felizmente, a mentalidade está mudando. Há muitos ministros interessados em aprofundamento teológico-litúrgico, em aperfeiçoamento técnico e espiritual.

Daí esta proposta de aprender com os profissionais do teatro e dos meios de comunicação social, introduzindo na formação dos ministros, e também na pastoral, a prática da *análise ritual* como primeiro passo na preparação de uma celebração litúrgica. Impossível celebrar aquilo que não se conhece a fundo. Um trabalho de análise minuciosa da ação ritual, pesquisando em profundidade o conjunto de ações que constituem a celebração litúrgica para a qual estamos nos preparando, nos ajudará a descobrir o "enredo" daquela celebração, a "trama" que se desenrola ao longo da ação, obter uma visão clara dos ministérios que irão atuar e da relação que se estabelece entre eles, aprofundar os diálogos e outros textos, entender bem o objetivo e o caminho para alcançá-lo.

Antes, porém, de propor um possível roteiro para esta análise, convém lembrar as características de uma ação ritual litúrgica que se tornarão a base para qualquer trabalho de análise ritual. Pois os frutos da celebração dependem da participação consciente.

3. Características da liturgia a serem levadas em conta

A liturgia é ação simbólica, ritual, comunitária; é ação divina, encontro entre pessoas, marcado pelo tempo litúrgico, ocupando determinados espaços; requer o envolvimento do ser humano por inteiro. Comentemos brevemente cada um destes itens.

Liturgia não é texto, nem leitura de textos. É "ação" (*urgia*, "lit--urgia"). "*Façam* isto", disse Jesus. Mas não é uma ação qualquer. É ação *simbólica*; vem carregada, portanto, com um "segundo sentido", perceptível e plenamente compreensível apenas aos iniciados.

A ação litúrgica é um *rito*: tem *regras*. Regras ligadas à tradição da fé e regras antropológicas, próprias de qualquer ação ritual humana. É uma ação de caráter objetivo; não posso fazer dela o que bem entendo. Assim, por exemplo, São Paulo adverte a comunidade de Corinto a ser fiel à tradição da celebração da Eucaristia que tem sua origem em Jesus, o Senhor: "Eu recebi do Senhor o que vos transmiti" (1Cor 11,23). Sua característica é a *repetição*, suscitando, no entanto, a cada realização, experiências novas, porque realizadas e experimentadas em realidades circunstanciais sempre diferentes, sejam na vida pessoal dos participantes, seja na vida eclesial, seja na vida social. Isto exige de todos os participantes uma atenção dobrada para perceber esta realidade simbolizada através das palavras e sinais. E exige a mesma atenção também de cada ministério, para que este "duplo sentido" apareça em sua maneira de celebrar.

Além disso, liturgia não é uma ação realizada por um elenco de atores para uma plateia de espectadores, como no caso do teatro ou da televisão. Na liturgia não há atores, nem espectadores. Trata-se de uma ação *comunitária* onde todas as pessoas são *participantes*, ainda que com funções diversificadas (*comunidade celebrante* e diversos *ministérios*). E cada comunidade vem carregada de sua própria realidade com suas alegrias e tristezas, com seus sonhos e desilusões, com suas riquezas e pobrezas, com sua cultura.

Outra característica da liturgia cristã é que conta com um Ator invisível. De fato, consideramos que a liturgia é uma ação realizada pela comunidade em *sin-ergia* (trabalho conjunto, co-labor-ação, com-união) com *Deus* (Pai e Filho e Espírito Santo). A ação de Deus passa pela ação humana; esta é sempre como que conduzida pela ação divina. O leitor proclama o texto bíblico, mas é Cristo que fala. O ministro invoca o Espírito sobre a água e a derrama sobre o batizando, mas é Cristo que batiza. O padre proclama a oração eucarística, mas é o Cristo que dá graças ao Pai e se oferece ao Pai por nós todos. Oramos e cantamos, mas é Cristo e o Espírito que oram e cantam em nós.

Este Ator invisível provoca em nós uma mudança, uma transformação, uma conversão. Por isso, dizemos que a celebração litúrgica é um *acontecimento pascal*. Porém, este não se realiza automaticamente; necessita da mediação e do bom desempenho dos ministros e da qualidade de participação de toda a assembleia. Para otimizar esta mediação, fazemos um *projeto ritual*: é preciso pensar cada rito com todas as dimensões que envolve. Ou seja, a ação ritual deve ser *planejada*.

Cada celebração se desenvolve conforme um *esquema mais ou menos fixo*, que indica *a dinâmica de um encontro*: acolhida e abertura da assembleia, escuta e interpretação das Sagradas Escrituras seguida de súplicas, uma ação simbólico-sacramental central (Eucaristia, Batismo, Matrimônio etc.), terminando com bênção e envio em missão. É preciso que este dinamismo apareça na maneira de conduzir a celebração para que seja percebido e vivido por toda assembleia: sentir-se convocado, inserir-se na comunidade reunida como membro de um corpo; escutar as palavras que pretendem iluminar e dar sentido às nossas realidades pessoais, comunitárias, sociais, planetárias, cósmicas; interceder por todas as necessidades do mundo; deixar-se transformar pela ação pascal de Cristo e seu Espírito; consentir em ser enviada em missão.

Os *tempos* litúrgicos marcam cada celebração com suas características; a Eucaristia celebrada no Advento tem características teológicas e espirituais diversas de uma Eucaristia celebrada na Quaresma ou no Tempo Pascal. Em certos tempos litúrgicos há celebrações com formas muito específicas que ocorrem apenas uma vez ao ano, como, por exemplo, Quarta-Feira de Cinzas, Sexta-Feira Santa, Vigília Pascal...

Cada parte da ação ritual requer um *espaço* determinado: o altar, o ambão (estante da Palavra), a cadeira da presidência, o lugar da assembleia, o batistério etc.

Por fim, cada uma das características apontadas acima pode ser vista em *três dimensões, atuando conjuntamente: como gesto ritual, com seu sentido teológico e sua espiritualidade*, abrangendo assim o ser humano em sua inteireza. No centro de tudo está a ação corporal; sem ela, não há rito, não há ação litúrgica. No fundo, o corpo expressa a pessoa toda. O corpo fala, até mesmo daquilo que somos inconscientemente. O importante é tomarmos consciência daquilo que somos e expressamos. Nossas atitudes de cunho psicológico e espiritual têm tudo a ver com nossa postura corporal.[2] "Corporal", no sentido pleno, inclui consciência; "espiritual" diz respeito à presença e atuação do Espírito em nós. Significa que, ao realizar a ação litúrgica, devemos deixar que nossos gestos, nossos corpos, sejam "habitados" pela mente, habitados pelo Espírito.

4. Como construir um roteiro para a análise ritual?

Devido à carga horária para formação litúrgica geralmente bastante reduzida, tanto nos institutos de teologia, quanto em outros cursos e encontros de formação, é muito raro podermos organizar uma análise ritual de uma celebração inteira, como por exemplo, celebração eucarística, Batismo, Confirmação, Matrimônio, celebração dominical da Palavra de Deus, Vigília Pascal... É mais comum destacar apenas uma pequena parte de uma ação ritual, como, por exemplo: os ritos iniciais, a aspersão com água na assembleia dominical, a oração-coleta, o salmo responsorial, a aclamação ao Evangelho, a oração eucarística, a fração do pão; a oração sobre a água na celebração do Batismo, a renúncia e profissão de fé, o acendimento do círio pascal, a proclamação da Páscoa ("Exulte") etc. A escolha é feita em função do assunto tratado na formação e/ou em função da necessidade pastoral. A prática tem demonstrado que, mesmo em se restringindo a análise ritual a uma parte da celebração, o resultado é benéfico em relação à celebração como um todo: começa-se a prestar mais atenção à peculiaridade de cada rito, ao sentido teológico inerente e à atitude espiritual requerida. Convém ressaltar que a análise ritual é apenas um primeiro momento, seja de uma vivência, seja de um laboratório litúrgico, seja de um estudo de uma ação litúrgica com o método mistagógico.

---

[2] A sensibilidade nutre-se da sensorialidade. MALDONADO, L.; FERNÁNDEZ, Pedro. Sinais, gestos, ritos, simbologia e ritualidade litúrgicas. In: BOROBIO, Dionisio (org.), op. cit., pp. 217-235. Aqui, p. 228.

Como proceder? Como organizar um roteiro de análise? Há quem propõe aplicar à análise ritual a "dupla articulação" da semiologia linguística. É importante perceber como as ações rituais são construídas por vários conjuntos de pequenos ritos, assim como as frases de uma fala são construídas por palavras, e estas são formadas por letras. Por exemplo, o rito de entrada é formado por vários ritos menores, como: procissão de entrada com canto, beijo do altar, saudação, rito penitencial etc. E o rito de entrada, por sua vez, é parte de uma celebração maior. Ainda comparando com a linguística, podemos falar em "morfologia ritual", que estuda as unidades menores (ritos comparados às palavras), e "sintaxe ritual", que estuda as leis, o regime de construção, a concordância do conjunto ordenado em complexos maiores (comparados à frase), ou seja, a relação entre os ritos.[3]

Outro autor[4] fala de *três leis na dinâmica global da celebração*: a lei do ritmo, a lei da duração e dos contrastes, a lei da unidade. Na linguagem, mudando o *ritmo*, mudamos o sentido. Assim também na liturgia: se acentuamos demasiado um rito de menos importância, ou se damos bem menos tempo à liturgia eucarística do que à liturgia da Palavra na missa, o sentido global fica truncado. É preciso saber colocar os pontos altos no lugar certo. Em cada uma das unidades menores, existe um ritmo. Cada um dos "rituais", conjuntos de ritos menores, têm seu ponto alto. E no conjunto da celebração eucarística, por exemplo, podemos também ver onde está o ponto alto. A *duração* não é só cronológica, mas, sobretudo, psicológica. Devemos sentir o quanto pode durar um silêncio, ou uma homilia, ou a oração dos fiéis. Em geral, a monotonia gera desatenção e tédio; por exemplo, a mesma pessoa fazendo várias coisas em seguida, o presbítero fazendo toda a oração eucarística num mesmo tom e com o mesmo ritmo... Os *contrastes* é que despertam a atenção: de pé/sentados/caminhar/imobilidade, som/silêncio, música/palavra cantada/palavra falada, tom maior/tom menor, lento/rápido, uma voz/várias vozes, forma litânica/forma estrófica, novo/antigo, conhecido/desconhecido, penumbra/luz... O que pode ajudar a criar *unidade* numa

---

3 MALDONADO, Luis; FERNÁNDEZ, Pedro. Sinais, gestos, ritos, simbologia e ritualidade litúrgicas. In: BOROBIO, Dionisio (org.), op. cit., pp. 217-235; aqui, pp. 226-228.

4 LEBON, Jean. Para *vivir la liturgia*. Navarra (Espanha): Verbo Divino, 1989, pp. 159-161.

determinada celebração ou num conjunto de celebrações é a repetição de um elemento visual (por exemplo, a cruz com faixa roxa durante toda a Quaresma) ou um refrão ou um gesto simbólico, separando e ao mesmo tempo interligando as várias partes.

5. Alguns exemplos

Em encontros de formação com equipes de liturgia e outros responsáveis pela pastoral litúrgica, foram surgindo roteiros quase sempre a respeito de algum "rito menor" como, por exemplo, a aspersão com água nos ritos iniciais de uma celebração dominical, o acendimento do círio pascal numa vigília dominical do *Ofício Divino das Comunidades*, o salmo responsorial ou a aclamação ao Evangelho numa liturgia da Palavra, a fração do pão ou a distribuição da comunhão eucarística, a adoração da cruz na Sexta-Feira Santa, o "exulte" na Vigília Pascal, a celebração de um Ofício Divino num velório...

Antes de iniciar a análise, podemos conversar mais livremente sobre este rito, a partir da vivência e experiência de cada participante: Quem já participou deste rito? Onde e quando foi? Como foi? O que chamou sua atenção? O que aproveitou para sua vida?...

É importante que todos tenham em mãos o ritual ou uma cópia da parte que será analisada. A pesquisa poderá ser feita em pequenos grupos ou no grupo grande, mas sempre com a colaboração de todos. O papel do formador ou da formadora é fazer perguntas, suscitar a participação e o interesse de todos, confirmar, corrigir ou completar as respostas dadas; o importante é a busca e a descoberta de cada participante.

Todo e qualquer roteiro deve ser adaptado ao rito analisado, ao grupo pesquisador, ao tempo disponível, ao objetivo do grupo ou do momento de formação. Há geralmente dois tipos de perguntas: (1) perguntas que ajudam a *entender* o rito; (2) perguntas que ajudam a *realizar* o rito. É evidente que não é possível preocupar-se somente com o segundo tipo de perguntas, porque ninguém consegue realizar o rito se não o compreende. A seguir, alguns possíveis roteiros, a título de exemplo.

Roteiro 1

Este rito faz parte de qual celebração litúrgica? Onde se situa este rito no conjunto da celebração? (Pertence a qual parte? Em qual momento da "dinâmica do encontro"?). O que vem antes, o que vem depois?

Vejam a sequência de ações e os "atores" envolvidos: Quem faz o quê? Em relação a quem? Qual é o papel de cada ministério? Qual é o papel da assembleia?

Qual a palavra falada que acompanha a ação? Quem fala o quê? De quem? Para quem?

O que dizem os cantos propostos pelo ritual? Quais são o sentido e a função de cada um deles?

Qual é a ação de Deus neste rito? E qual é nossa ação em relação a Deus?

Em qual tempo litúrgico é celebrado?

Em qual espaço é realizado? (Lugar onde acontece a ação; movimento de um lugar a outro; direção dos corpos, do olhar.)

Qual é o sentido deste rito?[5] Qual é a mudança ou atitude que pretende provocar na celebração e na vida? (A partir da análise dos textos das orações, dos gestos, das leituras, dos cantos propostos; conferir com o que e diz a respeito na introdução do ritual. — Sempre que possível, relacionar com os textos bíblicos que iluminam o sentido deste rito.)

Quais são os elementos sensoriais ativados:

  a) cinéticos: posição das várias partes do corpo, movimento (de... para...);

  b) visuais: "coisas para ver";

  c) auditivos: "coisas para ouvir" (música, tom de voz, palavras...);

  d) olfativos: "coisas para cheirar";

  e) táteis: "coisas para apalpar, sentir"?

Quais são os elementos naturais, cósmicos, que aparecem (água, flores, folhagens, fumaça, pedra, areia, madeira) e quais os outros objetos necessários? Quem usa o quê? Para quê? Como?

Seria o caso de inserir alguma música instrumental? Em que momento? Por quê?

---

[5] Podemos distinguir o sentido "objetivo", pretendido pela tradição litúrgica, e sua leitura a partir do contexto eclesial e sociopolítico e cultural. Cf. BUYST, Ione. *Como estudar liturgia*; princípios de ciência litúrgica. 4. ed. São Paulo: Paulus, 2003, pp. 52ss, e a terceira parte do livro, p. 85ss.

Seria o caso de adaptar outros elementos à cultura e realidade da comunidade?

Podemos ainda aplicar as três leis na dinâmica global da celebração, mencionadas acima: a lei do ritmo, a lei da duração e dos contrastes, a lei da unidade:

- Qual é o ponto alto desta sequência de ritos que deve, portanto, receber um destaque maior?
- Onde aplicar a lei dos contrastes (de pé/sentados; caminhar/ficar parado, som/silêncio, música/palavra cantada/palavra falada, tom maior/tom menor, lento/rápido, uma voz/várias vozes, forma litânica/forma estrófica, novo/antigo, conhecido/desconhecido, penumbra/luz...)?
- Teria necessidade de alguma ação simbólica ou algum refrão que ajudariam a criar unidade ou a ligar as várias partes?

Um estudo mais profundo pode eventualmente incluir uma pesquisa histórica, antropológica e comparada, para ampliar o rastro dos gestos simbólicos e para enraizá-los melhor culturalmente, levando em conta a vida cotidiana e a tradição religiosa do grupo celebrante:[6]

- De que modo este mesmo rito é realizado em várias épocas históricas e nas outras Igrejas?
- Qual seu eventual enraizamento na liturgia judaica?
- Há algum rito semelhante (ou equivalente) nas expressões populares do catolicismo no Brasil ou na América Latina, ou nas tradições indígenas ou afro-brasileiras?
- Há algum rito semelhante entre os ritos do cotidiano?
- O que as outras áreas do conhecimento (a psicologia, as ciências da religião, a antropologia, o estudo da arte...) dizem sobre determinado símbolo ou ação simbólica?

ROTEIRO 2

Num curso para formadores de catequistas, quisemos analisar as celebrações próprias do tempo catecumenal propostas pelo RICA (Ritual de Iniciação Cristã de Adultos): rito de instituição dos catecúmenos, celebrações da Palavra, bênçãos, exorcismos e escrutínios, unção com o óleo dos

---

[6] Cf. BUYST, Ione. *Símbolos na liturgia.* 4. ed. São Paulo: Paulinas, 2004; Id. *Celebrar com símbolos.* 2. ed. São Paulo: Paulinas, 2002 (Coleção Celebrar).

catecúmenos, entrega e recitação do "Creio" e do "Pai-Nosso", o rito do *effeta*, a eleição ou inscrição do nome… Cada grupo responsabilizou-se pela análise de uma destas celebrações. Foi entregue o seguinte roteiro de análise:

- Em que etapa do catecumenato está previsto este rito?
- Em que contexto (catequético ou litúrgico) acontece?
- Em que local?
- Qual é a sequência e quais são os elementos do rito (cantos, monições, leituras bíblicas, gestos, posturas, ações simbólicas, palavra que acompanha o gesto, orações…)
- Quem faz o quê em relação a quem (participação da assembleia, dos catecúmenos, dos ministros e ministras)?
- Qual é o sentido teológico (+ referência à história da salvação) implícito neste rito?

Coloquem-se no lugar do catecúmeno. Tentem explicitar (sempre a partir dos textos e outras indicações no ritual):

a) disposição interior que o rito exige;

b) a experiência realizada pelo Espírito Santo através do rito;

c) os frutos da vivência do rito para a vida — O mesmo pode ser explicitado em relação à assembleia e aos ministros e ministras.

- A introdução e as rubricas do ritual explicitam a mistagogia deste rito? Como?

ROTEIRO 3

Com a preocupação de introduzir o método mistagógico nos ensaios de canto a fim de melhorar a qualidade espiritual da música na liturgia, criamos um roteiro para ensaios em três passos: "Partimos de uma descrição e análise ritual do canto em questão; em seguida, aprofundamos o sentido teológico do acontecimento de salvação expresso no canto, partindo de passagens das Sagradas Escrituras. Por fim, focalizamos e assumimos a atitude espiritual que o canto, como ação ritual, propõe e requer".[7] O primeiro passo refere-se à análise do texto e da melodia.

---

[7] BUYST, Ione; FONSECA, Joaquim. *Música ritual e mistagogia*. São Paulo: Paulus, 2008, pp. 13-14 (Col. Liturgia e Música).

"A música é uma ação ritual, expressão ritual de nossa fé, em forma de canto, de música. Como toda a ação ritual, é feita de sinais sensíveis (SC 7) para expressar o mistério de Cristo e nos fazer participantes deste mistério. Quais são estes sinais sensíveis próprios da música ritual? O texto, a música e o contexto litúrgico. O texto (letra) tem a primazia. Olhamos seu conteúdo e sua forma literária, poética (construção do texto, o ritmo, as imagens simbólicas...). Depois analisamos a música (sons, melodia, ritmo, dinâmica, tempo), casada com a letra, expressando o sentido teológico e a espiritualidade própria a cada celebração, a cada tempo litúrgico, levando em conta o momento ritual do canto. Por fim, perguntamos pelo contexto litúrgico, ou seja, a interação deste canto com os outros elementos rituais da celebração: a assembleia e seus ministérios, as leituras bíblicas, as orações, os símbolos e ações simbólicas, as atitudes e movimentos, a própria estrutura e dinâmica da celebração. Primeiro momento de ensaio: deciframos a partitura, ensaiamos as várias vozes, saboreamos a beleza do texto, da melodia, do ritmo... para que possamos cantar bem e corretamente do ponto de vista técnico-musical."[8]

Lembrete final: Nunca é demais lembrar que o objetivo final da análise ritual é uma compreensão maior da ação litúrgica, um desempenho melhor dos ministérios, uma participação ativa, consciente, plena e frutuosa de toda a comunidade celebrante.

---

[8] Ibid., p. 14. O roteiro é explicado no primeiro capítulo e depois aplicado a cada um dos nove cantos analisados ao longo do livro.

7

LITURGIA E MISTAGOGIA[1]

Os ritos são a linguagem feita de palavras e sinais que expressam o mistério de nossa fé e, habitados pelo Espírito, nos permitem sermos atingidos e transformados por este mistério ao longo da vida. Mas há uma condição: que tenhamos sido iniciados. Somente assim seremos capazes de participar ativa e conscientemente da ação litúrgica e compreender esta linguagem feita de sensibilidade simbólica, de cultura bíblica e de abertura ao transcendente. Onde falta esta condição, os ritos perdem sua capacidade de "ativar" o mistério e ficam reduzidos a puro ritualismo. É o que muitas vezes acontece hoje em dia.

Aos poucos, estamos encontrando uma solução, reinventando o caminho da mistagogia, retomando e reaprendendo a iniciação cristã pelo catecumenato e pelas catequeses mistagógicas dos primeiros séculos do cristianismo: em diálogo com a cultura religiosa da sua época, conseguiram criar uma pedagogia eficiente, uma ponte entre: (1) os ritos, (2) o mistério escondido na realidade da vida, revelado ao longo da história da salvação e (3) a vida vivida de acordo com aquilo que celebramos. Muitos estudos e experiências estão sendo feitas no mundo inteiro, desde

---

[1] Textos de referência: TABORDA, Francisco. Da liturgia à catequese; por uma catequese mistagógica dos sacramentos. *RL*, São Paulo, n. 192, nov./ dez. 2005: 4-7; BUYST, Ione. Cinco artigos sobre mistagogia na *RL*, São Paulo, nn. 200 a 204, 2007; COSTA, Rosemary Fernandes da. *A mistagogia e a iniciação cristã de adultos*; o resgate da experiência mistagógica de Cirilo de Jerusalém como referencial para o catecumenato com adultos hoje. Tese de doutorado apresentada ao Departamento de Teologia da PUC-Rio, como requisito parcial para obtenção do título de Doutora em Teologia Sistemático-pastoral. Rio de Janeiro, 2008. Disponível em: <http://www2.dbd.puc-io.br/pergamum/biblioteca/php/mostrateses.php?open=1&arqtese=0420964_08_Indice.html>.

o Concílio Vaticano II, no sentido de substituir a tradicional catequese em preparação aos sacramentos pelo catecumenato e outras formas de iniciação à vida cristã, com dimensão mistagógica.

Neste capítulo, o intuito principal é apontar o lugar da liturgia na mistagogia. Procura-se explicitar: o que é "mistagogia"; qual é sua relação com o "mistério" da vida e com o "mistério da fé" celebrado na liturgia, o mistério do Reino, o mistério pascal de Jesus Cristo; como somos "iniciados", introduzidos, mergulhados, inseridos no mistério pascal de Jesus pelos sacramentos de iniciação cristã e levados cada vez mais profundamente para dentro deste mistério pela participação nas celebrações litúrgicas, fazendo de toda a nossa vida um caminho mistagógico; como a catequese mistagógica nos ajuda a aprofundar e compreender melhor a experiência vivida ao participarmos do mistério celebrado na liturgia e como nos leva a viver de acordo com aquilo que celebramos; como podemos nos inspirar na "mistagogia dos neófitos" para todas as modalidades de catequese e de formação cristã em geral, inclusive de pessoas batizadas sem a devida iniciação; como assumir a mistagogia na formação catequética e também no estudo da liturgia (incluindo os sacramentos); como viver a dimensão mistagógica do ano litúrgico.

1. Mistagogia: o que é?

"Mistagogia" é uma palavra que está sendo bastante usada ultimamente no estudo da catequese, da liturgia, da teologia. O Concílio Vaticano II já havia decidido pela restauração do catecumenato, com seu tempo de *mistagogia*, para as pessoas que aderem pela fé a Jesus Cristo e querem fazer parte da comunidade cristã. O RICA incorporou um tempo de *mistagogia* durante todo o tempo pascal, portanto, depois da celebração dos sacramentos da iniciação cristã (Batismo, Crisma, Eucaristia — normalmente celebrados durante a Vigília Pascal).

Porém, a mistagogia não fica restrita a este tempo específico, chamado pelo ritual de "mistagogia dos neófitos", ou seja, dos recém--batizados. Tanto o DGC (*Diretório Geral para a Catequese*), quanto o

DNC (*Diretório Nacional de Catequese*), insistem na *dimensão mistagógica* de toda a formação cristã. O Papa João Paulo II disse: "É mister [...] que os Pastores encontrem a maneira de fazer com que o sentido do mistério penetre nas consciências, redescobrindo e praticando a *arte 'mistagógica'*, tão querida aos Padres da Igreja."[2] Bento XVI em sua encíclica *Sacramentum Caritatis* (2007) dedica o parágrafo 64 inteiro à mistagogia. Redescobrimos a função *mistagógica* da homilia, embora ainda poucos a coloquem em prática. O método tradicional de catequese vai sendo substituído por um processo catecumenal com dimensão mistagógica. Na teologia litúrgico-sacramental, começa a se impor o *método mistagógico*, no qual se faz teologia partindo da análise do rito e da sua experiência.

Mas, afinal, o que significa "mistagogia"? É uma palavra derivada da língua grega, assim como "liturgia", "catequese", "teologia", "pedagogia", "cirurgia", "Eucaristia", "Batismo", "Crisma", "homilia", "leigo e leiga", "bispo", "presbítero" e tantas outras, que já estão tão incorporadas à língua portuguesa que mal nos damos conta de que têm sua raiz em outro idioma. Assim acontecerá futuramente com "mistagogia", palavra hoje ainda desconhecida para muita gente. "Mistagogia" é composta de duas partes: *mist + agogia. Mist* está relacionado com *mysterion*, "mistério"; *agogia* vem de *ago*, que tem a ver com "conduzir", "guiar". Podemos traduzir: guiar, conduzir para dentro do mistério, ou como propõe Rosemary F. Costa: "conduzir através do mistério", "iniciar ao conhecimento do mistério".[3] Há outras duas palavras relacionadas: (1) "mistagogo" ou "mistagoga" — é a pessoa que realiza a mistagogia, a pessoa que inicia, que conduz ao conhecimento do mistério; (2) "mistagógico" ou "mistagógica" — é o adjetivo derivado de mistagogia; por exemplo, na expressão "catequese mistagógica" ou "método mistagógico".

A palavra "mistério" vem da palavra grega *muein*, "fechar a boca", "calar-se"; é um segredo acessível somente às pessoas que estão sendo

---

[2] Carta apostólica *Spiritus et Sponsa*, por ocasião dos 40 anos da constituição conciliar sobre a sagrada liturgia (SC), 2003, n. 12 (trad. provisória da CNBB).

[3] Cf. op. cit., cap. 2, item 1: "A mistagogia como eixo referencial do catecumenato dos séculos III e IV".

iniciadas, abrindo-lhes o caminho que as leva do mundo visível (da vida, dos símbolos, das ações rituais...) a seu significado escondido. Não se deve falar sobre isso com os não iniciados; na presença deles, boca fechada! As palavras "murmúrio", "mudo", "mistério" derivam da mesma raiz grega (*mu*). "Mística", outra palavra relacionada, significa uma vida mergulhada no mistério.

O que está em jogo na mistagogia? Nada mais, nada menos que nossa relação com o mistério de Deus e de seu Reino, que é o mistério de nossa própria vida e da história, revelado em Jesus Cristo. Ninguém consegue "explicar" Deus e o seu Reino. É impossível reduzir estas realidades a conceitos racionais. É impossível reduzir a fé à aceitação de dogmas ou a um código de moral. É necessário que sejamos "iniciados" no conhecimento do mistério, na comunhão com Deus, não somente com palavras, mas principalmente através de uma *experiência* e — no caso da fé cristã — através de uma experiência *eclesial* e *ritual* do mistério de Cristo, que nos leva a uma vida de fé, centrada na pessoa dele.

É muito conhecida e divulgada a afirmação do teólogo alemão Karl Rahner: "O cristão do século XXI será místico ou não será cristão", porque "Fé vivida somente é viável com base na experiência da proximidade de Deus". Trata-se de "deixar-se cair no mistério maior de Deus".[4] Em ambiente latino-americano, numa carta escrita em preparação à V Assembleia Geral do CELAM, o teólogo Jon Sobrino também sugeriu que, em vez de insistir na mera doutrina, devemos oferecer mistagogia e credibilidade. "Cada vez é mais necessária a *mistagogia* que conduz ao mistério de Deus. Significa introduzir-nos num mistério que é maior, mas que não reduz a pequenez, que é luz, mas que não cega, que é acolhida, mas que não impõe".[5]

Karl Rahner insiste na "mistagogia sobre a liturgia do mundo" como caminho para a "liturgia da Igreja". Ou seja: é preciso levar a pessoa a ir "adquirindo um conhecimento sapiencial sobre esse drama do mundo

---

[4] Ver Albert Raffelt, numa entrevista sobre a teologia de Karl Rahner. Disponível em: <http://www. ihuonline.unisinos.br/index.php?option=com_content&view=article&id=2624&secao=297>. Acessado em: 11/10/2010.

[5] Aparecida: uma assembleia "com Espírito". Carta a Ignacio Ellacuría, disponível em: <www.adital. com.br>. Acessado em: 27/10/2006.

[...]. Depois [...] começa a vir à tona lá do mais íntimo de sua existência [...] a experiência da graça dentro do mundo e para o mundo [...], percorre e penetra toda a história, atingindo justamente na cruz de Jesus o seu ponto culminante, quando a vitória já está garantida [...]. Portanto, já antes de ir à missa, a pessoa crente já está existencialmente vinculada ao drama do Gólgota [...]. Na missa se ergue, de maneira visível e explícita, a cruz que já está cravada no mundo [...]. Ao se expressar na celebração [...], o dom de Deus é reconhecido formalmente [...] na confissão de fé, da doxologia, da palavra e do sinal [...]; ele se personaliza, aprofunda-se, concretiza-se e se esclarece a sua plenitude".[6]

Ou seja, trata-se basicamente de jamais desvincular fé e vida. A iniciação cristã não cultiva uma fé como que sobreposta à ou separada da realidade pessoal, familiar, profissional, social. Leva a compreendê-la e assumi-la a partir de novos parâmetros: o seguimento de Jesus Cristo em função da chegada do Reino de Deus.

2. Comunidades mistagógicas[7]

Para que sejamos capazes de perceber a presença do mistério em nossa vida e no mundo e nos deixar transformar por ele, precisamos passar por uma *iniciação*, um processo de incorporação gradativa na comunidade de fé, com suas crenças, suas escrituras sagradas, seus ritos, sua atuação na sociedade. Ninguém se inicia sozinho. Jesus disse aos discípulos: "A vós foi dado o mistério do Reino de Deus; aos de fora, porém, tudo acontece em parábolas, a fim de que, *vendo, vejam e não percebam; e, ouvindo, ouçam e não entendam*" (Mc 4,10-12; também Lc 8,9-10). Paulo lembra aos cristãos de Corinto: enviado por Cristo, "fui à vossa cidade anunciar-vos o mistério de Deus".[8] E na carta aos

---

6   MALDONADO, L. Sentido mistagógico. In: Id. *A ação litúrgica*; sacramento e celebração. São Paulo: Paulus, 1998, pp. 21-28 (Liturgia e Teologia); é recomendável ler também o capítulo anterior: "Liturgia do mundo e liturgia da Igreja rumo a uma teologia litúrgica", pp. 9-20.

7   Entre outras experiências, temos o catecumenato organizado na Comunidade Batismo do Senhor, em Duque de Caxias, na Baixada Fluminense, a qual é coordenada por Pe. Domingos Ormonde desde 1986. Ele é retratado e analisado sob o aspecto da mistagogia na tese de doutorado de Rosemary Fernandes da Costa, já mencionada antes.

8   1Cor 2,1, trad. do *Lecionário dominical*, V domingo do Tempo Comum, ano A.

Efésios lemos: "Deus nos deu a conhecer o mistério de seu plano de salvação" (Ef 1,9).

A comunidade eclesial é chamada a ser a testemunha, guardiã e anunciadora deste mistério, não somente pela pregação e missão, mas principalmente pela sua vida, sua existência, seu crescimento na fé. É chamada a revelar e introduzir no mistério da fé, a colocar outras pessoas no caminho de Jesus. Assim, a vida eclesial como um todo se torna "mistagógica", fazendo com que seus próprios membros cresçam no conhecimento do mistério e se tornem sinal para os "de fora", oferecendo uma iniciação no caminho de fé para os "simpatizantes" que pedem uma aproximação e futuramente uma adesão como membros da comunidade. E cada comunidade deve descobrir, incentivar, capacitar pessoas que têm o dom da mistagogia e encarregá-las deste serviço, em nome da comunidade.

O ponto de partida da mistagogia é o mistério presente na vida e revelado e celebrado na comunidade de fé. Na convivência e no diálogo com o mistagogo ou a mistagoga, as pessoas que estão sendo iniciadas aprendem a perceber e interpretar a própria experiência do mistério em sua vida; vão descobrindo pouco a pouco a pessoa de Jesus, o Ressuscitado, agindo em sua realidade pessoal, comunitária e social. Como outrora os discípulos e discípulas nas estradas da Galileia e da Judeia, acompanham-no pelo caminho, juntamente com o grupo das pessoas que estão sendo iniciadas e com toda a comunidade eclesial que, carinhosa e discretamente, dá também sua contribuição com sua acolhida, seu interesse, seu apoio, sua amizade, suas orações. A referência objetiva é a história da salvação anotada nas Sagradas Escrituras, e principalmente nos Evangelhos. Mas, diferente da catequese costumeira que é transmissão de conteúdos da fé (dogmas, doutrina) e códigos de moral (os mandamentos), a mistagogia é focalizada na pessoa de Jesus e nossa relação com ele, mediante participação progressiva na comunidade de fé. Como os discípulos e discípulas outrora, somos convidados ao "seguimento" dele no hoje de nossa história, no emaranhado de nossas relações interpessoais e sociais, dando testemunho de sua vida, morte e ressurreição, de sua proposta do Reino.

A atitude básica do mistagogo terá que ser de muito respeito para com os iniciantes, prestando atenção à presença e atuação da graça de Deus que se revela neles, aos sinais da presença do mistério de Deus em suas vidas. E, como um experiente escriba que se tornou discípulo do Reino (cf. Mt 13,52), terá que tirar do tesouro das Sagradas Escrituras as passagens adequadas a cada situação de vida, a cada experiência vivida e relatada pelos iniciantes, a cada acontecimento pessoal ou social, a cada "sinal dos tempos" (GS 4), para revelar-lhes Jesus. Não se trata de "dar aula de Bíblia", mas de iniciar na arte da leitura espiritual das Sagradas Escrituras, a chamada *lectio divina* (ou "leitura orante") e de levar a pessoa a perceber e escutar a voz do Mestre Jesus que fala conosco nas variadas circunstâncias da vida, revelando o mistério e chamando para o seguimento. Quais as qualidades que se esperam das pessoas que assumem este ministério, ou quais deveriam ser os "ingredientes" necessários em sua formação? Podemos apontar cinco elementos: (1) sensibilidade simbólica e ritual; (2) conhecimento litúrgico, adquirido principalmente pela participação atenta, consciente, mística na liturgia da comunidade; (3) conhecimento bíblico (não somente exegético, mas sobretudo teológico-sapiencial, adquirido através da leitura orante da Bíblia na abertura ao Espírito); (4) escuta e observação atenta e espiritual da realidade, em especial dos formandos e formandas; (5) sensibilidade pedagógica.

A atitude básica da pessoa que é iniciada não será a de um aluno ou estudante que vai assimilando e se apoderando de determinados conteúdos. Ao contrário, será convidada a "tirar as sandálias" como Moisés diante da sarça ardente. Deverá aproximar-se do mistério que quer revelar-se pessoalmente e envolvê-la na história da salvação do mundo, numa atitude de escuta, de acolhimento na interioridade, de aceitação, de adesão. Trata-se de descobrir Deus se revelando e atuando. Trata-se também de responder pessoalmente, gradativamente, a esta revelação de Deus em Jesus Cristo, no Espírito Santo, com fé, gratidão, mudança gradual de vida, oração pessoal e comunitária. O caminho da iniciação é um caminho de conversão, de passagem do "homem velho" ao "homem novo",[9] de seguimento de Jesus na comunidade de fé, de aprendizagem jamais concluída da prática do amor.

Entendendo a mistagogia desta forma, ela estará presente desde o primeiro contato evangelizador, passando por todas as fases do caminho catequético ou de catecumenato, tendo seu ponto alto na experiência dos próprios sacramentos da iniciação e das catequeses mistagógicas no tempo pascal. Daí em diante, estaremos equipados para viver toda a vida cristã como caminho mistagógico, até o dia de nossa morte, na qual se completará o mergulho na morte e ressurreição de Cristo, iniciado em nosso Batismo. Momentos fortes neste caminho serão as celebrações litúrgicas ao longo do ano litúrgico, como participação ritual, sacramental, no mistério pascal do próprio Cristo.

3. Liturgia como mistagogia

Em todo o caminho mistagógico, a liturgia ocupa um lugar eminente e insubstituível. "Aquilo que a palavra anuncia e a teologia explica, a liturgia o oferece à experiência da fé, numa comunhão-comunicação, na qual a assembleia está sendo convidada a participar."[10] De fato, o "mistério" é uma realidade tão rica, complexa, abrangente e profunda que é impossível expressá-la ou explicá-la racionalmente. O mistério não é irracional, mas ultrapassa nossa razão. Por isso, só temos acesso a ele por um caminho feito de experiência e de sabedoria, que valoriza o conhecimento simbólico. É por isso que, para expressar e intensificar nossa participação no mistério pascal, e seguindo o mandamento de Jesus ("Façam isto..."), nós o *celebramos* na liturgia, que se vale da linguagem "total" de símbolos, mitos e ritos, os únicos capazes de atingir nosso ser por inteiro.

Ao celebrarmos a liturgia, é o próprio Cristo que nos atinge e nos faz participantes do mistério da comunhão com ele, e com o Pai, no Espírito Santo. Ao tratar do sacramento do Batismo, o *Catecismo da*

---

[9]   Para o sentido da passagem do "homem velho" ao "homem novo", ver: Rm 6,3-11; Gl 3,27-29; Cl 2,12; 3,1-11, entre outras.

[10]   CASTELLANO, Jesús. *El año litúrgico*; memorial de Cristo y mistagogia de la Iglesia. 2. ed. Barcelona: Centre de Pastoral Litúrgica, 1996, p. 43 (Col. Biblioteca Litúrgica, 1).

Igreja Católica fala da "mistagogia da celebração": *"É acompanhando, com uma participação atenta, os gestos e as palavras desta celebração, que os fiéis são iniciados nas riquezas que este sacramento encerra e realiza em cada novo batizado"* (n. 1234). Ou seja, a própria liturgia é "mistagógica", é caminho que nos conduz ao mistério, contanto que seja participada, atenta e conscientemente. Através dos ritos do Batismo somos *iniciados* na morte e ressurreição de Cristo, feitos uma só coisa com ele em sua morte e em sua ressurreição, para deixarmos para trás a vida do "homem velho" e viver a vida de ressuscitados. O Papa Bento XVI o exprime da seguinte forma a respeito da celebração eucarística: "Antes de mais, há que afirmar que, devido à relação entre a arte da celebração e a participação ativa, 'a melhor catequese sobre a Eucaristia é a própria Eucaristia bem celebrada'; com efeito, por sua natureza a liturgia possui uma eficácia pedagógica própria para introduzir os fiéis no conhecimento do mistério celebrado".[11]

De fato, no conceito tradicional de "iniciação", são os ritos (as celebrações litúrgicas) que têm a função mistagógica de nos iniciar, de nos conduzir para dentro do mistério, e não o ensino catequético, como pretende o conceito moderno.[12] Através dos ritos, o próprio Deus nos atinge, nos toca, nos transforma. Daí, o nome dado aos três sacramentos fundamentais (Batismo, Confirmação, Eucaristia): "sacramentos da *iniciação* cristã", que, salvo "grave necessidade pastoral", devem ser celebrados na Vigília Pascal anual (RICA 49). O RICA lembra, falando destes sacramentos: "A iniciação cristã é a primeira participação sacramental na morte e ressurreição de Cristo" (n. 8).

O que dissemos do Batismo, da Confirmação e da Eucaristia vale igualmente para todos os outros sacramentos e sacramentais, assim como para todas as ações litúrgicas (liturgia da Palavra, Liturgia das Horas ou Ofício Divino, liturgia pelos fiéis defuntos...) e de todos os elementos de que é composta a liturgia (assembleia e ministérios, leituras e homilia, salmos e hinos, orações e preces, música e canto,

---

[11] *Sacramentum Caritatis*, n. 64.
[12] G. Y., PIERRE-MARIE. La notion chrétienne d'initiation; jalons pour une enquête. In: *LMD*, Paris, 132, 1977/4: 33-54.

gestos e movimentos, meditação e silêncio...). São ações de Cristo e de seu Espírito que nos conduzem sempre mais profundamente para dentro do mistério pascal e da comunhão trinitária. Também as breves introduções, ou convites (após a saudação, antes das leituras, antes da liturgia eucarística...), devem ter um caráter mistagógico. A organização do espaço litúrgico não pode ser pensada apenas para ser funcional, mas para nos conduzir para dentro do mistério. O ano litúrgico é um caminho mistagógico que nos é oferecido e pelo qual vamos progredindo na vida cristã, ano após ano, e pelo qual vamos progredindo, vivenciando profundamente, conscientemente, as várias facetas ("mistérios") do único Mistério de Cristo: nascimento, missão, paixão, morte, ressurreição, envio do Espírito, parusia...

Este é o caminho próprio da liturgia: vai do rito ao mistério, da ação para a compreensão, da exterioridade para a interioridade, do visível ao invisível, dos sinais sensíveis para a realidade de fé invisível. É o caminho da mediação simbólica. As expressões litúrgicas são consideradas como *mysteria*, ação de Deus. De nossa parte, é preciso, antes de tudo, prestar atenção aos nossos sentidos, aprender a ver, ouvir, apalpar, cheirar... e fazer com que nossa mente se coloque de acordo com esta experiência dos sentidos. Como bem diz a expressão clássica: *Mens concordet voci*, que a mente se coloque de acordo com a voz.[13] Assim, ao longo de nossa vida, a liturgia nos insere sempre mais profundamente no mistério de Cristo até nossa morte, chegada final do caminho "místico" iniciado no Batismo.

Para cumprir esta sua função mistagógica, a liturgia não pode ficar reduzida à realização de gestos mágicos, rotineiros ou puramente estéticos ou devocionais. É preciso prestar atenção e deixar cada palavra, cada gesto, cada movimento... revelar o mistério "contido" neles e no qual nos faz mergulhar: o mistério celebrado na liturgia, o mistério de Deus, o mistério de Cristo, o mistério do Reino, o mistério da vida, o mistério da história, o nosso próprio mistério.

---

[13] Para todo este parágrafo, cf. POLFLIET, Joris. A la recherche d'une spiritualité de la célébration liturgique. *Questions Liturgiques*, Leuven, 83 (2002), 217-299; aqui pp. 222-223.

4. O segredo da liturgia: mística "no" corpo

Quando se fala em "mística", muita gente imagina algo bem "espiritual", etéreo, celestial, algo "fora do corpo", que não tem nada a ver com nossa sensibilidade. São Paulo, para se referir a um encontro místico dele com Deus, diz que não sabe se isto aconteceu "no corpo" ou "fora do corpo" (2Cor 12,2). Hoje, as neurociências nos ensinam que toda a percepção humana, todas as nossas experiências, todo o nosso conhecimento — do mais elementar ao mais sofisticado, do mais sensorial ao mais racional, dos relacionamentos afetivos às pesquisas científicas... — passam necessariamente pelo corpo. Aliás, não há mais como considerar separado nosso "corpo físico" de nossa vida psíquica e espiritual. Citando como exemplo a ação do bailarino e de um jogador de futebol, um autor diz a respeito do corpo:

> muito mais que um agregado de matéria, ele é um foco de energias poderosas e ágeis, uma maravilha de equilíbrio sempre rompido e sempre restaurado, uma unidade que se exprime, se comunica e age. Esse aglomerado de células vivas sustenta e nutre funções que, por sua vez, desenvolvem uma vida psíquica pela qual nossa energia viva atinge as regiões da afetividade superior, da inteligência e da vontade, onde desabrocham nossos atos livres; assim se vão aos poucos tecendo nossa vida pessoal e nossa história social...[14]

Curiosamente, Frei Betto, com o mesmo exemplo do balé, parece dizer o oposto:

> Uma outra expressão da mística é a arte. Só há verdadeira arte quando se consegue estar "fora do corpo". No balé os movimentos do corpo são uma forma alada de expressar algo intangível, cujo desenho é pincelado pela música e transcende a sequência dos gestos da bailarina. Não se dança com a cabeça nem com os membros. Dança-se com a alma, numa entrega de si ao ritmo e à melodia que só vibra com densidade artística quando se está "fora do corpo".[15]

Há certamente uma maneira de dançar, comer, cantar, celebrar... que reduz o "corpo" à sua dimensão de "materialidade", como se fosse uma

---

[14] POUSSET, Eduard. Corpo e espírito, superar o dualismo. *Grande Sinal*, Petrópolis, (56), pp. 480-490; aqui, p. 484, jul./ago. 2000/4. Já citado no item 2 do capítulo 5.

[15] Ver: <www.adital.com.br>, 24 de nov. 2006. Título do artigo: "Fora do corpo".

máquina de andar, comer, relacionar-se... e é a isso que alude certamente Frei Betto. Porém, sendo seres humanos, somos chamados a vivenciar nosso corpo e todo o nosso ser em sua dimensão espiritual. Somos chamados a dançar, escrever, comer e beber, orar e celebrar, não "fora do corpo", mas "no" corpo, deixando que as energias psíquicas e espirituais (a alma!), brotando do corpo, nos levem a expressar e experienciar o intangível, o invisível, o inominável, a presença escondida, o mistério. "Fora do corpo" deixamos de ser gente e corremos o risco de desencontrar d'Aquele que se fez "corpo", se fez "carne", se fez "história" para se encontrar conosco e nos fazer entrar no mistério da comunhão (cf. Jo 1,14-18; 1Jo 1,1-4).

É nesta lógica da encarnação que se situa o segredo da liturgia, o mistério dos ritos. Na comunidade reunida para celebrar seu memorial, o Cristo vem ao nosso encontro e nos "toca", nos atinge, nos mergulha nas águas, nos unge com o Espírito, nos fala, nos oferece o pão e o vinho, nos transforma. Pela mediação simbólica do corpo (templo do Espírito!) nos leva à comunhão mística, que haverá de marcar todas as dimensões de nossa vida (relacionamentos, profissão, atuação na sociedade...).

Duas coisas chamam nossa atenção e são absolutamente necessárias para podermos falar de um sacramento cristão: primeiro, a ação ritual, ou seja, o "sinal sensível"; segundo, o mistério (invisível) que habita o rito. Quem percebe apenas o sinal sensível, o lado "de fora", digamos assim, não vive o sacramento, não tem acesso ao mistério. Também não vive o sacramento quem não presta atenção ao sinal sensível, quem não vive profundamente, na fé, a ação ritual, que nos dá acesso ao mistério. E, é claro, há um terceiro item que vem completar estes dois: a vida compreendida e vivida conscientemente de acordo com aquilo que cremos e celebramos. Portanto, o acesso ao mistério de nossa fé e a experiência deste mistério passam necessariamente pela experiência ritual na qual espiritualidade e corporeidade são inseparáveis.

5. A mistagogia dos neófitos

Os sacramentos da iniciação cristã (Batismo, Confirmação, Eucaristia) são o ponto alto da entrada de uma pessoa na comunidade de fé. No entanto, a formação deve se prolongar ainda por todo o tempo pascal na chamada "mistagogia dos neófitos", ou seja, dos que acabam de passar pelos sacramentos da iniciação, os "recém-batizados". Este tempo, "que dura todo o período pascal, é consagrado à 'mistagogia', assinalada pela nova experiência dos sacramentos e da comunidade". Esta é a proposta do RICA (n. 7), baseada na antiga prática dos Santos Padres dos séculos III-IV, e que propõe e provoca uma mudança em nossa prática pastoral.

O n. 37 explicita: "Terminada esta última etapa [que consiste na celebração dos sacramentos da iniciação], a comunidade unida aos neófitos, quer pela meditação do Evangelho e pela participação da Eucaristia, quer pela prática da caridade, vai progredindo no conhecimento mais profundo do mistério pascal e na sua vivência cada vez maior. É este o último tempo da iniciação, isto é, o tempo da 'mistagogia' dos neófitos". Em que consiste, pois, esta mistagogia? Numa progressão de duas coisas: "no conhecimento cada vez mais profundo do mistério pascal" e "na sua vivência cada vez maior". Quais são os meios empregados para levar a este conhecimento e esta vivência do mistério pascal? O texto aponta três meios: a meditação do Evangelho, a participação da Eucaristia e a prática da caridade. E quem é convidado a fazer este caminho de progressão? A comunidade unida aos neófitos, ou seja, trata-se de um empreendimento eclesial, de uma experiência de crescimento na fé de toda a comunidade.

"Lugar primordial" desta mistagogia dos neófitos (recém-batizados) são as missas dos domingos de Páscoa, também chamados de "missas pelos neófitos". O Lecionário do ano A prevê leituras próprias, mais adequadas para este tempo de mistagogia (cf. n. 40). É de se supor que as homilias destes dias sejam verdadeiras "catequeses mistagógicas", no estilo dos Santos Padres, aprofundando e explicitando a "experiência dos sacramentos", levando a um "conhecimento mais completo e frutuoso dos 'mistérios'. Temos, portanto, a experiência pelo fato de participarmos da ação ritual, e temos o aprofundamento desta experiência na catequese mistagógica" que nos faz compreender melhor o mistério que celebramos, para que dê frutos na prática da vida cristã. Esta experiência, "que todo cristão possui", não se limita ao tempo da "mistagogia dos neófitos", mas "cresce pela prática da vida cristã"; nela, os neófitos "adquirem novo senso da fé, da Igreja e do mundo" (cf. n. 38). Ou seja, a "mistagogia dos neófitos" acaba num tempo determinado (normalmente o tempo pascal), mas o "método" (caminho) iniciado e aprendido neste tempo é para ser trilhado ao longo de toda a nossa vida. Somos chamados a uma vida mística, uma vida mergulhada no mistério de Cristo.

Podemos reencontrar esta dupla vertente da mistagogia dos neófitos (experiência do mistério celebrado aprofundada na catequese mistagógica) na definição de mistagogia dada no glossário do DNC: "Mistagogia — palavra grega que significa iniciar nos mistérios da salvação. A mistagogia é a própria ação celebrativa que introduz os cristãos em assembleia, como participantes do mistério da salvação: leva à comunhão com o Pai em Jesus Cristo, sob a ação do Espírito Santo. Catequese mistagógica é a que introduz ao significado da liturgia, seus ritos e sinais". Poder-se-ia dizer também: a catequese mistagógica *aprofunda, faz tomar consciência e compreender melhor* a experiência ritual e a participação no mistério que acontece na celebração do sacramento e na vida.

Uma pergunta que às vezes se coloca: por que as catequeses mistagógicas eram dadas *depois* da celebração dos sacramentos da iniciação? Antes de mais nada, porque naquele tempo (até o séc. VI) era praticada a chamada "disciplina do arcano", que mandava guardar segredo a respeito dos "mistérios" da fé, seja da doutrina, seja dos sacramentos. Não se podia revelar nada disso aos não batizados, para evitar mal-entendidos, gozações e até perseguições. E, assim, havia para os batizandos o "elemento psicológico da surpresa" que destacava de certo modo "a eficácia da experiência espiritual" do sacramento.[16] Mas devemos nos perguntar: seria necessário manter esta prática hoje em dia, visto que, no Brasil, a fé cristã com seu credo e seus ritos fazem parte da cultura geral? Quem nunca viu um batizado, uma missa, um casamento, um enterro...? A entrada é livre! Onde fica o elemento psicológico da surpresa? Talvez uma abordagem catequética com dimensão mistagógica *antes* da celebração dos sacramentos possa evitar a rotina e a superficialidade, abrindo espaço

---

[16] Cf. SARTORE, Domenico. Catequese e liturgia. In: SARTORE, D.; TRIACCA, A. M. (org.). *Dicionário de Liturgia*. São Paulo: Paulinas/Paulistas, 1992, p. 180.

para uma vivência verdadeira, espiritual? É, certamente, uma questão a ser levada em conta.

De qualquer modo, é de suma importância que, após a celebração dos sacramentos de iniciação, haja um tempo para aprofundamento daquilo que aconteceu e das consequências disso para a vida daqui em diante.

6. Mistagogia dos neófitos e catequese iniciática pós-batismal

Está havendo atualmente uma preocupação com as pessoas já batizadas, porém, sem terem passado pelo devido processo de iniciação: sem terem sido inseridas numa comunidade viva de fé, sem terem feito um caminho de conversão para uma vida de acordo com o Evangelho e sem terem participado de um processo catequético com dimensão mistagógica que as fizesse *compreender* mais profundamente o mistério vivido e celebrado. Trata-se de cristãos que "receberam os sacramentos sem fé pessoal e precisam ser chamados a uma consciência mais profunda", conforme expressão do liturgista italiano Domenico Sartore.[17] Para estas pessoas, é preciso organizar uma catequese "pós-batismal" que, de certa forma, assuma algumas características tanto do catecumenato, quanto da mistagogia dos neófitos.

O DGC expressa esta preocupação e coloca o catecumenato batismal como referência e "modelo inspirador para a ação catequizadora" (n. 90), mesmo para as pessoas que já foram batizadas. Esta inspiração diz respeito tanto aos conteúdos, quanto à pedagogia e métodos.[18] No final do n. 91, lemos: "A concepção do catecumenato batismal, como *processo formativo* e *verdadeira escola de fé*, oferece à catequese pós-batismal uma dinâmica e algumas notas qualificativas: a intensidade e a integridade da formação; o seu caráter gradual, com etapas definidas; a sua vinculação com ritos, símbolos e sinais, especialmente bíblicos e litúrgicos; a sua constante referência à comunidade cristã".

[17] Ibid., p. 180 (item 3: "Mistagogia").
[18] Ver prefácio do RICA e nn. 88-91.

O RICA, no capítulo 4, oferece orientações precisas de "Preparação para a confirmação e a Eucaristia de adultos que, batizados na infância, não receberam a devida catequese" (nn. 295-305). Mas há inúmeras pessoas que "receberam" os três sacramentos da iniciação, sem o preparo necessário.

A base para a catequese com estas pessoas é o próprio Batismo já "recebido" (DGC, n. 90) e também a experiência anual da Vigília Pascal na qual celebramos o mistério da páscoa de Cristo e nossa inserção neste mistério. De fato, "A Vigília Pascal, centro de liturgia cristã, e sua espiritualidade batismal são inspiração para toda a catequese".[19]

Uma interessante proposta de experiência catequética neste sentido foi lançada pela Comissão de Catequese e Catecumenato do episcopado católico da França, com o projeto *Aller au coeur de la foi* ("Ir ao coração da fé"), em novembro de 2002.[20] Convocaram todas as comunidades cristãs a "ir ao coração da fé, tal como a Vigília Pascal nos possibilita viver a cada ano",[21] porque precisamente esta vigília é o ponto alto da iniciação cristã. Concretamente, ofereceram um roteiro de catequese mistagógica evocando a experiência da participação dos fiéis em cada uma das quatro partes da Vigília Pascal, destacando os símbolos e ações rituais mais importantes com seu sentido teológico-espiritual e apontando ainda para a missão das pessoas batizadas na sociedade. O roteiro prevê cinco etapas: "Luz no coração do mundo", "Uma Palavra viva", "Tocados pelo Cristo", "Tornar-se corpo de Cristo", "Envio".[22] Imagino catequistas se espalhando por todo o Brasil, nas comunidades de base, nos grupos de oração, nos quarteirões..., reunindo as pessoas interessadas numa preparação espiritual para a Vigília Pascal, ou partilhando a experiência desta celebração durante as semanas do tempo pascal.

Outra possibilidade seria certamente dar uma atenção maior às celebrações da Quaresma, tradicional momento para a preparação próxima aos sacramentos da iniciação e caminho de conversão em preparação à

---

[19] DGC 91,3; cf. RICA 8; DNC 49c.
[20] COMMISSION ÉPISCOPALE DE LA CATÉCHÈSE ET DU CATÉCUMÉNAT. *Aller au coeur de la foi*; questions de l'avenir pour la catéchèse. Paris: Bayard/Cerf/Fleurus-Mame; 2003.
[21] Ibid., p. 12.
[22] Ibid., pp. 31-59.

Vigília Pascal com sua renovação das promessas batismais. Onde houver catecúmenos se preparando para os sacramentos de iniciação na Vigília Pascal, toda a comunidade deverá ser envolvida neste processo, principalmente nas celebrações dominicais. Onde não houver catecúmenos, poderíamos organizar grupos de leitura orante semanais com os Evangelhos dos domingos da Quaresma, que certamente são mais adequadas para nos preparar à grande Vigília Pascal do que as costumeiras vias-sacras e outras práticas devocionais. Também a Campanha da Fraternidade, experiência forte de evangelização e engajamento social, fica um tanto desligada da caminhada litúrgica; seria o caso de integrar melhor as duas coisas.

Uma terceira proposta, muito simples, mas profunda, sugere uma catequese de cunho mistagógico no final das liturgias celebradas ao longo do tempo catecumenal. Terminada a celebração, inicia-se uma conversa informal, mantendo o clima da celebração. Perguntas simples podem provocar uma troca em profundidade sobre a experiência vivida: "Que tal nossa celebração?... O que foi importante para vocês?". A partir das respostas do grupo e na medida de seu interesse e do tempo disponível, vai se aprofundando o sentido cristão de alguns dos gestos e ações simbólicas, do espaço e do tempo litúrgico, relacionando sempre com a história da salvação (a partir de textos bíblicos e litúrgicos), relacionando também com as experiências de vida e nossa missão como cristãos na sociedade. Mistério celebrado e mistério vivido se "explicam" e complementam mutuamente na experiência ritual e nos levam a uma compreensão profunda de nosso ser cristão.

Evidentemente, a catequese pós-batismal não se restringe a estes momentos. Apenas quis ressaltar a relação desta catequese com a mistagogia dos neófitos (recém-batizados): em ambas, parte-se da experiência litúrgico-sacramental.

7. Prática catequética mistagógica

Até agora falamos da mistagogia com os recém-batizados, assim como de uma formação com dimensão mistagógica para pessoas já batizadas, mas sem terem sido devidamente iniciadas. No entanto, o desafio maior atualmente é a passagem da catequese costumeira para uma verdadeira *iniciação*, um caminho catecumenal com sua dimensão mistagógica e que, portanto, inclua a liturgia.

Na prática pastoral, há um indisfarçável abismo entre catequese e liturgia. Para levar a sério o caminho mistagógico apontado pelo RICA, teremos que levar em conta esta realidade e construir as necessárias pontes entre estas duas áreas da pastoral. A catequese não pode continuar ignorando a primazia da liturgia enquanto celebração memorial que permite nossa participação sacramental no mistério da morte e ressurreição do Senhor. Ao celebrarmos a liturgia, é o próprio Cristo que nos atinge e nos faz participantes do mistério da comunhão com ele, e com o Pai, no Espírito Santo. A catequese é importante e indispensável meio pedagógico, mas não pode ignorar ou querer substituir a liturgia na formação de novos cristãos e cristãs.

No atual momento cultural chamado de pós-modernidade, caracterizada por uma maior consciência dos limites da razão e de uma busca de transcendência e de espiritualidade e mística, abre-se uma nova possibilidade para a liturgia como caminho mistagógico, principalmente em relação ao novo processo catequético que está se delineando. Domenico Sartore aponta a razão antropológica e teológica da importância da liturgia:

> Preocupada com o anúncio e com a sua tradução para a vida concreta, [a catequese] parece por vezes menos sensível ao momento celebrativo [...]. Hoje, as ciências humanas têm principalmente evidenciado a função da experiência simbólico-ritual na vida humana, mas é sobretudo o papel da liturgia na história da salvação e na vida da igreja que determina o seu significado para a catequese [...]. O valor insubstituível da liturgia para a catequese, como para a reflexão teológica, depende da condição sacramental da igreja, pelo fato de que ela se constrói de maneira mais existencial onde a comunidade celebra a liturgia. A realidade eclesial aparece de modo mais visível na liturgia, *culmen et fons* ["cume e fonte"], da vida da Igreja. Este princípio teológico tem fundamento antropológico no fato de que toda experiência humana, individual ou comunitária, recebe a sua estatura plena pela via da experiência simbólica, que confere forma plena aos sentimentos e às disposições íntimas, compromete o ser humano com todas as suas faculdades, realiza a comunhão mais completa.[23]

---

[23] SARTORE, D. Catequese e liturgia. In: SARTORE, D.; TRIACCA, A. M. (org.), op. cit., p. 175.

Há ainda outro aspecto relacionado com esta questão: a cultura latino-americana. Victor Codina, ao falar dos sacramentos da iniciação cristã, nos lembra que a abordagem simbólica nos aproxima muito mais da maneira de pensar do povo na América Latina. Pergunta ainda se "exploramos suficientemente toda a riqueza bíblica e litúrgica do simbolismo batismal que, por seu caráter intuitivo e visível, é mais fácil de compreender e de viver que outras explicações mais racionais do Batismo [...]. Não deveríamos situar a liturgia batismal no centro da catequese do Batismo [...] destacando e enriquecendo todas as suas dimensões simbólicas? [...] Uma visão excessivamente secular e ética da liturgia sacramental fere a sacramentalidade em seu núcleo simbólico e provoca uma lenta depauperação da própria fé. Pelo contrário, um maior aprofundamento da simbologia batismal pode fazer compreender e viver com maior facilidade toda a dimensão libertadora e renovadora do Batismo cristão".[24] Isto vale também evidentemente para todas as celebrações litúrgicas e para a formação litúrgico-catecumenal como um todo.

O RICA fala explicitamente da "mistagogia dos neófitos". Porém, na verdade, a mistagogia marca a caminhada da iniciação *como um todo* e não somente sua última etapa. Como entender isso? Rosemary Costa destaca: "O liturgista D. Ormonde[25] sublinha que no RICA subjaz a compreensão de que em todo o processo catecumenal se realiza a mistagogia, pois em cada tempo se realiza, processualmente, a introdução no Mistério de Cristo e da Igreja vivido no ano litúrgico, nos ritos do próprio Catecumenato, nas celebrações da Palavra, na liturgia, de modo geral, e na oração pessoal.[26] Na interpretação de D. Ormonde, a mistagogia é compreendida pelo RICA como eixo teológico. É dela que nascem sua estrutura e suas práticas rituais e litúrgicas".[27]

---

[24] CODINA, Victor; IRARRAZAVAL, Diego. *Sacramentos da iniciação*; água e espírito de liberdade. Petrópolis: Vozes, 1988, pp. 78 e 96-97 (Col. Teologia e Libertação).

[25] O liturgista citado é o padre-monge Domingos Ormonde, mestre em liturgia, que orienta a Casa de Oração Batismo do Senhor e que introduziu ali o processo catecumenal para jovens e adultos não batizados, assim como para batizados não devidamente iniciados. Ele não é somente um estudioso do assunto, mas alguém que abriu um caminho pastoral novo em sua comunidade, a partir das orientações do RICA.

[26] Cf. ORMONDE, D. O tempo da mistagogia. In: *RL*, 182, mar.-abr. 2004, p. 24.

[27] Op. cit., 3.2.1: "Gênese e formação do grupo de catecumenato com adultos".

Entendido desta forma, todo o processo da iniciação é considerado um *caminho sacramental*, no qual o agente principal é o próprio Cristo, unido à sua Igreja. Isto fica claro ainda numa afirmação do então Cardeal Joseph Ratzinger em 1982, o atual Papa Bento XVI:

> De um lado [...] o catecumenato é uma parte do sacramento: não um ensinamento prévio, mas uma parte integrante deste. De outro lado, o sacramento não é um simples rito litúrgico, mas um processo, uma longa caminhada que mobiliza todas as forças do ser humano, inteligência, vontade, sentimento.[28]

Pesquisando a mistagogia nas célebres Catequeses de Cirilo de Jerusalém, Rosemary F. Costa pergunta: "O que vem antes e o que vem depois? Qual seria o processo mistagógico? Experimentar o mistério pascal e só depois buscar compreender e interpretá-lo através da Palavra? Ouvir a Palavra e compreendê-la para melhor saborear o mistério do qual participa?" E ela responde:

> Cirilo tem dois procedimentos, antes e depois da experiência sacramental. Nas "Catequeses Pré-Batismais", Cirilo prepara os neófitos para o Mistério que irão experimentar através do caminho da Sagrada Escritura. Ela é a mestra, é fonte que revela os conteúdos doutrinais a serem trabalhados [...]. Após os sacramentos da Iniciação, nas "Catequeses Mistagógicas", Cirilo desenvolve a catequese a partir da experiência litúrgico-sacramental [...], momento de imersão da pessoa inteira no Mistério pascal do qual participa.[29]

Na prática, como organizar este processo, esta longa caminhada catecumenal de caráter sacramental? Inspirando-se no antigo catecumenato, o RICA (n. 19) aponta quatro meios essenciais deste período de formação que se estende entre a expressão explícita da vontade dos candidatos a se tornarem membros da comunidade de fé e sua efetiva inserção pelos sacramentos da iniciação cristã. O primeiro meio é um conjunto de encontros de *catequese*, em etapas, relacionada com o ano litúrgico, apoiada nas celebrações da Palavra que tem como meta não só o conhecimento dos dogmas e preceitos, mas a *"íntima percepção*

---

[28] RATZINGER, Joseph. *Les principes de la théologie catholique, esquisse et matériaux.* Paris: Tequi, 1982, p. 36.
[29] Op. cit., 3.2.2.1: "Articulação entre Sagrada Escritura e liturgia".

do mistério da salvação de que desejam participar". O segundo meio é a prática progressiva da vida cristã, caracterizada por uma conversão, mudança de mentalidade e costumes, passando — na expressão de São Paulo — do "homem velho" ao "homem novo" em Cristo Jesus, seguindo as inspirações de Deus, praticando a caridade para com o próximo até à renúncia de si mesmo; tudo isso com a ajuda dos introdutores, padrinhos, catequistas e toda a comunidade. O terceiro meio são os *ritos litúrgicos apropriados*; ou seja, as liturgias próprias do catecumenato e — notemos bem — *sem* participação na celebração eucarística![30] O quarto meio é a aprendizagem do testemunho de vida e profissão de fé com participação na vida e missão da comunidade eclesial.

Ao lado dos outros três meios, a liturgia aparece como caminho indispensável, insubstituível e central. As liturgias próprias deste tempo expressam claramente a ação transformadora do Espírito de Deus nos catecúmenos; para uma pessoa tornar-se cristã, para entrar numa vida de seguimento de Jesus Cristo e de comunhão com Deus, não bastam o ensino, o aprofundamento das Sagradas Escrituras e a frequência às atividades da comunidade. A liturgia, de fato,

> favorece uma experiência vivencial da singularidade cristã, que não é algo ensinado, mas absorvido, degustado, experimentado [...]. É lugar de mergulho dos cristãos no mistério pascal [...]. Aflora deste modo o caráter celebrativo da fé na catequese: a antiga "aula de catequese" transfigura-se em "encontro" com o mistério de Deus em Jesus Cristo pela ação de seu Espírito presente entre nós [...]. O material didático [...] cede espaço ao material celebrativo — oração, partilha, silêncio, meditação, Palavra de Deus [...], reabilitando o que a fé cristã tem de mais genuíno: seu caráter mistagógico.[31]

---

[30] Assim lemos no RICA, final do n. 19, item 3: "Promovem-se para eles celebrações da Palavra e lhes é proporcionado o acesso à liturgia da Palavra junto com os fiéis, a fim de se prepararem melhor para a *futura* participação na Eucaristia. Habitualmente, porém, quando comparecerem à reunião dos fiéis, devem ser delicadamente *despedidos* antes do início da celebração eucarística, se isso não acarretar grandes dificuldades, pois precisam esperar o Batismo pelo qual serão agregados ao povo sacerdotal e delegados para o novo culto em Cristo" (grifo meu). Afirma-se, portanto, a participação dos catecúmenos na liturgia da Palavra da assembleia dominical da comunidade, *sem* a participação na liturgia eucarística, pelos motivos apontados. No entanto, esta regra deverá ser avaliada pastoralmente em cada situação, porque no Brasil a missa faz parte da cultura religiosa, e não é costume recusar alguém em tomar parte.

[31] CARMO, Solange Maria do. Desafios da catequese no cenário da pós-modernidade. *Vida Pastoral*, São Paulo, ano 51, n. 272, pp. 16-32, maio-jun. 2010; citação na p. 20.

Quais são estas liturgias próprias que vão se realizando ao longo de todo o tempo de iniciação? O RICA prevê e descreve: (1) a celebração da entrada no catecumenato (nn. 68-97); durante o catecumenato: celebrações da Palavra, primeiros exorcismos, bênçãos, e ritos de passagem como, por exemplo, entrega do "Símbolo" (Creio...), da Oração do Senhor (Pai-Nosso), o rito do "Effeta", a unção com o óleo do catecúmenos (nn. 98-132). Para o tempo da purificação e iluminação (normalmente durante a Quaresma), encontramos: celebração da eleição ou inscrição do nome; escrutínios (no 3º 4º e 5º domingo da Quaresma) e entregas (nn. 133-192); ritos de preparação imediata na manhã do Sábado Santo... E, por fim, é claro, os sacramentos da iniciação cristã — Batismo, Confirmação, Eucaristia — na Vigília Pascal.

Todos estes ritos são organizados pedagogicamente ao longo das várias etapas do catecumenato, marcando inclusive a passagem de uma fase a outra, levando em conta o ano litúrgico. Assim, não se trata mais de oferecer catequese em preparação aos sacramentos, mas de garantir uma iniciação à *vida* cristã, num processo catecumenal, que leva a sério a liturgia como fonte da catequese, juntamente com as Sagradas Escrituras, como necessário caminho para o encontro com Jesus Cristo e a gradativa inserção em seu mistério pascal.

E aí está o desafio. No Brasil, na área da catequese e também da Bíblia e da teologia, há uma enorme desconsideração e um desconhecimento da liturgia como realidade teologal. A "liturgia" é considerada como uma auxiliar da catequese, "ajuda a guardar e assumir profundamente o que foi descoberto na caminhada [catequética]".[32] É valorizado apenas no seu aspecto pedagógico e antropológico, para reforçar os conteúdos apresentados e facilitar sua assimilação; para atingir os sentimentos e tornar as "aulas" menos pesadas, mais atraentes. A "liturgia" chega a ser tratada em igualdade com as inúmeras "dinâmicas" que recheiam os manuais de catequese. Encontramos até livros inteiros sugerindo e descrevendo minuciosamente estas "criatividades", inclusive para as celebrações eucarísticas, destruindo por completo a dinâmica da

---

[32] CNBB. *Iniciação à vida cristã*; um processo de inspiração catecumenal. Brasília: CNBB, 2009, n. 92, p. 56 (Col. Estudos da CNBB, 97).

Aliança, própria da liturgia, como diálogo entre o Senhor e o seu povo, como ação simbólica, ritual, pascal, presença do "mistério", formadora e transformadora. O DGC constata problema semelhante na Igreja espalhada pelo mundo inteiro:

> A catequese é intrinsecamente ligada a toda a ação litúrgica e sacramental. Muitas vezes, porém, a praxe catequética apresenta uma ligação fraca e fragmentada com a liturgia: atenção limitada aos sinais e ritos litúrgicos, pouca valorização das fontes litúrgicas, percursos catequéticos que pouco ou nada tem a ver com o ano litúrgico, presença marginal de celebrações nos itinerários de catequese.[33]

Na raiz deste problema temos um confronto de duas maneiras de compreender a liturgia. De um lado, a liturgia é considerada como uma "dinâmica", um enfeite, uma "franja", a parte sensível, cerimonial e decorativa do *culto*, que — este último, sim — é considerado essencial.[34] Junta-se a isso a desconfiança do racionalismo em relação à expressão simbólica e à liturgia vivida apenas como devoção, como cura, ou oportunidade de uma experiência religiosa subjetiva. Do outro lado, temos a liturgia como sacramento, como mistério, como presença e ação transformadora, pascalizante, do Pai, de Cristo Ressuscitado, do Espírito Santo, através das ações simbólicas memoriais realizadas pela comunidade de fé, reunida em assembleia. A partir do Concílio Vaticano II, houve uma retomada desta concepção mistérica da liturgia, própria dos inícios do cristianismo e do primeiro milênio e que se perdeu ao longo do segundo milênio. Hoje, esta segunda maneira de pensar a liturgia tem chance de encontrar uma revalorização na esteira da antropologia cultural que valoriza a linguagem simbólica e a ritualidade.

8. O caminho mistagógico: do rito ao mistério

Afirmamos que a própria liturgia é mistagógica, ou seja, que ela nos leva a participar do mistério que aos poucos vai transformando a

---

[33] DGC 30 (quinto parágrafo).
[34] The essencial is worship, the liturgy is only a fringe. In: LAMBERTS, Jozef. Liturgical studies: a "marginal phenomenon"? *Questions Liturgiques*, Leuven, pp. 139-150, 81 (2000).

nossa vida. Porém, há várias condições para que isso aconteça de verdade. Há muita gente que vai à missa, assiste a batizados, casamentos e velórios..., mas nunca aprendeu a passar da "materialidade" dos ritos para seu sentido simbólico, seu "mistério", seu "segredo", a realidade que se esconde nos ritos.

Tomemos como exemplo o sacramento da Confirmação. No momento central desta celebração, o presidente (normalmente o bispo) convida todo o povo a pedir a Deus, em silêncio, que envie seu Espírito Santo sobre as pessoas a serem confirmadas. Depois, impõe as mãos sobre todos os confirmandos e confirmandas e pede a Deus que lhes envie o Espírito Santo Paráclito, com todos os seus dons. Em seguida, unge a fronte de cada pessoa a ser confirmada com o óleo santo do crisma. O que significam estes gestos? Qual é o "mistério" que expressam e atualizam? Ou seja, o que acontece, em profundidade, com as pessoas que estão sendo confirmadas, crismadas? Não podemos nos contentar em olhar superficialmente, como quem "está por fora"; ao contrário, devemos procurar ver com os olhos da fé, iluminados pelas Sagradas Escrituras, pela tradição viva da Igreja, pelas orações e cantos da celebração. Devemos perceber o "mistério" ao qual temos participação pela ação ritual.

As palavras que acompanham o gesto expressam claramente o sentido do sinal que está sendo realizado: "Recebam por este sinal o Espírito Santo, o dom de Deus". E nos lembramos da descida do Espírito Santo no dia de Pentecostes, como numa nova celebração da aliança do Sinai, narrada no capítulo 2 dos Atos dos Apóstolos, quando Deus derramou seu Espírito sobre todo o povo de Deus reunido, fazendo dele um povo profético, como havia anunciado o profeta Joel. O gesto das mãos estendidas sobre os confirmandos e confirmandas, com as palmas para baixo, lembram o Espírito, o vento de Deus que pairava sobre as águas, no princípio, quando tudo foi criado (Gn 1,2). Lembram ainda o Espírito que permanecia sobre Jesus quando estava sendo batizado no rio Jordão e manifestado como Messias (Jo 1,32). Lembram o gesto de Pedro e João pelo qual habitantes da Samaria receberam o Espírito Santo (At 8,15-17) e lembram tantos outros momentos de transmissão do Espírito Santo de Deus ao longo da história da salvação. O óleo perfumado, o santo crisma usado na unção, simboliza o Espírito Santo com o qual Jesus foi consagrado para sua missão messiânica (cf. Lc 4,16 ss). "Crisma" vem de "Cristo", palavra de origem grega, para traduzir o hebraico "Messias", que significa "Ungido". Crismados e crismadas no Espírito do Cristo-Messias nos tornamos cristãos e cristãs, isto é, "ungidos" e "ungidas". Somos configurados a Cristo-Messias como povo ungido para continuar a missão messiânica. Somos enviados ao "mundo" como testemunhas da ressurreição, testemunhas do Reino. E nos lembramos de como Jesus, na sinagoga de Nazaré, anunciou sua missão com as palavras do profeta Isaías (61,1-2): "O Espírito está sobre mim, porque ele me ungiu para evangelizar os pobres, enviou-me para proclamar a remissão aos presos e aos cegos a recuperação da vista, para restituir a liberdade aos oprimidos e para proclamar um ano de graça do Senhor" (Lc 4,16-22). Participando, escutando, prestando atenção em atitude de fé e oração, vamos tomando consciência do mistério no qual temos a graça de participar e da responsabilidade missionária que dela decorre, a serviço do Reino, em continuidade com a missão messiânica de Jesus.

O que falamos aqui do sacramento da Confirmação vale para toda e qualquer ação litúrgica: temos de aprender a passar do "sinal sensível" ao "mistério" da ação ritual e, em seguida, à vida vivida de acordo com este mistério. Este é em síntese o trabalho a ser realizado com um método mistagógico inspirado na prática dos Santos Padres, objeto de inúmeros estudos, base de experiências no mundo inteiro. Os três elementos clássicos apontados são: "a valorização dos sinais (gestos, palavras) logo que experimentados; a interpretação dos ritos à luz da Bíblia, na perspectiva da história da salvação; a abertura ao compromisso cristão e eclesial, expressão da nova vida em Cristo".[35] Em sua encíclica *Sacramentum Caritatis* (2007), n. 64, o Papa Bento XVI aponta os mesmos três elementos para uma prática mistagógica, embora invertendo os dois primeiros itens: (1) interpretar os ritos à luz dos acontecimentos da história da salvação, de acordo com a tradição viva da Igreja; (2) despertar e educar para a sensibilidade à linguagem simbólica dos ritos

---

[35] Cf. SARTORE, D. Catequese e liturgia. In: SARTORE, D.; TRIACCA, A. M. (org.), op. cit., p. 180 (item 3: "Mistagogia").

com seus sinais, símbolos e palavras; (3) apontar o significado dos ritos e seus mistérios em relação com a vida e a responsabilidade missionária dos cristãos, de tal modo que a própria existência é progressivamente transformada pela celebração dos santos mistérios.

Não se trata de descrever ou analisar racionalmente a ação ritual, e muito menos o mistério celebrado, como se fosse um objeto fora de nós! É preciso abrir um caminho espiritual: partir da experiência vivida na liturgia, levar a intuir a profundidade daquilo que Deus realiza em nós, em *mim* pessoalmente, e os laços que nos unem a ele e nele. Partindo da ação ritual, partindo da mediação simbólica, é preciso levar a descobrir, agradecidos, que participamos da história de todo um povo, de toda a humanidade, e que o próprio Deus está inserido nesta história, principalmente pela vida, morte e ressurreição de Jesus, o Cristo. A celebração *expressa* aquilo que somos chamados a viver em todos os momentos: nossa ligação vital com o Pai, por Jesus Cristo, no Espírito Santo; nosso caminho comunitário e pascal, nossa missão na sociedade. A catequese mistagógica *aprofunda e explicita* a experiência vivida na liturgia.

A revalorização da mistagogia tem tudo a ver com a teologia "mistérica" da liturgia, ou seja, liturgia como celebração do mistério de Deus que se revela ao longo da história da salvação culminando em Cristo, e também na vida cristã como vivência deste mesmo mistério. Daí a importância da observação feita por Domenico Sartore: "O método mistagógico possui para nós interesse ainda mais vasto: pelo *valor exemplar* que ele conserva para a catequese litúrgica em geral, não só na preparação imediata para os sacramentos, mas *em toda a formação permanente do cristão, estendida a toda a vida*" (itálico meu).[36] Um outro liturgista italiano, Césare Giraudo, insiste no uso do método mistagógico no estudo da liturgia, em substituição ao método de especulação da teologia escolástica, que analisa os sacramentos aplicando conceitos filosóficos (existência, essência, efeitos...), sem levar em conta a celebração deste sacramento. O método mistagógico parte da própria ação ritual, da celebração, e procura, através de uma compreensão orante, introduzir

---

[36] Ibid.

no mistério celebrado.[37] O sentido teológico de cada sacramento não é independente da ação ritual, mas está como que "embutido" nela; não está limitado à "fórmula" e ao gesto sacramental central, mas inclui todos os elementos e todo o desenrolar da celebração, desde os ritos iniciais até os finais. Daí a proposta de centrar o estudo de cada sacramento na ação ritual, desvendando e compreendendo qual é a ação de Deus nela realizada, qual o mistério nela celebrado. Esta é a proposta coerente com a renovação litúrgica do Concílio Vaticano II e sua concepção teológico--mistérica da liturgia.

9. O ano litúrgico como caminho espiritual[38]

Um elemento central na mistagogia é o ano litúrgico. Ao longo deste capítulo já foi lembrado como os ritos de iniciação cristã devem ser celebrados na Vigília Pascal, ponto alto do ano litúrgico; como o catecumenato se inscreve no Tempo da Quaresma e como a mistagogia dos neófitos se estende durante o tempo pascal, culminando na festa de Pentecostes.

Mas o DGC lembra o ano litúrgico ainda em outros momentos. Reclama porque há "percursos catequéticos que pouco ou nada têm a ver com o ano litúrgico" (DGC 30), mas constata que alguns catecismos locais seguem a estrutura do ano litúrgico (DGC 135). Lembra como uma das vias privilegiadas de inculturação da fé é a catequese litúrgica, na qual deve ser valorizada entre outras a estrutura do ano litúrgico (DGC 207). Entre as formas de catequese dos adultos, destaca a catequese ao longo do ano litúrgico (DGC 176). Para a formação dos catequistas no

---

[37] Ver a comparação entre os dois métodos e a aplicação do método mistagógico ao estudo da celebração eucarística em: GIRAUDO, Cesare. Dois milênios, duas metodologias eucarísticas, dois tipos de tratado. In: *Num só corpo*; tratado mistagógico sobre a Eucaristia. São Paulo: Loyola, 2003, pp. 1-24, especialmente pp. 1-13. Ver ainda os seguintes textos de Francisco Taborda: 1) *Da celebração à teologia; por uma abordagem mistagógica da teologia dos sacramentos*. In: *REB*, 64 (2004) 588-615, fasc. 255; 2) Da liturgia à catequese; por uma catequese mistagógica dos sacramentos. *RL*, São Paulo, n. 192, nov./ dez. 2005: 4-7; 3) O axioma *Lex orandi, Lex credendi*, princípio orientador subjacente ao método mistagógico. In: *O memorial da páscoa do Senhor*; ensaios litúrgico-teológicos sobre a Eucaristia. São Paulo: Loyola, 2009, cap. 1, pp. 21-51 (Col. Theologica).

[38] Adaptação do texto proferido na semana de liturgia, São Paulo, 2002, organizado pelo Centro de Liturgia. Tema: "Espiritualidade litúrgica no exercício dos ministérios na celebração dominical da Palavra".

âmbito da comunidade, sugere "retiros e convivências nos tempos fortes do ano litúrgico" (DGC 247).

Lembremos, pois, como o ano litúrgico está organizado e como se torna caminho mistagógico, caminho de vida espiritual, ilustrando com alguns exemplos.

9.1. Organização do ano litúrgico

Ao longo das celebrações do ano litúrgico, é revelado todo o mistério de Cristo, desde a encarnação e natividade até a ascensão, o dia de Pentecostes e a expectativa da feliz esperança e vinda do Senhor (cf. SC 102).[39] Na atual organização do ano litúrgico na Igreja Católica Romana, distinguimos o ciclo do Natal, o ciclo da Páscoa — tendo a Vigília Pascal como ponto alto — e o Tempo Comum. Neste último se destacam os 33 ou 34 domingos, com textos bíblicos repartidos em três anos (A, B, C). Além disso, temos o ciclo das festas do Senhor e o ciclo das testemunhas do mistério pascal (Maria, apóstolos e evangelistas, outros santos e santas). A celebração destes vários mistérios enfoca os vários "aspectos" do único mistério de Cristo e, trazendo-os sacramentalmente presentes no hoje de nossa história, nos permite participar deles, para que sejamos penetrados por eles e repletos da graça da salvação (cf. SC 102) e para que possamos desvendar através deles o mistério de nossa vida e da nossa história, o mistério do Reino.

9.2. Ano litúrgico, eixo para a vida mística

O ano litúrgico é como que o eixo ao redor do qual vamos estruturando nossa vida mística, espiritual. "De ano em ano, percorremos assim o caminho pascal: passando pela espera ardente do advento da definitiva vinda do Senhor, a divinização pela encarnação e manifestação do Filho de Deus em nossa humanidade celebrada no Natal e na Epifania; o deserto da Quaresma; a paixão da cruz e a vitória da ressurreição; o fogo

---

[39] Sobre o ano litúrgico, ver: CASTELLANO, Jesús. *El año litúrgico*; memorial de Cristo y mistagogía de la Iglesia. 2. ed. Barcelona: Centro de Pastoral Litúrgica, 1996 (Biblioteca Litúrgica, 1).

de Pentecostes; a lenta e perseverante identificação com o Cristo Jesus ao longo do Tempo Comum."[40] À medida que prestamos atenção àquilo que vivemos e celebramos, cada tempo ou festa do ano litúrgico revela, realça, manifesta, nomeia as experiências pascais (na vida pessoal, comunitária, social...) feitas no dia a dia, à luz da páscoa de Cristo. É essencial a constante busca e o diálogo entre liturgia e vida. Se usarmos a imagem de uma montanha, podemos dizer que o ano litúrgico nos convida a subir como que em espiral. Podemos usar também a imagem de uma descida até a fonte da vida, onde todas as coisas se encontram na Unidade. De ano em ano passamos pelas mesmas "paisagens"; porém, a celebração dos mistérios nos atinge a cada vez de modo diferente, devido à nossa realidade sempre "inédita", sempre nova. Depende também da intensidade de nossa participação na celebração e de nossa abertura ao mistério. A possível partilha das experiências pascais em momentos como a recordação da vida e a homilia possibilita um enriquecimento maior para todos.

9.3. Três exemplos

Vejamos três exemplos de como cada mistério celebrado corresponde a uma dimensão espiritual de nossa caminhada pascal no dia a dia de nossa vida, seja em nível pessoal, social ou cósmico. Um primeiro exemplo: a celebração da vinda do Senhor no Tempo do Advento vem ao encontro de nossa busca fundamental. Somos seres de desejo, inacabados, sempre "em devir", assim como a realidade social e cósmica da qual fazemos parte. Elementos rituais próprios deste tempo litúrgico expressam e nos ajudam a incorporar esta dimensão do mistério de nossas vidas: leituras bíblicas, cantos, a prece "Vem, Senhor Jesus!", a cor roxa ou rosada, a coroa do Advento, as antífonas do Ó... Ouvindo a promessa da plena realização do Reino de Deus, cresce a expectativa e podemos afirmar confiantes: "Um outro mundo é possível!".[41] Cheios de esperança, suplicamos "Venha a nós o vosso Reino!" e atendemos ao

---

[40] BUYST, Ione. Em minha memória. In: BUYST, Ione; SILVA, José Ariovaldo. *O mistério celebrado*; memória e compromisso. Teologia litúrgica. Siquem Ediciones Catequéticas y Litúrgicas: Valencia (Espanha), 2002, p. 86. Ver também: BUYST, Ione. *Símbolos na liturgia.* 2. ed. São Paulo: Paulinas, 2002, pp. 84-92.

[41] Cf. Fórum Social Mundial, Porto Alegre, jan. 2002.

convite para a vigilância e a espera ativa, preparando os caminhos do Senhor. Um segundo exemplo: a festa de Pentecostes (na qual desemboca todo o tempo pascal) é celebração do Espírito Santo, Dom do Pai, Amor de Deus derramado sobre nós, condição de nossa comunhão no Cristo Ressuscitado, fonte da transformação pascal de toda a realidade. Esta festa ativa em cada um e cada uma de nós a vocação e a capacidade para o encontro, para o amor, para a união, para a doação, como pede a aclamação ao Evangelho: "Vinde, Espírito Santo, enchei os corações dos vossos fiéis e acendei neles o fogo do vosso amor". Não é o amor a força fundamental e única capaz de unir pessoas e povos de diferentes visões políticas, credos e culturas? Não é ele a força secreta de comunhão presente no âmago do universo e que levará tudo e todas as pessoas a se encontrar em Deus? Vários elementos rituais medeiam o mistério vivido e o mistério celebrado: leituras bíblicas, cantos (por exemplo, a sequência de Pentecostes), a cor vermelha, em alguns lugares também a fogueira e a bandeira do Divino, o abraço da paz... Um terceiro exemplo ainda: nos domingos do Tempo Comum, a tônica é dada pela leitura contínua de um dos evangelistas.[42] Cada Evangelho nos coloca no seguimento de Jesus Cristo, desde o chamamento dos discípulos até os ensinamentos a respeito do fim dos tempos. No ano A, ouvimos atentamente o Evangelho de Mateus. O Cristo, qual novo Moisés, nos leva, em comunidade, como Igreja, a nos despojar de nosso tradicionalismo para nos abrir ao novo que Deus vai revelando no hoje da história; não são nossas práticas que nos salvam, mas a fé, a adesão a Cristo, a partir de nossa pequenez, a partir de nossa pobreza. No ano B, Marcos é nosso guia. Coloca-nos frente a frente com Jesus Cristo, que é o Messias que vem instaurar o Reino de Deus, porém, não de maneira clara, explícita; não vem de forma triunfante, mas como servo sofredor, perseguido, executado na cruz. No ano C, é Lucas quem nos conduz; ele insiste no seguimento radical de Jesus, ensina-nos a orar, a amar, a perdoar, a nos deixar guiar pelo Espírito, a levar em conta as mulheres, a colocar no centro de nossa vida o acolhimento e a preocupação com os pobres...

---

[42] Para as características de cada evangelista, ver: KONINGS, Johan. *Espírito e mensagem da liturgia dominical*; subsídios para a liturgia, pregação e catequese. Ano A, B e C. 2. ed. Petrópolis: Vozes, 1986, pp. 31-33, 200-201, 321-322.

Toda esta lenta e progressiva caminhada do Tempo Comum vem de encontro a uma clara característica de nossa vida: somos chamados a descobrir nosso caminho, passo a passo; somos chamados a crescer no amor, a amadurecer, aprendendo muitas vezes a duras penas, através do sofrimento e do acúmulo de experiências.

9.4. Nosso caminho mistagógico pascal

Assim, participando dos ritos, somos chamados a participar sempre mais plenamente do mistério pascal de Jesus Cristo para sermos transfigurados, transformados nele. "Eu vivo, mas não eu: é Cristo que vive em mim" (Gl 2,20). Trata-se de um processo mistagógico pascal. É a passagem do "homem velho" para o "homem novo" da qual fala São Paulo. É a "atitude permanente ou um estilo de vida cristão baseado na assimilação ou identificação com Cristo, produzidos pelo Batismo e pela Confirmação e a seguir nutridos pela plena participação na Eucaristia, nos sacramentos em geral e na oração da Igreja; tudo isso no âmbito fundamental do ano litúrgico e seguindo o ritmo cíclico que lhe é próprio".[43] Trata-se da recriação de nosso eu, adquirindo a forma de Jesus Cristo ressuscitado, segundo o Espírito de Deus. *É processo lento e sofrido, e ao mesmo tempo alegre e esperançoso, que deverá durar até a nossa morte.* Cada celebração se inscreve neste processo. Perfazendo seu próprio caminho pascal, cada pessoa está ao mesmo tempo participando e colaborando na páscoa de todo o tecido social, de toda a realidade cósmica (cf. Rm 8,18-25), até à plena comunhão, quando Deus será tudo em todos (cf. 1Cor 15,28).

9.5. Um trabalho em sinergia com o Espírito

A transformação espiritual a partir da participação na liturgia não se produz automaticamente. O Espírito atua, mas é preciso garantir nossa colaboração. Depende de um trabalho de cada participante e também de

---

[43] AUGÉ, Matias. *Liturgia*; história, celebração, teologia, espiritualidade. São Paulo: Ave Maria, 1996, p. 339.

um trabalho dos ministérios que atuam na celebração. Cada participante é chamado a "entrar no jogo ritual", com todo o seu ser ("corpo", mente, coração, espírito), aberto à atuação de Deus, colaborando com o "ofício" divino. Os ministros e ministras têm função mistagógica: conduzir para dentro do mistério, levando a uma experiência do mistério celebrado. Trata-se do

> zelo pedagógico que devemos ter para comunicar às pessoas este mistério divino [...] para que as pessoas sejam de fato tocadas pela misericórdia de Deus, reconhecendo-se amadas, remidas e restauradas [...]. Por trás deste conjunto pedagógico está a ação do Espírito Santo, que é de fato o mistagogo que nos conduz no caminho espiritual.[44]

De que forma os ministros podem cumprir essa missão? De duas maneiras: (1) celebrando bem, proclamando os textos e realizando as ações rituais conscientemente, atentamente, imbuídos do espírito da festa, cheios de fé e de fervor, deixando-se guiar pelo Espírito de Deus; (2) ajudando a comunidade – com breves motivações e com uma homilia substanciosa – a perceber e acompanhar o caminho progressivo oferecido pelo ano litúrgico e que pede de cada um e cada uma de nós atenção, seriedade no seguimento, revisão de vida…, assim como entrega confiante na misericórdia de Deus em relação aos nossos fracassos e gratidão por aquilo que Deus vai realizando ao longo de nossa vida.

---

[44] MAÇANEIRO, Marcial. Arquétipos da sacralidade interior na espiritualidade cristã e no misticismo emergente. *REB*, Petrópolis, 60(239): 514-535, set. 2000.

8

O RITO COMO FONTE DE TEOLOGIA E ESPIRITUALIDADE: REVISITANDO CAMINHOS PERCORRIDOS NA FORMAÇÃO LITÚRGICA[1]

1. Preliminares: rito e teologia

O "rito" do qual vamos falar não é o *script* ("roteiro", "textos"...) que se encontra nos livros litúrgicos; mas a *ação ritual*, celebrada por uma determinada comunidade enquanto "sujeito" (agente) deste rito, a partir da descrição encontrada no livro litúrgico e a partir da tradição litúrgica daquela comunidade, dentro de sua realidade, com seus traços culturais, dentro de seu busca de interpretação da vida, da realidade; esta celebração supõe uma determinada *compreensão* (teologia) da ação realizada e uma *atitude espiritual* implícita que levará a um *compromisso*, uma atitude de vida. O rito só existe enquanto executado, enquanto *participado* de forma ativa, consciente, interior, plena, frutuosa..., enquanto *experiência ritual*.

À perspectiva teológica devemos acrescentar, portanto, a dimensão antropológica do rito, que cresce em importância no momento atual marcado pelo pluralismo religioso. Estudos recentes sobre rito e ritualidade

---

[1] O texto original foi apresentado na reunião da ASLI, em Ilhéus (2005), que tinha como tema: "Lex credendi statuat lex supplicandi: o rito como fonte da teologia litúrgica nos cursos de teologia, na formação litúrgica, na catequese". Segue aqui com algumas modificações.

insistem na compreensão do rito como *urgia*, "ação", "performance" que carrega e assegura um determinado sentido da existência.[2] A liturgia é um conjunto de ações rituais que expressam a fé cristã comunitariamente e — por assim dizer — "corporalmente", possibilitando que cada participante da ação ritual fique "imbuído" do sentido da vida em perspectiva cristã. De fato,

> nosso modo de conhecer e perceber o mundo se realiza antes de tudo e prioritariamente por meio do corpo [...]. Aliás, o corpo parece ser o *medium* da mensagem e a própria mensagem [...]. O significado é criado por meio do corpo e do seu movimento no espaço.[3]

Além disso, em nossa cultura fragmentária, o rito poderá assegurar a totalidade do sentido, porque "todo rito tenta reconstruir a totalidade [...]; os ritos 'elaboram' o sentido religioso, como experiência originária da totalidade".[4]

Pensando o rito desta forma, a *teologia litúrgica* já está presente, como "embrião", como "teologia em ato", como "teologia primeira",[5] na própria execução e experiência da ação ritual. É um elemento constitutivo do rito. É por isso que podemos dizer que a liturgia é "um lugar teológico, um espaço privilegiado da revelação e da experiência de Deus".[6] Partindo desta "teologia primeira", devemos elaborar uma "teologia segunda", sistemática, racional, que procura "investigar como o mistério de Cristo vai atuando no plano histórico-cultural e traduzir em linguagem cultural adequada a cada tempo aquilo que a liturgia exprime em linguagem simbólica".[7] Portanto, a teologia litúrgica não é algo que se realiza de fora para dentro da liturgia, mas de dentro para fora. Brota de dentro dela como de uma *fonte*. Vejo, portanto, como indissociáveis os vários aspectos da ação litúrgica: sua dimensão de performance (desempenho,

---

[2] Ver por exemplo: TERRIN, A. N. *O rito; antropologia e fenomenologia da ritualidade.* São Paulo: Paulus, 2004. (Col. Estudos Antropológicos); BARNARD, Marcel; POST, Paul. *Het ritueel bestek; antropologische kernwoorden van de liturgie.* Zoetermeer (Ndl): Meinema, 2001.

[3] TERRIN, A. N., op. cit,. pp. 418-419.

[4] Ibid., pp. 420-421.

[5] Cf. MARSILI, S. Teologia litúrgica. In: SARTORE, D.; TRIACCA, A. M. (org.). *Dicionário de Liturgia.* São Paulo: Paulinas/Paulistas, 1992, pp. 1174-1187.

[6] ASLI. *Boletim Informativo,* ano 2, n. 7, pp. 2-3, set. 2004.

[7] MARSILI, S., op. cit., p. 1186.

atuação, realização, "gesto" ritual...), seu sentido teológico-litúrgico, sua raiz espiritual, sua incidência ética na vida cristã.

Paul De Clerck,[8] do Instituto Superior de Liturgia, em Paris, não é muito favorável ao uso dos termos "teologia litúrgica", "teologia primeira" e "teologia segunda", usados ainda hoje por liturgistas como Schmemann, Kavanagh, David Power. Para ele, a chamada "teologia primeira" não é de ordem "teológica", porque não usa o discurso e a linguagem racional. Ao contrário, é da ordem da experiência teologal; usa a linguagem simbólica da celebração. Ele prefere usar o termo "teologia da liturgia": "Trata-se de uma teologia, isto é, de um esforço intelectual destinado à comunicação da experiência vivida, e de uma teologia cujo objeto próprio é a liturgia [...] e que procura aprofundar a riqueza de sentido contida naquilo que é enunciado nas celebrações". Ao longo do artigo ele se esforça para mostrar "como a liturgia nos introduz concretamente nas diferentes faces do mistério".[9] É o mesmo método usado por Odo Casel, cuja afirmação principal, a *Mysteriengegenwart* ("presença dos mistérios"), partiu da análise de textos litúrgicos. No final do artigo, no entanto, Paul De Clerck volta a falar da experiência de Deus que a liturgia pode provocar até mesmo em frequentadores casuais. A participação na assembleia litúrgica pode levar à redescoberta de um Deus que convoca seu povo; o abraço da paz nos faz compreender que estamos perto de Deus, estando perto do irmão ou da irmã. É nestes gestos, que às vezes correm o risco de se tornarem banais pela repetição, "que a revelação do Deus de Jesus Cristo pode acontecer, e levar a uma experiência corporal e cinestésica". Mesmo afirmando a diferença entre experiência e conhecimento racional, o autor aponta a importância da primeira em relação à segunda: "Experiência teologal, fundamento e mesmo força motora [estímulo] para um conhecimento teológico".[10]

De qualquer forma, a teologia da liturgia parte necessariamente da própria liturgia: de seus textos, de seus gestos..., da ação ritual como um todo. E requer, para além da experiência teologal, uma explicitação

---

[8] No artigo "Une théologie de la liturgie, pour la gloire de Dieu et le salut du monde", *LMD*, 221, 2000/1, 7-30.

[9] Ibid., p. 14.

[10] Ibid., p. 29.

racional, sistemática, teo-lógica, que levará em conta também os dados da revelação nas Sagradas Escrituras, na patrística, no magistério.

A Igreja da América Latina, principalmente a partir do "Documento de Medellín",[11] tomou consciência de que o Cristo Ressuscitado está ativa e dinamicamente presente, com seu Espírito transformador, na realidade do continente, no processo histórico. E esta presença *culmina* na celebração litúrgica e merece ser expresso e explicitado nela. Portanto, uma teologia litúrgica na América Latina deverá fazer uma leitura do mistério pascal celebrado, levando em conta os sinais desta presença do mistério pascal acontecendo na realidade (pessoal e social) vivida pelo povo, como "morte" e "ressurreição" principalmente na vida dos pobres. Ou como o diz de forma lapidar a CNBB: "Páscoa de Cristo na páscoa da gente, páscoa da gente na páscoa de Cristo".[12]

Levando em conta os dois itens anteriores e a realidade de nossas comunidades, como pensar a *formação litúrgica*? Não vale tentar "depositar" conteúdos teológico-litúrgicos, vindos de fora, a serem assimilados pelos formandos.[13] Não basta explicar como se deve executar "direitinho" um determinado rito, levando em conta apenas os gestos a serem feitos e as palavras a serem pronunciadas "validamente". Não vale tampouco criar uma atitude "piedosa", "espiritual", "devota", *independente* da ação ritual realizada. Muito menos, ainda, deve-se deixar a pessoa fazer as coisas como achar melhor, inventar, "criar" à vontade, dar a explicação que quiser...;[14] afinal, a liturgia não nos pertence: é uma herança que nos foi confiada; somos responsáveis por sua transmissão ("tradição" no sentido original da palavra).[15] O único caminho eficiente e responsável é o da *mistagogia*, conduzindo a pessoa para dentro do mistério, partindo da própria ação ritual; levar a pessoa, gradativamente, a *participar* de

---

[11] CELAM. *A Igreja na atual transformação da América Latina à luz do concílio*; conclusões de Medellín. Petrópolis: Vozes, 1969.

[12] CNBB. *Animação da vida litúrgica no Brasil*; elementos de pastoral litúrgica. São Paulo: Paulinas, 1989, n. 300 (Documentos, 43).

[13] Cf. o conceito de "educação bancária" em Paulo Freire.

[14] Hanna Arendt, falando da crise na educação em *Entre passado e futuro* (São Paulo: Perspectiva), defende a dimensão necessariamente conservadora do ato educativo. As novas gerações devem aprender a valorizar e preservar o suporte e o acervo cultural acumulados, para que não o destruam inadvertidamente.

[15] Cf. 1Cor 11,23: "Eu (Paulo) recebi do Senhor o que também vos transmiti...".

forma ativa, consciente, interior, plena, frutuosa... da ação ritual em toda a sua complexidade, atingindo o ser humano em todas as suas dimensões; ensinar a *colher* a teologia primeira, a compreensão teologal embutida na própria ação ritual, para — a partir dela — chegar à teologia segunda, a uma explicitação racional, a um aprofundamento sistemático do mistério celebrado na liturgia. Sem a *experiência* litúrgica ("teologal"), todo pensar teológico será algo "postiço", superficial, artificial, inócuo... e incapaz de sustentar uma vida inteira no seguimento de Jesus Cristo. Necessitamos, portanto, de uma formação litúrgica "integral", "holística", que conjugue os vários aspectos da liturgia, da formação e do ser humano.

Como diz o subtítulo deste capítulo: procuro *revisitar caminhos percorridos* por mim; escrevo *a partir de minhas experiências* como formadora no âmbito da liturgia, tanto no campo pastoral quanto na vida acadêmica. Estas foram muito marcadas pela busca de uma ponte entre teoria e prática, entre teologia e pastoral, entre celebração e espiritualidade. Minha preocupação fundamental sempre foi: a participação ativa, interior, consciente, espiritual de todo o povo de Deus no mistério celebrado, ligando liturgia e "vida". Fui criando meios, abrindo sulcos, experimentando caminhos... que pudessem levar o povo à experiência e conhecimento do Mistério, a partir da participação na ação ritual. Entre as muitas experiências destaco as seguintes: (1) a formação das equipes de liturgia, incluindo as equipes de música; (2) o laboratório litúrgico; (3) a observação participante; (4) a prática da leitura orante dos textos bíblicos e litúrgicos na preparação e na celebração; (5) a insistência na aprendizagem pela ação ritual. Tentarei esboçá-las uma a uma, enfocando a relação entre ação ritual, teologia da liturgia e espiritualidade.

2. Formação das equipes de liturgia, incluindo as equipes de música[16]

Como formar os membros de uma equipe de liturgia? De nada adianta dar primeiro um "curso de liturgia", despejando teoria: concei-

---

[16] Cf. BUYST, Ione. *Equipe de liturgia*. São Paulo: Paulinas, 2006 (Col. Celebrar).

tos de liturgia, história da liturgia, teologia litúrgica, os vários tipos de celebração... É preciso iniciar pela prática; trata-se de aprender fazendo.

1) Começa-se a *participar da reunião de preparação da celebração do domingo seguinte*, a qual gira em torno de perguntas como estas: Em que tempo litúrgico nos encontramos? Quais são as leituras indicadas? Qual a relação entre elas? O que nos ensinam da pessoa de Jesus Cristo? Qual sua relação com a Eucaristia? Qual a boa-nova e o apelo para nós dentro da realidade atual? Quais são os cantos apropriados nesta celebração, levando em conta o tempo litúrgico e cada momento da celebração? Qual é o prefácio e a oração eucarística mais adequados?... O clima da reunião será tal que ajude os membros da equipe a entrar no mistério celebrado, a viver a celebração em profundidade, espiritualmente.[17]

2) Mais especificamente para a reunião da equipe de canto, elaborei um elenco de perguntas para "análise meditativa de um canto litúrgico", baseado no método da leitura orante. Partindo do texto e da música do canto em seu contexto ritual, este roteiro procura levar progressivamente a uma compreensão teológico-litúrgico e uma atitude espiritual correspondente.[18] Mais especificamente procura-se observar: (a) o canto como um todo (origem; "identidade" litúrgica; impressão que causa em nós...); (b) o texto (os personagens que aparecem e a relação entre eles; a ação de cada um dos personagens; o lugar e o tempo onde se passa a ação; a temática, o encadeamento das ideias ou sentimentos expressos...); (c) a música (melodia, ritmo...); (d) o que acontece com os executores do rito, ou seja, o que o canto faz a assembleia dizer, fazer, sentir, esperar...); (e) a relação do canto com a realidade dos participantes; (f) o tipo de relação que o canto nos faz estabelecer com Deus, Jesus Cristo, o Espírito Santo.

Frei Joaquim Fonseca, formado não somente em liturgia, mas também em música, nos brindou com "análises teológico-litúrgicas" em seu livro *Cantando a missa e o Ofício Divino*.[19] Juntos demos um passo à

---

[17] Ver o roteiro para a reunião da equipe em: BUYST, Ione. *Equipe de liturgia*, cit., pp. 81-82.

[18] Ver: BUYST, Ione. *Cristo ressuscitou*; meditação litúrgica com um hino pascal. São Paulo: Paulus, 1995, pp. 169-171 (Col. Liturgia e Teologia); Id. Canta em teu coração; para uma vivência espiritual da liturgia musical. In: *RL*, São Paulo, n. 138, nov.-dez. 1996, pp. 9-10 e 27-28.

[19] FONSECA, Joaquim. *Cantando a missa e o ofício divino*. São Paulo: Paulus, 2004 (Col. Liturgia e Música).

frente em outro livro no qual apontamos um caminho mistagógico para os ensaios nas equipes de canto, baseado no método mistagógico dos Santos Padres.[20]

3) Depois de ter participado durante algum tempo na reunião de preparação, a pessoa poderá ser convidada a *assumir uma tarefa limitada*: fazer parte da equipe de acolhimento, ou da procissão com as oferendas, ou fazer uma prece ou uma leitura... Cada tarefa será devidamente preparada em sua dimensão "técnico-ritual" (o que devo fazer?), teológico--litúrgica (por que fazemos isso? qual seu sentido dentro da celebração?) e espiritual (com que disposição ou atitude espiritual?).

4) Ao participar das reuniões de preparação e da própria celebração da missa dominical, a pessoa, pouco a pouco, *tomará conhecimento* dos vários elementos e da estrutura da missa, assim como de seu sentido teológico e de sua densidade espiritual. Aprenderá a ligar liturgia e vida. Perceberá a prática e o sentido teológico e espiritual de cada ministério. O mesmo acontecerá com quem participa da preparação e realização de outras celebrações litúrgicas, como celebração dominical da palavra de Deus, Ofício Divino, Batismo, Crisma, Reconciliação, Matrimônio, Unção dos Enfermos, exéquias, bênçãos...

5) E chegará o momento em que estará pronta para *assumir, de maneira mais estável, por um determinado tempo, um dos ministérios*: leitor ou leitora, acólito ou acólita, cantor ou cantora, salmista, instrumentista, membro da equipe de acolhida, responsável pela presidência da celebração dominical da Palavra de Deus...

6) A *avaliação da celebração*, realizada na reunião da equipe, é outro instrumento valioso para adquirir o conhecimento, não somente prático, mas também teológico-espiritual.

7) Seguindo este mesmo caminho (preparação, participação na celebração, avaliação), *adquirirá um conhecimento mais aprofundado*: dos vários tempos do ano litúrgico, do espaço litúrgico, da liturgia como memorial da páscoa de Jesus, da teologia da assembleia litúrgica como

---

[20] BUYST, Ione; FONSECA, Joaquim. *Música ritual e mistagogia*. São Paulo: Paulus, 2008 (Col. Liturgia e Música).

povo sacerdotal e de cada um de seus ministérios, da sinergia entre a Igreja e o Espírito Santo na liturgia...

8) A seu tempo, a compreensão a partir da participação poderá ser *complementada com estudos mais sistemáticos* através de leituras, encontros e cursos, seja sobre a liturgia em geral, seja sobre a liturgia específica, considerando cada uma das celebrações.[21]

Portanto, a formação "básica" acontece pela participação na reunião da equipe de liturgia e pela atuação na celebração litúrgica e sua avaliação. É uma formação que parte da ação ritual e abrange vários aspectos: prática, teológica, bíblica, eclesial, social, espiritual. É o substrato indispensável para uma formação sistemática da teologia da liturgia.

3. Laboratório litúrgico[22]

O laboratório litúrgico é um meio pedagógico na formação litúrgica de responsáveis pelas práticas rituais das comunidades cristãs. Tudo começou com uma dupla insatisfação: com a prática ritual (ou seja, com as celebrações litúrgicas de modo geral) e com a nossa maneira de ensinar liturgia. A insatisfação levou à busca; da busca brotou o audacioso projeto de um "Curso de Conscientização do Corpo na Liturgia" e, na elaboração e execução do projeto, foi nascendo, pouco a pouco, o esboço dos "laboratórios".

Não partimos de uma teoria existente, não elaboramos nova teoria para aplicá-la na prática. Partimos do dado litúrgico e da observação da prática celebrativa: liturgia é ação ritual (realizada com o "corpo"), como expressão simbólico-sacramental de uma visão (no caso, cristã) do mundo, banhada numa relação "de coração", de comunhão com o Transcendente, por Jesus Cristo, no Espírito Santo. "Era preciso traba-

---

[21] Poderão ser úteis nesta fase os dois livros sobre teologia litúrgica na coleção Livros Básicos de Teologia para leigos: BUYST, Ione; SILVA, José Ariovaldo. *O mistério celebrado*; memória e compromisso I. 2. ed. Siquem/Paulinas: Valencia (Espanha)/São Paulo, 2006 (Col. Livros Básicos de Teologia, 9); BUYST, Ione; FRANCISCO, Manoel João. *O mistério celebrado*; memória e compromisso II. Siquem/Paulinas: Valencia (Espanha)/São Paulo, 2004 (Col. Livros Básicos de Teologia, 10).

[22] Ver outras referências ao laboratório litúrgico nos capítulos anteriores.

lhar estas três dimensões, mas não como realidades estanques, e, sim, em sua unidade."[23]

O objetivo almejado é a vivência da ação ritual "na inteireza do ser", buscando a harmonia entre o gesto corporal, o sentido teológico-litúrgico e a atitude espiritual.

De que forma aparece, na estrutura do laboratório litúrgico, a relação entre rito, teologia e espiritualidade litúrgicas? Penso poder apontar três aspectos:

1) Após um "trabalho de corpo" e de um momento de sensibilização e improvisação partindo de ritos sociais ou religiosos (sempre apontando para a harmonia entre o fazer, o saber e o sentir), vem o momento da *análise do rito escolhido*,[24] tal qual está descrito nos livros litúrgicos e registrado em nossa memória da prática litúrgica em nossas comunidades. De dentro desta análise surge uma primeira compreensão, partilhada, no grupo. Podemos confrontar e completar esta análise com textos de estudo. Trata-se de uma compreensão — digamos — "intelectual", ainda que não "bancária", visto que vem sendo adquirida pelo esforço da análise, e não simplesmente acumulando conteúdos prontos, criados por outras pessoas.

2) Em seguida, escolhemos uma pequena sequência do rito (que chamamos de "recorte") e procuramos vivenciá-lo na inteireza do ser, num "como-se-fosse" uma celebração de verdade. Como no trabalho psicodramático no qual o "como se fosse" do laboratório litúrgico foi inspirado,[25] o comportamento ativo leva ao *insight* cognitivo. O laboratório litúrgico, assim como o psicodrama, é um método de ação-reflexão. A dramatização (dramatiz-ação), como ato criativo, pode levar "a um envolvimento mais profundo com o processo de conhecimento a partir do momento em que ela conduz à espontaneidade, dando prioridade à ação pelo uso do corpo e estabelecendo relações afetivas entre ele (o aluno) e o conteúdo".[26] Portanto, a compreensão se amplia: *apreendemos*

---

[23] Ione Buyst, na apresentação do livro de Luiz Eduardo Baronto, citado antes.

[24] Ver o capítulo 6: "Análise ritual".

[25] Cf. BARONTO, L. E. *Laboratório litúrgico*; pela inteireza do ser na vivência ritual. São Paulo: Salesiana, 2000, pp. 97-142, mais especificamente pp. 137-142.

[26] Ibid., p. 132.

o sentido a partir do sensorial, a partir da ação, a partir do envolvimento de todo o nosso ser (corpo, alma, mente, espírito) na ação ritual realizada em interação com todas as pessoas envolvidas. Aqui cabe o termo "compreensão holística".

3) Por fim, esta compreensão ampliada, percebida individualmente durante a realização do recorte, é *expressa* na chamada "conversa dos três pontos", onde *partilhamos nossas sensações, percepções, compreensões, emoções, atitudes espirituais...,* vivenciadas durante a realização do recorte. Neste momento, chegamos a uma compreensão grupal.

4. Observação participante[27]

O estudo da liturgia pode ser realizado de várias formas. Mas, quando queremos conhecer a experiência e o sentido da liturgia percebido por um determinado grupo ou comunidade a partir de sua prática litúrgica, um dos caminhos indicados é a *observação participante*, uma técnica de pesquisa de campo na área da antropologia. Surgiu na busca de um instrumental para apreender a realidade celebrativa no contexto de uma ciência litúrgica na perspectiva da teologia da libertação. Procura uma maior aproximação entre teologia litúrgica e prática ritual e entre objeto pesquisado e sujeito pesquisador. Permite captar a experiência litúrgica de dentro para fora, enquanto experiência comunitária, no momento de sua efetivação:[28]

A observação participante é originalmente uma técnica de pesquisa e de produção do conhecimento, própria da antropologia, mas usada também em outras áreas, como a pedagogia, a psicologia, a pastoral. É "participante" no sentido de que o pesquisador convive com o grupo

---

[27] Cf. BUYST, Ione. Pesquisa-ação. In: *Como estudar liturgia.* 5. ed. São Paulo: Paulus, 2007, pp. 136-140; Id. Metaliturgia; elementos para uma metodologia da ciência litúrgica. In: Id. *Pesquisa em liturgia*; relato e análise de uma experiência. 2. ed. São Paulo: Paulus, 2004, pp. 65-110; Id. Uma contribuição da antropologia e outras ciências do humano: observação participante no estudo da liturgia; os vários passos numa observação participante — orientações práticas; exercícios de observação participante ao longo do curso. In: CENTRO DE LITURGIA. *Curso de especialização em liturgia*; uma experiência universitária significativa. São Paulo: Paulus, 1995, pp. 22-33 (Col. Cadernos de Liturgia, 4). A observação participante foi mencionada sob outro ângulo no capítulo 3, sobre ritualidade.

[28] Reproduzo a seguir, com pequenas correções, parte do texto em *Pesquisa em liturgia...,* pp. 90-94.

que está pesquisando; procura entender "o outro", "o estranho", a partir da percepção que este tem de si mesmo, e não a partir das categorias ou dos valores do pesquisador. No entanto, o pesquisador não é o outro, mas o observa, o vê "de fora". Em parte, portanto, ele se identifica com o objeto, em parte permanece estranho a ele. Haverá sempre tensão entre a "compreensão de dentro" e a visão distanciada.

A observação participante é um instrumento importante para o conhecimento da dimensão simbólica e subjetiva do mundo, da percepção que os agentes históricos têm (da representação que fazem) de seu mundo e de sua ação, uma dimensão que não é apreendida pelas análises macroestruturais.

Em qualquer método de pesquisa, a subjetividade está presente, mas nem todos os métodos levam este dado em conta; ao contrário, falam da necessária neutralidade e objetividade do pesquisador nos métodos científicos. Na verdade, o próprio observador é parte do objeto de estudo. Ele é um sujeito observando outros sujeitos e deve tomar consciência disso e observar inclusive suas próprias reações, emoções, juízos de valor etc. O conhecimento é dado *na interação, no diálogo, na dialética sujeito/ objeto*. E a realidade vai sendo transformada a partir desta interação: muda o pesquisador, mudam também os pesquisados e sua atuação.

O fato de a subjetividade do pesquisador estar sempre presente no processo de pesquisa não implica a aceitação de falta de rigor científico: na escolha do objeto de pesquisa, no recorte da realidade, na explicitação dos pressupostos, na escolha das categorias como referencial teórico, na descrição e controle das etapas da pesquisa, na emissão de juízos de valor. O que distingue uma observação científica de uma observação assistemática ou de senso comum é o fato de ela ser regrada (segue determinadas regras) e sistematizada: planeja a observação (objeto, objetivo, referencial teórico, campo, prazo, instrumental…). Porém, tem consciência de que o rigor e o controle não garantem a verdade sobre a realidade. Todo trabalho científico é relativo e parcial.

Aplicando ao estudo da liturgia, podemos dizer que a *observação participante* consiste em *participar* de uma atividade da vida litúrgica de uma comunidade, *observando* a mesma a partir de dentro, a partir da experiência e da percepção que o observador e outros participantes têm desta atividade. Lembremos o que disse P. GY a respeito da atividade do liturgista: "O liturgista é antes de tudo um liturgo, isto é, alguém que crê e que celebra em meio à Igreja [...], e seu estudo é como que interior à celebração da Igreja na qual está engajado. A liturgia como saber cristão é a celebração refletindo sobre seu próprio sentido".[29]

Não procuro o *meu* sentido, o sentido subjetivo, mas o sentido teológico-litúrgico que percebo na comunidade celebrante, dentro do contexto eclesial e sociocultural. No entanto, entro dentro da pesquisa com toda a minha subjetividade: com minhas emoções, minhas ideias, meus conceitos e valores, meu modo de trabalhar. O que farei com esta subjetividade dentro da pesquisa? Assumi-la corajosamente. Não para projetá-la sobre o objeto pesquisado, mas fazendo com que entre *em diálogo, em interação* com aquilo e aqueles que observo, usando para tal as regras metodológicas necessárias e explicitando os pressupostos que estou usando.

A *observação participante* no estudo da liturgia permite partir do real. Permite chegar à representação e à experiência que a assembleia participante tem da liturgia, de sua própria atuação lá dentro, da relação liturgia-vida, liturgia-história... Permite checar as grandes linhas teológico-litúrgicos: até que ponto estão presentes na realidade litúrgica e até que ponto conseguem expressar o sentido teológico-litúrgico que têm aqui e agora, neste determinado contexto eclesial e social...

Quando nos aproximamos de uma realidade litúrgica para compreendê-la, podemos distinguir dois movimentos complementares. O primeiro movimento é de envolvimento, de profunda participação como membro da assembleia celebrante. Não faço de conta; participo de verdade. Não observo de fora, olhando "os outros"; observo "de dentro" de minha própria experiência, envolvida e entrançada com a experiência de toda a assembleia celebrante. Tento registrar este movimento, primeiro na mente e no coração, eventualmente recorrendo a meios auxiliares como um gravador, por exemplo, e depois no diário de campo. O segundo

---

[29] L'Institut Supérieur de Paris (1965-1981). *LMD*, Paris, 149:15-7, 1º trim. 1982.

movimento é de distanciamento, de análise, um desligamento sobretudo afetivo, porque tenho que transformar aquilo que me é familiar (no caso, a liturgia), em "exótico". Olho criticamente, analiso, sistematizo, interpreto. Comparo com dados da tradição litúrgica. Portanto, nem posso me envolver de tal modo no objeto pesquisado a ponto de perder a distância necessária para ser objetiva e crítica; nem posso assumir a atitude totalmente "objetiva", de um observador pretensamente neutro. A *observação participante* no estudo da liturgia situa-se no limite, na intersecção, na fronteira destes dois movimentos.

5. A prática da leitura orante dos textos bíblicos e litúrgicos na preparação e na celebração

A *lectio divina*, ou leitura orante, é uma prática tradicional de leitura espiritual das Sagradas Escrituras, com raízes na tradição judaica, e muito presente na tradição monástica cristã. Incentivada pelo Concílio Vaticano II, foi sendo redescoberta e divulgada por várias entidades e movimentos, como por exemplo, CRB (Conferência dos Religiosos do Brasil), CEBI (Centro ecumênico de Estudos Bíblicos), CEBs... No século XII, Guigo, um monge cartuxo, sistematizou o método em sua *Escada dos monges* em quatro passos ou degraus: *lectio, meditatio, oratio, contemplatio,* ou seja, *leitura, meditação, oração, contemplação*. A leitura se detém no texto em si no contexto em que foi produzido. A meditação puxa o texto para nosso contexto atual, procurando uma palavra viva do Senhor para nossa vida pessoal, comunitária, social. A oração é a resposta ao Senhor que brota de dentro do coração tocado pela Palavra. A contemplação é mergulho no mistério, na intimidade de Deus. Portanto, leitura bíblica, teologia, oração e espiritualidade formam uma unidade. O conhecimento teologal nasce do debruçar-se, a partir de nossa realidade, em atitude orante sobre o texto bíblico e desabrocha em oração e contemplação.

Com muito proveito estamos usando o método da leitura orante, aplicando-o aos textos bíblicos e litúrgicos (leituras, salmos, prefácios, orações, hinos e outros cantos...) em preparação às celebrações (missas, celebração dominical da palavra de Deus, Ofício Divino, Batismo, Matrimônio...). O método é usado tanto nas reuniões das equipes como também individualmente, seja como preparação individual à celebração, seja como preparação ou complementação da reunião da equipe de liturgia. É um meio poderoso para ganharmos profundidade espiritual nas celebrações litúrgicas. Tenho o costumo de usar a *lectio divina* também em "retiros litúrgicos". E, a pedido da Pastoral da Juventude do Brasil, elaborei uma introdução e quatro roteiros de encontros para familiarizar os jovens com este método.[30]

É importante notar que a leitura orante é antes de tudo um método litúrgico, visivelmente presente na estrutura da liturgia da palavra: as leituras vêm acompanhadas de momentos de silêncio, são intercalados com salmos e aclamações, interpretados na homilia e seguidos pelas preces de intercessão. Também a Liturgia das Horas renovada pelo concílio reatou com o espírito da *lectio divina*, por exemplo, quando diz a respeito da salmodia na *Instrução Geral sobre a Liturgia das Horas*, n. 104: "Quem salmodia sabiamente percorre com a meditação verso por verso, sempre preparado em seu coração para responder, como requer o Espírito que inspirou o salmista e moverá também os devotos preparados para receber a sua graça. Por isso, a salmodia [...] deve se desenvolver com gozo da alma e com doçura de caridade". E também quando, no n. 112, sugere um breve silêncio depois dos salmos para meditação e oração individual e restaura a antiga prática da "oração sálmica", uma espécie de oração-coleta, partindo da temática e das imagens do salmo, ligando-o com a realidade atual.

Foi baseada nesta constatação que trabalhei a noção de *meditação litúrgica* e apliquei-a, como exemplo, ao hino pascal *Cristo ressuscitou...* sugerindo-a como método espiritual de participação na liturgia e no seu estudo.[31]

---

[30] BUYST, Ione. Leitura orante da Bíblia como caminho de espiritualidade. In: Id. *Espiritualidade*; algo novo está nascendo. 10º Caderno de Estudos da Pastoral da Juventude do Brasil. São Paulo: Centro de Capacitação da Juventude, 1996, pp. 38-49.

[31] Id., *Cristo ressuscitou*; meditação litúrgica com um hino pascal. São Paulo: Paulus, 1995 (Col. Liturgia e Teologia). Ver também: BUYST, Ione. "Santo, santo, santo é o Senhor" e "Meditação litúrgica com o

6. Insistência na aprendizagem pela ação ritual

"Aprendizagem pela ação ritual" é o título de um artigo publicado na revista *Grande Sinal*,[32] retomado na edição atualizada de *Liturgia, de coração*.[33] Nesta e em outras publicações, assim como no trabalho formativo de modo geral, há uma insistência nesta verdade:

"A própria liturgia é formadora. Formadora de quê? De nossa fé, de nosso seguimento de Jesus Cristo, de nossa espiritualidade e — por que não? — também de nossa personalidade. Mas há uma condição. A liturgia não atua automaticamente; depende de uma atitude fundamental de nossa parte. Geralmente, fazemos da liturgia um momento didático ou moralizante, onde os ministros e ministras litúrgicos (muitas vezes com ajuda de folhetos e 'jornaizinhos'), ensinam, procuram passar formação e informação, trabalham 'temas', convidam, incentivam ao compromisso... Tudo isso não deixa de ter alguma validade, quando bem dosado. Mas esta não é a maneira própria, genuína, de a liturgia ser formadora. Qual é então sua maneira característica? A liturgia leva a uma aprendizagem na medida em que as pessoas *participam da própria ação litúrgica*, ativa e consciente, exterior e interiormente, de forma plena e frutuosa; na medida em que entram de cheio na proposta ritual. Mas isto, por sua vez, só é possível quando não substituímos esta proposta ritual, esta *ação litúrgica*, por outras coisas. Por isso, os ministros são os primeiros a terem que assumir a proposta ritual."[34]

Para que isto aconteça, duas coisas são fundamentais:

1) Principalmente da parte das pessoas que assumem um ministério na liturgia, a redescoberta da liturgia enquanto *ação* e não apenas como recitação de textos. Olhando a missa, podemos perceber quatro grandes ações fundamentais: acolher (ritos iniciais), dialogar (liturgia da palavra), comer e beber juntos em ação de graças e súplica (liturgia eucarística),

---

Cântico de Zacarias no tempo do advento". In: *Liturgia, de coração*; espiritualidade da celebração. 2. ed. São Paulo: Paulus, 2007, respectivamente nas pp. 101-108, 109-121 (Col. Celebrar a Fé e a Vida).

[32] *Grande Sinal*, Petrópolis, ano 47, pp. 701-706, nov.-dez. 1993.

[33] BUYST, Ione. *Liturgia, de coração*; espiritualidade da celebração, cit., pp. 122-136.

[34] Ibid., p. 88.

enviar (ritos finais). Isto requer uma atitude e atuação mistagógicas principalmente de quem preside, e eventualmente de quem "anima". Quem preside deve garantir a "linha vertical" de nosso relacionamento com Deus: na interpretação da Palavra (homilia) e nas orações. Uma "linha horizontal" de orientações práticas, de motivações, de pequenas chamadas de atenção ou informações para a assembleia, são às vezes necessárias; não são de ordem presidencial, mas diaconal. Podem ser realizadas pelo ministério do "animador" ou "animadora". O termo não é muito apropriado, mas em todo caso é mais adequado do que "comentarista". Os "comentários" (desde o "comentário inicial"!), que a toda hora anunciam, comentam ou explicam as ações que estão sendo realizadas, são de fato um estorvo, um impedimento, um obstáculo para a verdadeira participação. Interrompem nossa relação, nosso diálogo com Deus. Criam uma barreira entre nós e os "atores". Transformam-nos em espectadores, em assistentes de uma ação realizada por outros. A compreensão do mistério celebrado não deve vir de comentários, mas pela participação consciente, piedosa e ativa "nos ritos e nas preces" segundo a expressão da SC 48. A liturgia, enquanto ação ritual, não deve ser interrompida, assim como não se interrompe um teatro ou outra apresentação artística com comentários ou informações. Somente breves convites em estilo orante, conduzindo-nos a um envolvimento pessoal e espiritual, serão bem-vindos.

2) Para que haja uma verdadeira participação, cada um(a) de nós, como membro da assembleia precisamos "subjetivar" as ações objetivas da liturgia, ou seja, assumir subjetivamente, com todo o nosso ser, aquilo que a liturgia nos propõe. Devemos entrar com toda a nossa pessoa, com toda a nossa história, todos os nossos projetos e desejos, como atores e atoras do rito, como agentes, e não como plateia, não como espectadores ou espectadoras. Só assim seremos capazes de adentrar, com todo o nosso ser, o mistério celebrado na liturgia.

9

A FORMAÇÃO DO HOMILIASTA: CONTEÚDO, MÍSTICA, MÉTODOS[1]

A homilia ocupa um lugar excepcional na celebração litúrgica: é ponte entre as leituras bíblicas ouvidas e o "mistério celebrado" na ação sacramental. Por isso, falamos da "função mistagógica" da homilia. Não basta destrinchar as leituras bíblicas e ligar com a vida; é preciso abrir os olhos e o coração para que, pela participação na ação ritual, cheguemos à descoberta e à experiência deste mistério celebrado na liturgia, narrado nas escrituras e vivido no dia a dia.

Aprendamos com as "catequeses mistagógicas" dos Santos Padres para os recém-iniciados durante toda a oitava pascal: partiam da experiência vivida nos sacramentos da iniciação cristã e mostravam como, através dos ritos ("mistérios"), nos tornamos participantes dos fatos fundamentais da história da salvação que culmina na morte-ressurreição de Jesus e incitavam a todos a viver em conformidade com estes mistérios celebrados. Hoje também é função da homilia nos fazer descobrir e experienciar sempre mais profundamente o mistério de Deus agindo na ação ritual, da mesma forma como agiu ao longo de toda a história da salvação relatada nas Sagradas Escrituras, e como age em nossa vida, aguardando nossa resposta, nossa colaboração para o crescimento do Reino.

---

[1] O texto original foi apresentado na reunião da ASLI, Belém (Ananindeua), fev. 2004, que tinha como tema: "A formação do homiliasta: por uma participação ativa, consciente e frutuosa". Segue aqui com algumas modificações.

Espera-se, portanto, que a pessoa que faz a homilia frequente regularmente a Palavra de Deus, e tenha com ela um contato cordial, familiar, afetuoso. Que, além disso, esteja por dentro da realidade da comunidade, atenta aos acontecimentos na sociedade e... que seja capaz de conduzir as pessoas sempre mais para dentro do mistério de Deus pela participação consciente e frutuosa na ação litúrgica. Tudo isso supõe uma boa formação dos homiliastas, sejam (futuros) clérigos (padres, diáconos, bispos), sejam ministros e ministras leigas da Palavra de Deus. Não basta uma formação teórica, teológica; é preciso formar mistagogos e mistagogas, na prática.

Como fazer isso? Oferecemos a seguir um possível roteiro que prevê formação a longo prazo, com leitura orante dos textos bíblicos dominicais, estudos aprofundados sobre homilia, observação participante das homilias realizadas nas comunidades, preparação de homilias com roteiro baseado na leitura orante, "casando" formação intelectual, prática litúrgica e vida espiritual.

1. Um caminho a ser percorrido

A formação de homiliastas supõe um longo processo, um longo caminho a ser percorrido:

1) *No ponto de partida:* um grupo de pessoas, candidatos e candidatas ao ministério (ordenado ou não). Podemos pensar em futuros padres e diáconos, ou em futuros ministros e ministras da Palavra. Cada pessoa vem com uma "bagagem" intelectual, humana, espiritual, sua experiência de vida, seu contexto familiar, social e eclesial...

2) *No ponto de chegada,* homiliastas, ministros e ministras da Palavra, em meio a uma assembleia litúrgica (numa celebração dominical, ou ferial, ou numa celebração de Batismo, Confirmação, Reconciliação, Unção dos Enfermos, casamento, profissão religiosa, bênção de uma casa, exéquias...).

3) *Entre um ponto e outro,* várias "pegadas" no espaço da formação destes futuros ministros e ministras, que deverão percorrer este caminho,

ajudados, entre outros, por nós, liturgistas formadores e formadoras, professores e professoras...

A pergunta básica que se coloca é: o que podemos oferecer e como podemos ajudar da melhor forma possível este grupo de pessoas, ao longo deste trajeto, para que cheguem a ser bons homiliastas, capazes de preparar e servir (para si e para suas comunidades) o pão vivo, a Palavra de Deus, alimento imprescindível no deserto da vida.

Antes de tudo, é preciso ter muita clareza sobre o fim a ser alcançado e os meios que temos para chegar a este fim: o que é um homiliasta? O que é uma homilia? O que devemos esperar de uma homilia na vida de cada um de nós, na vida de uma comunidade? Que qualidades devemos esperar do homiliasta? Qual a relação entre homilia, leituras bíblicas, ação ritual, vida da comunidade e testemunho dos cristãos na sociedade? Como fazer uma hermenêutica litúrgica dos textos bíblicos? Qual a dinâmica que nos oferece o elenco de leituras bíblicas no atual Lecionário, principalmente para as celebrações dominicais? (Relação entre as leituras, importância do salmo responsorial, repartição das leituras de acordo com o tempo litúrgico...). Como aproveitar melhor o prefácio e o canto de comunhão para perceber e vivenciar melhor a unidade entre liturgia da Palavra e liturgia eucarística?... Será preciso cavar fundo — partir, quem sabe, do Novo Testamento, lembrar o ensinamento e o exemplo dos Santos Pais e Mães da Igreja, percorrer rapidamente a história, ressaltar o que disse a Constituição conciliar *Sacrosanctum Concilium* (SC) e os documentos e livros litúrgicos pós-conciliares, não nos esquecendo da caminhada eclesial na América Latina, com sua leitura popular da Bíblia (CEBI...), sua opção evangélica pelos pobres, seu empenho na libertação de toda escravidão e na construção de uma sociedade justa e fraterna.[2]

Porém, não basta olhar apenas para o objetivo que procuramos alcançar. É preciso ter clareza da realidade atual dos formandos e da realidade pastoral. Dos formandos: ouvi-los, sondar que tipo de formação bíblica, litúrgica, teológica, espiritual têm recebido até agora. Da

---

[2]   Cf. A abordagem da libertação. In: PONTIFÍCIA COMISSÃO BÍBLICA. *A interpretação bíblica na Igreja*. 2. ed. São Paulo: Loyola, 1994, pp. 35-37.

realidade pastoral: *que tipo de homilias e homiliastas temos atualmente*? Estão respondendo àquilo que podemos esperar deles? O que podemos aprender com os casos positivos? Quais os questionamentos que se impõem a partir de casos ou resultados negativos? O que deve mudar na formação para que o resultado seja mais satisfatório, de acordo com a legítima "demanda"?

2. Várias modalidades de formação, conteúdos e mística

Podemos visualizar pelo menos *seis modalidades de formação:* institutos de teologia; casas de formação (seminário e outras); cursos ou escolas de formação para ministros e ministras da Palavra (leigos e leigas); encontros de formação permanente do clero; formação assistemática na comunidade eclesial (paróquia, comunidade de base, comunidade religiosa, grupo de jovens...); estudo pessoal (através de leituras, contatos...) e vida de oração.

2.1. Alguns conteúdos

Num primeiro momento, levando em conta o espaço de formação de homiliastas, vislumbro *alguns conteúdos a serem considerados nestas várias modalidades de formação.*

Quanto aos institutos de teologia: procurar um diálogo entre os professores(as) das várias disciplinas e matérias direta ou indiretamente implicadas na formação dos homiliastas: exegese e hermenêutica bíblica, patrística, teologia litúrgica (incluindo o estudo dos sacramentos), teologia da Palavra, ano litúrgico, hermenêutica litúrgica... Seria o caso de introduzir, como matéria, a preparação sistemática de homilias ao longo de vários meses ou tempos do ano litúrgico, com observação participante e avaliação?

Quanto às casas de formação: zelar pelas homilias feitas na própria casa; introduzir os formandos na prática da *lectio divina*, leitura orante da Bíblia e dos textos litúrgicos; prever tempo (diário) no horário da casa para esta prática; organizar, semanalmente, um momento de *lectio divina* comunitária em preparação espiritual à celebração dominical.

Quanto aos cursos ou escolas de formação para ministros e ministras da Palavra (leigos e leigas): assegurar o estudo sobre a revelação, sobre os autores e livros que compõem a Bíblia; assegurar um mínimo de formação teológica, litúrgica; oferecer de tempos em tempos uma análise de conjuntura social, política, cultural... da realidade local, nacional, mundial para que possamos discernir os acontecimentos à luz da Palavra de Deus.

Quanto a encontros de formação permanente do clero: o encargo pastoral é exigente, desafiador; requer constante atualização. Por isso, também em função da homilia, é necessário aprofundar assuntos teológicos, bíblicos, litúrgicos, sociais e políticos, assuntos da atualidade. Alguns assuntos específicos que merecem um aprofundamento:

a) estudo do evangelista de cada um dos três anos (A, B e C) do Lecionário (características daquele evangelista, sequência das leituras ao longo do ano litúrgico e caminho espiritual que apontam);

b) estudo da primeira leitura de cada um dos domingos do Tempo Comum de cada ano (A, B e C) com o Evangelho do dia;

c) estudo dos salmos responsoriais presentes no Lecionário e a possibilidade de fazer homilias a partir deles, ressaltando sua riqueza espiritual (cf. Santo Agostinho, Comentário sobre os Salmos);

d) estudo das leituras bíblicas e litúrgicas (prefácios, coletas, antífonas de entrada e de comunhão) dos tempos fortes do ano litúrgico, como base para as homilias;

e) aprofundamento teológico-litúrgico da relação entre Bíblia/vida/ liturgia (hermenêutica);

f) releitura da Introdução ao Elenco das Leituras da Missa (Introdução ao Lecionário) confrontando com a prática pastoral;

g) estudo dos textos bíblicos e litúrgicos de cada um dos sacramentos (principalmente Batismo, Reconciliação, Unção dos Enfermos, Matrimônio...) como base para as homilias nestas ocasiões...;

h) atualização e treinamento na área da comunicação com especialistas do ramo (levando em conta, no entanto, o caráter específico da comunicação na homilia).

Quanto à formação assistemática na comunidade eclesial (paróquia, comunidade de base, comunidade religiosa, grupo de jovens...): multiplicar os cursos ou semanas de Bíblia, teologia, liturgia, espiritualidade, ética... e assuntos da atualidade para responder ao direito do povo de Deus de aprofundar a fé; antes que assumam o ministério da homilia, proporcionar aos formandos e formandas um tempo de observação das homilias (com a devida orientação metodológica e avaliação); pensar em estágios (acompanhados!) durante um tempo razoável.

Quanto ao estudo pessoal e vida de oração: introduzir e incentivar a prática da *lectio divina*, leitura orante da Bíblia, principalmente com os textos bíblicos (e litúrgicos) da celebração dominical; orientar para uma vida de oração pessoal, individual, assentada na vida litúrgica, na *lectio divina*, no canto dos salmos e cânticos bíblicos, na observação atenta e contemplativa da realidade; proporcionar um mínimo de formação bíblica, patrística, teológica, litúrgica, espiritual... e também humana (filosofia, antropologia, psicologia, sociologia, comunicação): mas não basta o conhecimento teórico, a sabedoria vai além.

2.2. A mística do homiliasta

"Homiliasta" não é professor, nem técnico. É uma pessoa *sábia*, curtida na experiência da vida e da fé, frequentador assíduo da Palavra de Deus. Não oferece conhecimentos teóricos, ainda que teológicos. Fala a partir de sua própria busca e experiência de como viver a fé, de como ser fiel a Jesus Cristo, de como viver a vida do Espírito Santo, na realidade atual, nas circunstâncias de nossa realidade pessoal, comunitária, eclesial, social...

Não é uma pessoa perfeita; é consciente de ser *pecadora*, junto com toda a humanidade que se desvia muitas vezes do caminho de Deus que — só ele — pode nos levar à vida, à paz... Sofre por causa disso. E apresenta, agradecida, os caminhos que a tradição nos apontou; apresenta "o" Caminho, Jesus Cristo.

Não é animador ou animadora de auditório, preocupado em manter a audiência e entreter e satisfazer o público. Na liturgia não deve haver público e, sim, somente "atores", "sujeitos", "um povo celebrante", que se deixa *animar pelo Espírito Santo* do Senhor, pelo fogo do amor e da misericórdia de Deus aceso em nosso coração. Por isso, interessa abrir o diálogo, ouvir os irmãos e irmãs.

É como um *pai de família* que olha com ternura e conhece profundamente cada uma das pessoas a ele confiadas e que tira do baú das Sagradas Escrituras e dos textos litúrgicos coisas novas e velhas, uma palavra capaz de animar, exortar, encorajar, consolar.

É como uma *mãe de família* que prepara e serve o alimento com competência e satisfação, levando em conta as necessidades e os gostos de cada membro da família e de cada hóspede ou visitante; que se preocupa em juntar e manter unidos os membros da família, desde o menor até o maior, desde o são até o doente e o deficiente...

É como *um pastor, uma pastora* que conhece as ovelhas pelo nome e se preocupa em que encontrem o alimento necessário, que não fiquem machucadas ou roubadas pelos inimigos da vida...

É *guia espiritual* da comunidade, que orienta caminhando junto na vida de fé, de oração, do testemunho, da ação pastoral..., *mistagogo ou mistagoga* que introduz no mistério celebrado na liturgia e vivido no dia a dia.

É chamado a ser *profeta* ou *profetisa*, profundamente desejoso do Reino de Deus, *sentinela* que aponta os sinais deste Reino (e do antirreino) em nossa realidade. Mantém viva a comunidade eclesial em sua missão, seu testemunho no mundo, seu serviço preferencial aos pobres, aos excluídos de nossos planos econômicos, sistemas políticos, organizações eclesiásticas... Denuncia e anuncia. Aponta os perigos e desvios; encoraja para o compromisso.

Mas, para que tudo isso seja possível, é antes de tudo como *Maria*, que se deixa engravidar para poder dar à luz o Verbo de Deus, a Palavra viva, que vem ao mundo para que todos tenham vida e a tenham em abundância.

3. Formação para o ser humano "integral" (corpo, alma, mente, espírito), com uma missão na sociedade

Ao pensarmos a formação de homiliastas, devemos partir de uma antropologia ampla, que considere o ser humano na unidade ("inteireza) de suas múltiplas dimensões: corpo, alma, mente, espírito. A realidade espiritual está intimamente ligada à realidade biológica, psíquica, mental no contexto sócio-político-cultural.

Embora a homilia seja da ordem de uma comunicação principalmente verbal, ela provém da mente e do "coração" do homiliasta, envolve sua corporeidade e deve atingir os ouvintes como um todo. Tudo isso supõe uma formação que atinja simultaneamente as várias dimensões do ser humano, consideradas em sua unidade. Carecemos de uma formação na autenticidade, na inteireza do ser. No caso da formação de homiliastas, é preciso estarmos atentos à *unidade entre formação intelectual e espiritual* e ainda à *autenticidade*, para que no momento de proferir a homilia nossa mente e nosso "coração" concordem com nossa voz.

Além disso, o ser humano vive entrelaçado no contexto social, político, cultural, cósmico. É parte de uma imensa teia. E é nesta teia que é chamado a reconhecer o Senhor, ser testemunho de sua ressurreição, anunciar a salvação. Deus quer salvar a humanidade. Deus quer salvar toda a realidade criada. Os homiliastas precisam, portanto, estar atentos aos acontecimentos de sua localidade, de seu país, do mundo... Precisam estar atentos às mudanças culturais, aos rumos da política, aos anseios e às perplexidades de seu povo... para poder realizar sua missão profética.

4. Uma proposta de formação de homiliastas: organização de possíveis fases (passos a serem dados)

4.1. Observações iniciais

É preciso apostar na formação bíblico-litúrgico-espiritual na comunidade (equipes de liturgia e povo em geral), bem como cuidar da formação nas casas de formação para complementar o estudo no instituto de teologia (onde predomina o "racional"; onde a formação bíblica geralmente se restringe à exegese; onde há uma carga horária bastante restrita para a liturgia). Mas é indispensável o espaço pessoal de formação (estudo e oração).

Não está inserido na proposta o estudo sobre a revelação e dos vários livros das Sagradas Escrituras (o que seria o ideal). Supõe-se que este estudo seja prévio ou simultâneo à nossa proposta. No caso dos estudantes de teologia, o instituto de teologia é que se encarrega disso. Para outros grupos, podemos recomendar a coleção "Tua Palavra é vida".[3]

As várias fases propostas:

1. Prática de leitura orante (*lectio divina*).

2. Observação participante de homilias nas assembleias litúrgicas das comunidades.

3. Prática de homilia (acompanhada, com preparação e avaliação).

4. Organização de formação de ministros e ministras da Palavra (com preparação de homilias), com acompanhamento (na preparação e avaliação).

A duração de cada fase dependerá do tempo disponível para a formação de cada grupo. No caso do seminário para formação do clero, estas fases poderão ser repartidas ao longo dos anos do estudo da filosofia e da teologia.

---

[3] São Paulo: Loyola/CRB, 1990.

4.2. Primeira fase: prática de leitura orante (*lectio divina*)

Ninguém pode se tornar ministro da Palavra, a não ser que viva como discípulo e discípula, na convivência existencial com o Mestre, e se disponha a partilhar suas experiências e a aprender com a experiência dos irmãos e irmãs. Ninguém dá o que não tem: para poder partilhar o pão da Palavra de Deus, é preciso viver dele cotidianamente. Para poder dá-la à luz, é preciso deixar-se engravidar por ela.

É hora de aprender o método secular da *lectio divina*, leitura orante da bíblia. É método recomendado pela *Dei Verbum* (n. 25); foi espalhado por todo o Brasil como leitura popular, ligando Bíblia e vida (principalmente pelo CEBI e pela CRB) e, antes de ser método de leitura individual, é o método que está à base da estrutura da liturgia da Palavra.

1. Breve introdução à leitura orante (*lectio divina*): os quatro passos. Seguida de prática semanal comunitária, dirigida, de leitura orante com os textos litúrgicos do domingo seguinte. (Não direcionado para a pastoral, mas para "uso pessoal": participação consciente na liturgia como caminho de espiritualidade. É muito importante não querer "passar para os outros" aquilo que não experimentamos antes pessoalmente. Objetivo: conhecimento prático, até que a leitura orante se torne um hábito, como comer, beber, tomar banho...).

2. Estudo aprofundado do método da leitura orante na liturgia e na oração pessoal: histórico; indicação de bibliografia;[4] leituras pessoais com síntese e apreciação pessoal; seminários... *Objetivo: conhecimento teórico do método.*

3. Estágio pastoral (com preparação e avaliação): de dois a dois, repetir os itens 1 e 2 (dependendo do grupo, também o item 3) com um

---

[4] GUIGO II, cartuxo. Carta sobre a vida contemplativa ou a escada dos monges. In: *Lectio divina, ontem e hoje.* v. 1. (Salvador, Cimbra, 1989) pp. 7-28 (2. ed. revista e aumentada. Juiz de Fora/MG: Mosteiro de Santa Cruz, 1999); BIANCHI, Enzo. Rezar a Palavra. In: *Lectio divina, ontem e hoje.* v. 1. (Salvador, Cimbra, 1989) pp. 29-107; GIURISATO, Giorgio. *Lectio divina, hoje.* In: *Lectio divina, ontem e hoje.* v. 1. (Salvador, Cimbra, 1989) pp. 109-141; *A leitura orante da Bíblia.* São Paulo: Publicações CRB/Loyola, 1990 (Col. Tua Palavra é vida, 1), [principalmente o cap. 1]; BARBAN, Alessandro. O caminho espiritual da "lectio divina". In: MONGES BENEDITINOS CAMALDOLENSES. *Como água da fonte*; a espiritualidade monástica camaldolense entre memória e profecia. São Paulo: Loyola, 2009, pp. 157-183; CNBB. *Leitura orante nos seminários e casas de formação.* São Paulo: CNBB, 2010; BENTO XVI. *Verbum Domini* (2010), n. 86 (também nn. 72, 82, 83).

grupo de pessoas: equipes de liturgia, catequistas, comunidade de base, crianças, grupo de jovens, terceira idade... Objetivo: aprender a ser "mistagogo", guia espiritual (bem diferente do "professor"!).

4.3. Segunda fase: observação participante de homilias nas assembleias litúrgicas das comunidades

Nesta segunda fase, trata-se de aprender com a prática de outras pessoas, homiliastas. Vamos observar como fazem homilia e, principalmente, vamos aprender a observar na perspectiva dos ouvintes.

1. Partilha comunitária da participação na homilia do domingo anterior.

    Possível roteiro para a partilha:

    a) O que mais me tocou e me ajudou em minha caminhada espiritual de seguidor ou seguidora de Jesus Cristo, membro da Igreja, testemunha da ressurreição...?

    b) Como a homilia estava estruturada? (Início, desenvolvimento das ideias, final; relação com as leituras bíblicas; relação com a atualidade; relação com a liturgia eucarística...). Qual parece ter sido o objetivo do homiliasta?

    Depois da partilha, quem coordena destaca os pontos positivos, sem questionar os possíveis "descaminhos" (como, por exemplo, subjetivismo, espiritualismo, racionalismo...).

    Objetivo: criar o hábito da participação consciente e espiritual nas homilias; despertar a atitude crítica e a vontade de saber mais sobre a homilia.

2. Estudo do Lecionário e sua Introdução (IELM): teologia da Palavra, função da homilia na liturgia da Palavra; relação com a atualidade e com a liturgia sacramental; organização do Lecionário, seguindo o ano litúrgico, relação entre as leituras...

    Objetivo: adquirir conhecimento teológico-litúrgico suficiente para preparação, realização e avaliação de homilias.

3. Introdução à técnica de "observação participante".

4. "Observação participante" de homilias, com relatório e socialização comentada destes relatórios.

Objetivo: adquirir técnica e prática para observação de homilias e ganhar sensibilidade na perspectiva dos ouvintes.

4.4. Terceira fase: prática de homilia (com acompanhamento)

É o momento de iniciar a prática, com o devido acompanhamento na preparação e avaliação:

1. Teoria e prática de comunicação verbal, de preferência com especialista no assunto, levando em conta a peculiaridade teológico-litúrgica da homilia.

2. Aprofundamento teórico sobre o tipo de comunicação próprio para a homilia.

3. Preparação grupal das homilias (dominicais e outras) com o método aprendido na primeira fase.[5]

4. Realização das homilias, de preferência em ambientes restritos (celebrações na casa de formação, em pequenos grupos, em comunidades menores...). Uma pessoa formanda faz a homilia, a outra realiza a observação participante e faz relatório da mesma. (Na próxima ocasião, os papéis serão invertidos).

5. Avaliação grupal, baseada no confronto entre o(s) relatório(s) de observação participante e experiência do homiliasta. No final, tirem-se conclusões para enriquecer o aprendizado teórico/prático.

Objetivo: adquirir o hábito da hermenêutica litúrgica; adquirir prática e segurança na preparação, realização e avaliação de uma homilia.

---

[5] Ver um possível roteiro de preparação, baseado no método da leitura orante, em: BUYST, Ione. *Homilia, partilha da Palavra.* 6. ed. São Paulo: Paulinas, 2007, pp. 36-40.

4.5. Quarta fase: organização de formação de ministros e ministras da Palavra com acompanhamento (preparação e avaliação)

Nesta última fase, vamos socializar os conhecimentos e métodos adquiridos, orientando outras pessoas, futuros ministros e ministras da Palavra. Desta forma, acabamos nos beneficiando também: solidificamos o aprendido; somos obrigados a aprofundar mais, para poder responder às indagações dos aprendizes.

1. Momento preparatório: noções de planejamento; comentar e aprofundar os vários elementos de um projeto: o que fazer? Por quê? Como? Com quem? Onde? Quando, durante quanto tempo? Quais são os custos e os recursos?

2. Ainda em um momento preparatório: elaboração de um projeto de formação de homiliastas, ministros e ministras da Palavra: o que fazer? Por quê? Como? Com quem? Onde? Quando? Durante quanto tempo? Quais são os custos e os recursos?

3. Realização do projeto, de dois a dois.

4. Reuniões regulares, grupais, para acompanhamento do andamento do projeto.

5. Avaliação final da experiência de formação.

   Objetivo: checar e aprofundar os ensinamentos prático-teóricos recebidos; preparar os formandos para seu papel de formadores litúrgicos do povo de Deus e seus ministros e ministras.

4.6. Finalizando

O esquema acima, com suas quatro fases, é uma proposta que necessita ser adaptada a cada grupo, a cada realidade. Por isso:

1. Caracterizem o grupo de pessoas para o qual irão oferecer uma formação para o ministério de homiliasta.

2. Caracterizem ainda o "ponto de partida" e o "ponto de chegada" da formação deste grupo.

3. Caracterizem a modalidade de formação com a qual irão trabalhar.

4. Esbocem os possíveis passos a serem dados, com seus conteúdos, metodologia, mística, inspirando-se na proposta apresentada.

5. Iniciem a experiência, cuidando em avaliar cada passo dado, cada etapa realizada, registrando suas observações e as do grupo dos formandos.

À GUISA DE CONCLUSÃO: NOTAS LITÚRGICAS À MARGEM DE UM POEMA DE ADÉLIA PRADO

No poema de Adélia Prado, "Missa das 10",[1] todos vão à missa de frei Jácomo. E gostam de ir. A poetisa destaca principalmente o sermão, que todos apreciam sem entender. Parece ser deleite para os ouvidos, afago para os sentimentos, sem incomodar o estilo de vida de cada um. Há um hiato entre a missa e a "vida"; o único elo é a possibilidade de garantir o paraíso, apesar da vida levada em contrário.

Mas onde fica o "mistério celebrado" na missa? Com três linhas, Adélia o evoca: "o Cordeiro degolado na mesa, o sangue sobre as toalhas, seu lancinante grito". Só que ninguém o vê! Ninguém percebe de que se trata afinal na missa das 10, nem em qualquer outra missa. Nunca se deram conta de que eles fazem parte dos "felizes convidados para a festa de casamento do Cordeiro" onde se celebra o fato de que *o Senhor tomou posse de seu Reino!* (cf. Ap 19,6-9). O mistério não é percebido. O rito é realizado sem referência à historia da salvação, como se fosse algo opaco, sem perspectiva, sem horizonte, sem profundidade: o rito pelo rito. Ou, o rito pelo sermão, que é a única coisa que se destaca, embora sem relação nenhuma com o mistério celebrado, como deveria de ser. É o rito como ticket de entrada para o paraíso, garantia de salvação para depois da morte. (Hoje em dia, talvez nem isso.)

Alguns, desconhecendo a relação entre rito e mistério, talvez resvalem para o medieval "milagre de Lanciano", apegando-se grosseiramente a uma pretendida realidade física (pão que se transforma em

---

[1] PRADO, Adélia. *Poesia reunida.* 10. ed. São Paulo: Siciliano, 2001. p. 323.

carne humana, vinho que vira sangue de verdade!), destruindo assim por completo o sacramento. E perdem o essencial: nossa participação atual, sacramental, nossa associação à morte e ressurreição de Jesus que, pela força do Espírito, *transforma nossa vida* e nos impulsiona para a missão no hoje da história a serviço do Reino que está presente como semente, como fermento na massa. "Eu vivo, mas não eu: é Cristo que vive em mim" (Gl 2,20).

O mais trágico está expresso na última linha do poema: nem frei Jácomo entende! Na observação da poetisa, ele não tem consciência do mistério que está celebrando no rito da missa e que ele deveria des-vendar, revelar, através de sua pregação e de sua maneira de viver e de realizar o rito para que seu povo possa celebrar, compreender e viver este mistério. Ele parece, no entanto, ser um bom padre: fala com piedade (embora fale "para ele mesmo", sem se preocupar em atingir seus ouvintes), ora pelos paroquianos, sabe cativar seu público com vida de santos..., só não vê o Cordeiro degolado na mesa, o sangue sobre as toalhas; não ouve seu lancinante grito. Realiza o rito sem atentar para o sentido teológico e espiritual. Como fazer, então, se o próprio ministro da "ceia do Cordeiro" não percebe, não tem consciência do sentido escondido daquilo que está fazendo? E por que não tem consciência? Por que não entende? Será por falta de uma formação adequada? E se o frei não entende, como poderá passar para seu povo o entendimento do mistério pela catequese, pela pregação, pela maneira de celebrar e por outros momentos de formação?

E nós, será que entendemos? Somos caminheiros e caminheiras atraídos pelo foco de Amor incandescente que mantém vivo o Universo. Avançamos passo a passo, ora na luz, ora na neblina, no longo percurso rumo ao coração do Mistério insondável.

ANEXO I

ALGUÉM ME TOCOU!
SACRAMENTALIDADE DA LITURGIA NA
SACROSANCTUM CONCILIUM[1]

1. Encontro

Sentada à mesa, eu estava lendo o jornal. De repente, o rapaz ao meu lado pousou suavemente sua mão sobre minha mão. Olhei para ele, tentando entender o gesto deste jovem levemente perturbado. Olhando-me nos olhos, sem pressa, retirou a mão e disse: "Queria tocar você".

Tocar! Podemos tocar uns aos outros com a mão, com o olhar, com nossa voz, com a aproximação de todo o corpo, ou também através de um instrumento ou objeto... O que é tocado em mim, quando alguém me toca? O que toco quando toco alguém? Quantas vezes por dia tocamos em coisas ou pessoas, sem perceber a profundidade e a repercussão de tal gesto! Medicina, antropologia, psicologia, psiquiatria, neurociências... e tantos outros ramos do saber têm muito a nos ensinar sobre isso. E, embora nem todos compartilhem a mesma maneira de pensar o ser humano, mais e mais cresce a certeza de que se trata de uma realidade complexa, na qual as várias dimensões (física, psíquica, energética, espiritual...) são inseparáveis, estão inter-relacionadas, formam uma unidade. Tocando a mão de alguém, tocamos a pessoa; ferindo a mão de alguém, ferimos a

---

[1] Publicado em: *RL*, São Paulo, n. 176: 4-9, mar./abr. 2003; CNBB. *A sagrada liturgia*; 40 anos depois. São Paulo: Paulus, 2003, pp. 88-102 (Col. Estudos, 87).

pessoa. Tocar cria relação, encontro, para o bem ou para o mal. Sem o toque, não há relação; sem o toque, o encontro não é possível.

2. Tocar Deus

Isso me faz lembrar aquela passagem do Evangelho em que uma mulher — sofrendo de hemorragia havia muitos anos — toca a roupa de Jesus, na esperança de se curar. E, de fato, ela fica livre de sua doença. Jesus percebe a força que saíra dele e pergunta: "Quem me tocou?" (Mt 9,20-22; Mc 5,25-34; Lc 8,43-48). Podemos acrescentar outra pergunta: quem a mulher tocou quando tocou em Jesus? Para a tradição cristã, a força que habita Jesus não é apenas uma força psíquica; é a força do próprio Espírito de Deus. Jesus é reconhecido na fé, como o Emanuel, o Deus-Conosco, o Filho de Deus, o Verbo feito carne, Deus em carne e osso, vivendo nossa vida humana — divinamente, vivendo a vida divina — humanamente. Por isso, no Evangelho de João, Jesus diz: "Quem me viu, tem visto o Pai [...]. *Não acreditas que eu estou no Pai e que o Pai está em mim?*" (Jo 14,9-10), e a Primeira Carta de João explicita: "O que era desde o princípio, o que ouvimos, o que vimos com os nossos olhos, o que contemplamos e o que as nossas mãos apalparam da Palavra da Vida — vida esta que se manifestou, que nós vimos e testemunhamos, vida eterna que a vós anunciamos, que estava junto do Pai e que se tornou visível para nós —, isso que vimos e ouvimos, nós vos anunciamos, para que estejais em comunhão conosco. E a nossa comunhão é com o Pai e com seu Filho, Jesus Cristo. Nós vos escrevemos estas coisas para que a nossa alegria seja completa" (1Jo 1,1-4). A Vida se manifestou, se deu a conhecer, ver, ouvir, apalpar. Ver Jesus, ouvir Jesus, tocá-lo... é ver, ouvir, tocar a Deus! Para se comunicar com os humanos, para salvar a humanidade e propor e possibilitar uma vida de intimidade, de comunhão, Deus teve que se tornar audível, visível, palpável..., ao alcance de nossos ouvidos, de nossos olhos, de nossas mãos! Deus teve que nos tocar e se deixar tocar em Jesus, o Cristo.

3. Uma nova maneira de pensar a liturgia

Quero partir desta imagem do "toque" para falar da liturgia como é apresentada no documento do Concílio Vaticano II *Sacrosanctum Concilium*. Quero falar mais especificamente da sacramentalidade da liturgia. No mês de dezembro, estaremos lembrando mais um aniversário da promulgação deste primeiro documento emanado do concílio e, no entanto, a expressão "sacramentalidade da liturgia" ainda assusta a algumas pessoas e deixa indiferente a outras. De fato, antes do concílio, o termo "sacramento" era usado unicamente para se referir aos sete sacramentos (Batismo, Confirmação, Eucaristia, Reconciliação, Unção dos Enfermos, Ordem e Matrimônio); e, quando se falava em liturgia, tinham-se em mente unicamente as exterioridades das celebrações, as "cerimônias". Muita gente pensa assim até hoje. No entanto, o Concílio Vaticano II mudou radicalmente esta maneira de ver. Fala da Igreja como sacramento ou como mistério e apresenta toda a liturgia, e não apenas os sete sacramentos, como uma ação sacramental, uma ação de Deus que vem salvar seu povo. Daí a expressão "sacramentalidade" da liturgia. O termo como tal não aparece no documento, mas o sentido é esse.

De onde os bispos reunidos em concílio, ou a equipe que preparou o documento conciliar, tirou esta ideia? Criaram algo novo? Não! Apenas quiseram voltar "às fontes", como era a proposta do Papa João XXIII, que convocou o concílio. Valeram-se de estudos bíblicos, patrísticos, litúrgicos, históricos, realizados por pesquisadores de várias Igrejas cristãs do movimento bíblico, ecumênico e litúrgico, durante bem uns sessenta anos, para conhecer melhor a liturgia dos primeiros séculos do cristianismo, para chegar o mais perto possível da fonte de nossa fé e purificar a liturgia da Igreja Católica de possíveis falhas ou acréscimos indevidos e assim facilitar o diálogo ecumênico com as outras Igrejas cristãs. Interessaram-se não somente pela maneira de celebrar, mas também pela teologia e pela espiritualidade implícitas na celebração. E, assim, voltaram a falar da liturgia e da Igreja como "sacramento", como "mistério", como faziam os Santos Padres e os textos litúrgicos dos primeiros séculos do cristianismo.

4. Liturgia situada na história da salvação

Ao lermos o primeiro capítulo da SC, principalmente os itens 2, 5, 6, 7 e 8, percebemos algo de muito importante: retomando o ensinamento dos Santos Padres, a liturgia, assim como a Igreja, é situada na longa história da salvação, que tem seu ponto culminante, central, em Jesus Cristo. O tempo antes de Cristo é apresentado como preparação, e o tempo depois dele é o tempo da Igreja, decorrente do mistério revelado em Cristo, rumo à plena realização do Reino de Deus.

Fala-se em "economia" universal da salvação. Esta palavra, que junta dois termos gregos — *oikos* ("casa") e *nomos* ("regra") —, sugere a organização, o planejamento, a administração de uma determinada casa. Ou seja, Deus, como um bom "ecônomo", dirige sua "casa" (isto é, a vida, o mundo, os seres humanos, a história...), para o bem de todos. E ele o faz não de um dia para outro, mas pedagogicamente, em etapas, respeitando a maneira de ser dos humanos. Poderíamos dizer também que Deus age como um bom pedagogo, respeitando nossa maneira de ser, nosso ritmo, nossos limites; procura conquistar nossa confiança, gradativamente.

A ideia teológica subjacente é a seguinte: Deus está misteriosamente presente em nosso mundo e faz com que seu "desígnio", seu "plano" para com a humanidade aconteça. Isso corresponde ao "mistério" (*mysterion*) de que fala a Carta aos Efésios e a Carta aos Colossenses. O "mistério" se refere à revelação da própria pessoa de Deus, a seu plano para com a humanidade, à comunhão de vida que oferece a todos os seres humanos, incluindo todas as realidades criadas. Num primeiro momento, tempo de preparação, o mistério de Deus, seu "desígnio", ficou em segredo; esta etapa corresponde principalmente ao tempo da primeira aliança, a aliança de Deus com o povo de Israel.

Depois deste período de preparação, veio o ponto alto, o momento decisivo: a "encarnação" de Deus como um ser humano em meio aos outros, convivendo conosco. Em Jesus, toda a realidade é "recapitulada", assumida, e em sua pessoa, em sua maneira de viver, pensar, agir... e principalmente em sua morte-ressurreição, o mistério é revelado, manifestado, dado a conhecer, mas ainda não plenamente realizado. Estamos vivendo agora o tempo intermediário entre a ressurreição e a parusia, quando finalmente o Reino de Deus estará plenamente instaurado.[2]

É importante notar a relação que existe entre as palavras "mistério" e "sacramento" nos primórdios do cristianismo. No texto latino-africano da Bíblia, a palavra grega *mysterion* vem habitualmente traduzida por *sacramentum*. A tradução da Vulgata prefere a palavra *mysterium*, uma forma latinizada da palavra grega. No entanto, as Cartas aos Efésios e Colossenses usam indistintamente os dois termos.[3] Ou seja, o sentido originário da palavra "sacramento" é... o mistério de Deus, revelado em Jesus Cristo. É este mistério que é celebrado na liturgia, através de sinais sagrados, sensíveis e eficazes, para dele podermos participar. Daí o uso das duas palavras, mistério e sacramento, também para designar a liturgia,[4] em seu conjunto e seus detalhes, como por exemplo, o sal usado no Batismo, as exéquias, a consagração das igrejas... Santo Agostinho chega a contar mais de 300 mistérios ou sacramentos.

5. A estrutura sacramental na economia da salvação[5]

Vagaggini (que foi membro da comissão pré-conciliar e "expert" do concílio) chama nossa atenção para "a íntima e indissolúvel conexão, na ordem atual da salvação, entre Cristo, Igreja e liturgia" nesse texto. Esta

---

[2] Embora a SC não o cite explicitamente, as ideias de economia da salvação e de recapitulação de tudo em Cristo são desenvolvidas principalmente por Irineu de Lyon, no século II. Documentos conciliares posteriores à SC, como a *Lumen Gentium*, sobre a Igreja, e a *Ad Gentes*, sobre a atividade missionária, trabalham com as mesmas ideias teológicas de Irineu e fazem explicitamente referência a ele. Cf. ANDIA, Ysabel de. L'actualité d'Irénée de Lyon depuis Vatican II. In: *Bulletin de Saint-Sulpice*; L'enseignement de la patristique; the teaching of patristics. v. 13, 1987, pp. 107-120.

[3] Cf. NOCENT, A. Sacramentos. In: DI BERNARDINO (org.). *Dicionário de patrística e de antiguidades cristãs*. Petrópolis/São Paulo: Vozes/Paulus, 2002, pp. 1241-1244.

[4] Nocent faz notar que isso aconteceu principalmente depois do século IV, quando já não havia o perigo de confusão com a religião dos mistérios, considerados "pagãos".

[5] Para todo este parágrafo, cf. VAGAGGINI, C. Visão panorâmica sobre a constituição litúrgica. In: BARAÚNA, Guilherme. *A sagrada liturgia renovada pelo Concílio*. Petrópolis: Vozes, 1964, pp. 133-135; ver também: SCHMIDT, Herman. Les signes sacrés. In: *La Constitution de la Sainte Liturgie*; texte — genese — commentaire — documents. Bruxelles: Editions Lumen Vitae, 1966, pp. 169-179.

conexão íntima não é somente de causalidade (Cristo age na Igreja e através dela, a Igreja age principalmente na liturgia e através dela), mas também de estrutura, estrutura de *sacramentum,* de *mysterium*: "realidade visível e sensível que de algum modo contém e comunica, aos que estão bem dispostos, uma realidade invisível, sagrada, divina, da ordem da salvação [...], manifestada a quem tem fé e escondido a quem não a tem. Tal é a estrutura de Cristo, tal a estrutura da Igreja, tal a estrutura da liturgia" (p. 134). Cristo é o sacramento primordial; a Igreja é o sacramento geral; a liturgia é o sacramento mais restrito (particularmente nos sete sacramentos, que é seu núcleo central, e mais especificamente na Eucaristia, que é o sacramento por excelência). Relacionando com a imagem do toque evocado no início deste texto, podemos dizer: na pessoa de Jesus, Deus "tocou" nossa humanidade para salvá-la, para realizar o encontro, a comunhão; hoje, o Cristo Ressuscitado continua nos "tocando" em seu corpo, que é a Igreja, e nos mistérios celebrados, nas ações simbólico-sacramentais realizadas nela, por ele.

Assim, a SC lembra a estrutura humano-divina da pessoa de Cristo e de sua obra: "Deus enviou seu Filho, Verbo feito carne, ungido pelo Espírito Santo [...], médico carnal e espiritual [...]. Sua humanidade, na unidade da pessoa do Verbo, foi o instrumento de nossa salvação". Depois apresenta a Igreja como sacramento nascido de Cristo: "Do lado do Cristo dormindo na cruz nasceu o admirável sacramento de toda a Igreja" (SC 5). Também ela é humana e divina, sendo que "o humano se ordena ao divino, o visível ao invisível, a ação à contemplação e o presente à cidade futura" (SC 2); é a ação invisível do Espírito, servindo-se de meios humanos e visíveis. Em seguida fala da liturgia: é um conjunto de sinais sensíveis através dos quais Cristo continua sua obra de salvação de toda a humanidade e de glorificação de Deus, unindo a si a sua Igreja para levar avante esta obra. "Disto se segue que toda a celebração litúrgica [...] é uma obra sagrada por excelência, cuja eficácia nenhuma outra ação da Igreja iguala" (SC 7). Notem como estes textos falam de toda a liturgia, e não somente dos sacramentos.

Vagaggini termina apontando os avanços na SC em relação à *Mediator Dei* (Pio XII, 1947) ao caracterizar a liturgia: (1) A liturgia volta a ser considerada como *sacramentum, mysterium*, e a "sacramentalidade" de toda a liturgia vem salientada com grande ênfase" (p. 137). (2) É dado grande relevo aos sinais sensíveis através dos quais Cristo age na liturgia. (3) Este complexo de sinais não se refere somente ao culto prestado por nós a Deus (glorificação), mas também à santificação operada em nós por Deus, considerando assim o duplo movimento (ascendente e descendente) da liturgia.

6. Sinais sensíveis, significativos e eficazes no encontro do Ressuscitado com o seu povo

A respeito dos sinais com os quais se realiza a liturgia, SC 7 afirma três coisas: são sinais sensíveis, significativos e eficazes.

1) São *sinais sensíveis*, ou seja, atingem nossa sensibilidade, a partir da corporeidade. São coisas que podemos ver ou ouvir, apalpar, cheirar, degustar...: pão e vinho, água, óleo, incenso, velas acesas..., espaço para celebrar, altar, estante da Palavra..., mãos nos tocando, ungindo, pessoas reunidas, se cumprimentando, abraçando, cantando, atuando em conjunto... Daí a necessidade de cuidar da maneira de celebrar, de cultivar a *forma* das ações litúrgicas (cf. SC 47). Daí também a exigência da verdade destes sinais: pão de verdade, comunhão do pão consagrado naquela missa e não do pão de missa anterior, guardado no sacrário (SC 55), vinho para todos (SC 55), água para o Batismo em abundância... A música é considerada parte integrante e necessária, intimamente ligada à ação litúrgica (SC 112-121). Da arte sacra, das vestes litúrgicas e dos objetos pertencentes ao culto divino se pede que sejam "dignos, decentes e belos, sinais e símbolos das coisas do alto" (SC 122).

2) Os sinais sensíveis foram escolhidos por Cristo e pela Igreja para *significar as coisas divinas invisíveis* (cf. SC 33). São sinais simbólicos, sacramentais: sinais sensíveis que remetem à realidade invisível, ao mistério de nossa fé, ao mistério pascal de Jesus Cristo. São "sacramentos da fé"; não somente a supõem, mas também a alimentam, fortalecem e exprimem (SC 59). Para que possam ser reconhecidos como tais, reque-

rem conhecimento das coisas da fé, aprofundados através de abundante leitura das Sagradas Escrituras, a restauração da homilia que anuncia o mistério de Cristo, catequese litúrgica... (SC 24; 35; 51-52). De fato, os sinais devem alimentar a fé dos fiéis e despertar suas mentes para Deus (SC 33). É necessário que os participantes "acompanhem com a mente as palavras [...], participem com conhecimento de causa, ativa e frutuosamente" (SC 11). Daí ao menos três requisitos pastorais: (a) as ações sagradas devem "resplandecer de nobre simplicidade, sejam transparentes por sua brevidade [...], acomodadas à compreensão dos fiéis e, em geral, não careçam de muitas explicações" (SC 34), para que sejam compreendidas facilmente (SC 59); (b) o povo e o clero necessitam de boa e esmerada formação litúrgica (cf. SC 15-19); (c) é preciso reformar a liturgia de tal modo que as ações litúrgicas "exprimam mais claramente as coisas santas que elas significam, e o povo cristão possa compreendê-las facilmente" (SC 21). Também as exigências da adaptação à cultura de cada povo celebrante entram nesta mesma perspectiva (SC 36 a 40; 54; 63).

3) Esses sinais sensíveis, escolhidos para significar as coisas da fé, são *eficazes*, isto é, *realizam o que significam*. "Assim, pelo Batismo os homens [e mulheres] são inseridos no mistério pascal de Cristo; com ele mortos, com ele sepultados, com ele ressuscitados [...]. Da mesma forma, toda vez que comem a ceia do Senhor, anunciam-lhe a morte até que venha" (SC 6).

A eficácia dos sinais sensíveis na liturgia vem do fato de se tratar de ações do Cristo com seu Espírito, presente, não somente no pão e no vinho eucarísticos, mas igualmente no ministro que preside, na Palavra anunciada (é ele que fala), no Batismo (é ele que batiza), na assembleia reunida que ora e canta... (SC 7). Podemos lembrar aqui as palavras de Ambrósio: "Eu te encontro nos teus mistérios", e de Leão Magno: "Tudo o que na vida de nosso Redentor era visível passou para os mistérios",[6] ou seja, é nas ações litúrgicas que vemos, ouvimos, percebemos o Cristo

---

[6] Sermo 2 de Ascensione, 1-4; PL 54, 397-399; LH, Ofício de Leituras, Sexta-feira da VI Semana do Tempo Pascal.

Crucificado/Ressuscitado vindo ao nosso encontro, atuando, salvando, instaurando o Reino de Deus.

No entanto, não basta celebrar. Espera-se que aquilo que é vivido sacramentalmente, ritualmente, na celebração, tenha continuidade na vida diária, no testemunho no meio do mundo: "Saciados pelos sacramentos pascais, sejam concordes na piedade", "conservem em suas vidas o que receberam pela fé", sejam estimulados para "a caridade imperiosa de Cristo" (SC 10). Mais: "devemos sempre trazer em nosso corpo a morte de Jesus para que também a sua vida se manifeste em nossa carne mortal" (SC 11). Ou seja, a memória da morte-ressurreição de Jesus celebrada na liturgia deve se "encarnar" em nossa vida; a oferta de nossa vida juntamente com a de Jesus na celebração eucarística se prolongue em nosso cotidiano a tal ponto que sejamos feitos "eterna dádiva sua" (SC 12). Celebração litúrgica, vida espiritual e comportamento ético não são coisas estanques.

7. Sinais-símbolos de uma realidade que extrapola a liturgia

Toda a liturgia é apresentada como um conjunto de sinais com os quais o Ressuscitado, com o seu Espírito, nos atinge quando estamos reunidos e celebramos sua memória. No entanto, o Ressuscitado atinge o universo inteiro, sua ação não conhece limites, nem geográficos, nem étnicos, sociais, filosóficos ou religiosos. Ele está em contato com qualquer pessoa, em qualquer lugar do mundo, de qualquer etnia, classe social, convicção filosófica ou tradição religiosa. O que a liturgia poderá acrescentar a tudo isso? SC 2 usa dois termos significativos: "A liturgia [...] contribui para que os fiéis *exprimam* em suas vidas e aos outros *manifestem* o mistério de Cristo e a genuína natureza da verdadeira Igreja". A liturgia é um momento de expressão, de epifania, de manifestação deste mistério presente em toda a realidade, pessoal, social, universal.[7] É um

---

[7] Cf. MALDONADO, L. Interpretações sobre a constituição *Sacrosanctum Concilium*. In: *A ação litúrgica*; sacramento e celebração. São Paulo: Paulus, 1998, pp. 37-46. O autor relaciona os termos

"ato de linguagem". Como cristãos, que aceitamos a revelação do mistério em Cristo, reconhecemos sua presença em experiências cotidianas (de vida e morte, de encontros e desencontros, de força e fragilidade...), em sinais dos tempos, no desenrolar da história... E somos chamados a reconhecer, nomear, apontar, expressar, manifestar... este mistério, celebrando a memória de Jesus. Desta forma, os momentos litúrgicos, celebrativos, não podem mais ser entendidos como únicos momentos de salvação, mas como expressão de uma atuação de Deus que extrapola a celebração. O documento de Medellín (1968) explicitará mais tarde que é preciso discernir a presença ativa e transformadora do Ressuscitado e os sinais do Reino nos processos de transformação sociais e políticos do continente e buscar a unidade vital entre fé, liturgia e compromisso social. E a teologia da libertação situa a realidade sacramental em relação com o Reino de Deus que é anunciado aos pobres e que vai crescendo no meio deles, a favor deles.

Por isso, depois do concílio, a teologia litúrgica e sacramental substituiu a teoria da instrumentalidade pela teoria simbólica.[8] Não entendemos mais os sacramentos e toda a liturgia como os únicos momentos de encontro com o Crucificado/Ressuscitado, mas como momentos simbólicos que expressam e intensificam nossa imersão e participação no mistério de Cristo ao longo da vida, ao longo dos acontecimentos e dos encontros e desencontros humanos, nas experiências cotidianas, tanto pessoais como sociais e universais, no crescimento do Reino em nosso meio.

Assim superamos a compreensão estreita, individualista, quase que mecânica... pela qual os sacramentos eram entendidos antes do concílio, como "instrumentos" da salvação, sem relação com o mistério pascal e sem uma preocupação maior com a adesão pessoal de fé, consciente e consequente por parte de quem "recebia" o sacramento. "Batizou, salvou!"; esta maneira de pensar foi ultrapassada pelo concílio.

"expressar", "atualizar", "re-presentar" e "celebrar". Propõe o termo "atualizar" como tradução do latim *exercere*, usado em SC 2: a liturgia "atualiza" a ação de nossa redenção, possibilitando assim nossa participação nela.

[8] Cf. SANTE, Carmine di. Cultura e liturgia. In: SARTORE, D.; TRIACCA, A. M. (org.). *Dicionário de liturgia*. São Paulo: Paulinas/Paulistas, 1992, pp. 346-347.

8. Relevância atual do tema da sacramentalidade e desafios

Tantos anos já se passaram. E agora? A SC ainda tem alguma relevância para nossa maneira de celebrar e compreender a liturgia? Sem a preocupação de esgotar o assunto, pontuo alguns aspectos da sacramentalidade da liturgia apresentada na SC e que me parecem significativos para os dias de hoje:

1. A colocação da liturgia dentro da história e da economia universal da salvação com ênfase na "recapitulação" de tudo em Cristo abre perspectivas para celebrações litúrgicas atentas aos acontecimentos atuais, a aspectos da revelação de Deus em outras tradições religiosas ou espirituais e na busca da verdade através do trabalho científico. A SC deve ser re-lida inclusive à luz de documentos conciliares posteriores, como *Gaudium et Spes* (sobre a Igreja no mundo), *Ad Gentes* (sobre a atividade missionária da Igreja), a fim de que se possam tirar as conclusões para as celebrações litúrgicas. Será que, ao participar de uma celebração litúrgica, seja Eucaristia ou um dos outros sacramentos, seja Ofício Divino ou celebração da Palavra de Deus..., nós vivenciamos e temos consciência de que, neste determinado momento (hoje), estamos imersos no mistério de Deus que abrange toda a história, desde a criação até a parusia e que a liturgia é chamada a expressar isso?

2. A salvação diz respeito à nossa realidade atual! De que necessitamos ser salvos? Onde estamos nos perdendo, em nível pessoal, comunitário, social, cósmico? Em cada comunidade local, a liturgia deverá anunciar a salvação dentro da situação real de "perdição": fome, miséria, desigualdade social, violência, consumismo, dependência de drogas, discriminação e exclusão social, racial, sexista, religiosa, falta de busca do sentido profundo da vida... Não podemos deixar de expressar nas celebrações litúrgicas as alegrias e esperanças, as tristezas e angústias da humanidade. Não podemos deixar de levar a um compromisso ético de solidariedade entre os seres humanos e de preservação e cuidado com os recursos naturais. A homilia deveria

ser um dos momentos privilegiados para fazer uma leitura teológica dos acontecimentos, à luz da palavra proclamada e do mistério celebrado. Devemos perceber e celebrar o mistério pascal acontecendo na atualidade, como "páscoa de Cristo na páscoa da gente, páscoa da gente na páscoa de Cristo".[9] Com palavras, símbolos e ações simbólicas devemos expressar a atuação transformadora de Cristo e de seu Espírito em nossa realidade. Onde a vida está vencendo a morte? Onde a ressurreição está acontecendo entre nós? Onde Cristo vem ao nosso encontro, para resgatar a vida, para implementar a comunhão e participação? Quais são os sinais dos tempos que revelam sua presença atuante na história? Onde o Reino está aparecendo?

3. O cuidado com a ecologia pode transparecer também na maneira simbólica, significativa, de usar a água, o óleo, o pão e do vinho, o incenso, as flores... nas ações litúrgicas. Afinal, por força da encarnação de Deus e da recapitulação de todo o universo em Cristo, o cosmo foi por assim dizer recriado; fala-nos da ressurreição e da vida nova em Cristo. Podemos assim falar do mundo como "corpo de Deus"[10] que merece respeito, admiração, cuidado e que nos leva à adoração, ao louvor...

4. A liturgia, como expressão do mistério da salvação, traz em seu bojo a proposta para uma nova sociedade, baseada na dignidade de cada ser humano e na vocação da humanidade para a comunhão e a participação (*koinonia*). Até que ponto temos conseguido expressar isso, ou melhor, operacionalizar isso, na maneira de formar, organizar, presidir... a assembleia litúrgica? Saímos das celebrações litúrgicas com a certeza de uma experiência vivida: uma nova sociedade é possível?

5. Não é possível expressar a fé na liturgia sem levar a sério os "sinais sensíveis", sem levar a sério a ritualidade, sem uma consciência simbólica, sem aprender a vivenciar as ações litúrgicas com nosso ser por inteiro, de forma holística (corpo/mente/coração/espírito). Temos consciência de que, através dos sinais sensíveis da liturgia (coisas para

---

[9] CNBB. *Animação da vida litúrgica no Brasil*. São Paulo: Paulinas, n. 300.
[10] Cf. MCFAGUE, Sallie. O mundo como corpo de Deus. *Concilium*, Petrópolis, 295: 55-62, 2002/2.

ver, ouvir, sentir, cheirar, apalpar...), o Cristo ressuscitado, com seu corpo glorioso, nos "toca" com seu Espírito divino, e quer transformar, pascalizar a nós e a toda a realidade histórica e cósmica? Nossa realidade humana sofrida, difícil..., entra em contato com a vida divina, criadora, renovadora, restauradora, divinizante..., presente sacramentalmente na assembleia reunida, na Palavra proclamada e interpretada, no Pão e no Vinho partilhados em memória de Jesus, nos cantos e nos gestos de oração... Temos consciência de que estamos sendo "tocados" por Cristo, em sua realidade humano-divina? Através dos sinais sensíveis da liturgia, com nossa corporeidade, podemos ver o Cristo, ouvir o Cristo, tocá-lo e sermos tocados por ele..., e, assim, podemos ver, ouvir, tocar Deus e ser tocados por ele. É Deus ao alcance de nossos ouvidos, nossos olhos, nossas mãos! Deus nos toca e se deixa tocar, em mistério, sacramentalmente, para realizar conosco, em nós e no mundo, a grande comunhão, até que Deus seja "tudo em todos" (1Cor 15,28). A cada celebração, estamos expressando nossa fé ritualmente, sacramentalmente, por sinais sensíveis que realizam o que significam, em mistério; a cada celebração, unidos cada vez mais estreitamente a Cristo, como povo de Deus, assumimos o compromisso de viver nossa vida toda pascalmente, evangelicamente, lucidamente, num mundo que prega a guerra, o consumismo, o egocentrismo e o etnocentrismo...

6. Por fim, cabe uma indagação: por que até agora não vingou a proposta da SC no que diz respeito à sacramentalidade da liturgia? Onde a renovação litúrgica está estrangulada e por quê? Quais os maiores obstáculos? Estamos a fim de removê-los? Como?

9. Referências bibliográficas

(Outros textos consultados, além dos indicados nas notas de rodapé.)

BOROBIO, D. El modelo simbólico de sacramentología. *Phase*, Barcelona, 189, 1992, 229-246.

CASTILLO, J.-M. Los símbolos de la fe. In: *Símbolos de libertad*; teología de los sacramentos. 3. ed. Salamanca, Ed. Sigueme, 1981 (Verdade y imagen, 63), pp. 165ss.

CHAÏEB-BOURGUEIL, Marie-Laure. Temps et sacramentalité dans la théologie eucharistique d'Irénée de Lyon, *LMD*, 231, 2002/3, 67-90.

CHENU, Marie-Dominique. Pour une anthropologie sacramentelle. *LMD*, Paris, 119: 85-100, 1974.

CODINA, Victor. Sacramentos. In: ELLACURIA, I.; SOBRINO, J. (coord.) *Mysterium Liberationis*; conceptos fundamentales de la teologia de la liberación. Madrid, Editorial Trotta, 1990, pp. 267-294.

SARTORE, D. Sinal/Símbolo. In: SARTORE, D.; TRIACCA, A. M. (org.) *Dicionário de Liturgia*. São Paulo, Paulinas/Paulistas, 1992, pp. 1142-1151.

VAGAGGINI, C. *Initiation théologique à la liturgie*; adapté de l'italien par Dom Robert Gantoy, revu par l'auteur. V. 1 e 2. Biblica, Bruges/Paris, 1963.

UGARTE, Félix Placer. *Signos de los tiempos, signos sacramentales*; sacramentalidad de la praxis cristiana y de la pastoral. Madrid, Ediciones Paulinas, 1991.

ANEXO II

BARRO E BRISA: CONVITE À EXPERIÊNCIA RELIGIOSA RITUAL[1]

No princípio, o Senhor pegou do chão um punhado de barro, modelou o ser humano e soprou em suas narinas um sopro de vida, qual brisa suave, e o ser humano se tornou um ser vivente (cf. Gn 2,7). Assim aconteceu no princípio: barro e brisa juntos formando o ser humano, vivo, dinâmico, consciente, sensível.

No início do Evangelho de Lucas, o anjo anuncia: *Maria, eis que conceberás e darás à luz um filho... O Espírito Santo virá sobre ti e o poder do Altíssimo te cobrirá com a sua sombra...* (cf. Lc 1,26-38). Casamento do "barro" de nossa humanidade com a "brisa" do Espírito divino.

No primeiro dia da semana, Jesus colocou-se no meio dos discípulos reunidos, mostrou-lhes as chagas nas mãos e no lado e soprou sobre eles dizendo: Recebam o Espírito Santo... (cf. Jo 20,19-22). Corpo chagado e sopro do Espírito: barro e brisa juntos para iniciar uma nova criação. Assim aconteceu no começo da experiência cristã.

Mas ao longo da história teimamos em querer separar os dois, negando ou não percebendo sua unidade: barro para cá, brisa para lá.

---

[1] Comunicado científico apresentado na reunião da SOTER (Sociedade de Teologia e Ciências da Religião), 1998, Belo Horizonte (MG); publicado em: ANJOS, Márcio Fabri dos (org.). *Teologia em mosaico*. Aparecida/SP: Editora Santuário, 1999, pp. 235-247.

Matéria, corpo, mundo, engajamento político... para cá; alma, espírito, religião, espiritualidade... para lá.

Esta breve comunicação pretende chamar a atenção para um determinado tipo de experiência religiosa que é: a experiência ritual; ou mais especificamente, no âmbito da fé cristã: a experiência litúrgica, que deveria ser referência paradigmática e fontal para qualquer tipo de experiência cristã. Quer apontar elementos para um possível redimensionamento e potencialização das práticas rituais cristãs, dentro do contexto cultural atual. No cerne da proposta está a redescoberta da liturgia na sua dimensão de ritualidade, feita de "barro e brisa", capaz de nos levar a vivenciar a unidade dentro e fora de nós.

Não vamos discutir aqui a existência da ritualidade e suas causas; partimos do fato de que ela existe, como um dado antropológico e eclesial. Infelizmente, poucas pessoas foram marcadas positivamente em relação às práticas rituais litúrgicas; as liturgias que nos são oferecidas raramente satisfazem no que diz respeito à ritualidade. No entanto, embora poucas, há experiências positivas, tanto em pequenos grupos (liturgias domésticas ou nas pequenas comunidades), como com assembleias massivas (encontros intereclesiais, por exemplo), onde a experiência ritual acontece. É o que nos permite acreditar que vale a pena tratar do assunto, ainda que brevemente.

1. Práticas rituais: um dado antropológico

As práticas rituais estão por toda parte; permeiam nossa vida pessoal, comunitária e social. Estão presentes nas áreas religiosas tradicionais (nos catolicismos populares e eclesiásticos, nas culturas indígenas e africanas...), como também em áreas atingidas pela modernidade e pós-modernidade; não somente nas áreas da vida humana consideradas "sagradas" (ainda que às vezes num sagrado secularizado, sem Deus — danças sagradas, bruxaria, ritos terapêuticos...), como também nas áreas consideradas "profanas" (o mundo do esporte, da política, da moda..., assim como no cotidiano). Quem pode imaginar um aniversário, um casamento, uma comemoração cívica, uma romaria, um Encontro Intereclesial das Comunidades de Base, ou uma manifestação do Movimento dos Sem-Terra, uma "Copa do Mundo", sem símbolos, sem ritos?

Desprezada por uns, exaltada por outros, a ritualidade pede para ser levada a sério. Apesar das análises críticas que apontam para um uso muitas vezes neurótico ou alienador que dela se faz, a prática ritual é considerada um dado antropológico e cultural universal, uma expressão humana ao lado de outras. Enquanto realidade humana, também a fé cristã necessita vitalmente da expressão ritual, simbólica, litúrgica, além de outras expressões, como a anúncio, a catequese, a teologia, o testemunho de vida, a ação pastoral e missionária.

Mas é preciso fazer uma distinção entre: ritualismo e ritualidade. Ritualismo é uma deformação da ritualidade; é a rito esvaziado de sua alma e de seu entendimento. Outra distinção que merece nossa atenção: rito não deve ser confundido com cerimônia; esta é uma solenização dos gestos, que expressa ou cria distância social entre pessoas ("Não faça cerimônia!"). A solenização não pertence à natureza do rito, embora muitos ritos costumem ser realizados solenemente.

2. Ritos integram e interligam as várias dimensões do ser humano

Uma das potencialidades principais dos ritos é o fato de serem elementos de ligação, de integração. São capazes de expressar (no duplo sentido de sinalizar e provocar) a interligação, a integração entre as três dimensões do ser humano que, na cultura ocidental, têm sido apresentadas e vividas independentes uma da outra: corporeidade, racionalidade, afetividade.

O rito, como gesto humano, é antes de tudo um gesto corporal (cinético, ou sonoro, ou olfativo, ou visual...), que vem acompanhado de um trabalho cognitivo da mente e de uma valoração afetiva. A base do rito é a dimensão corporal, "material"; porém, esta contém, inseparável dela, as dimensões cognitiva e afetiva. Nada entra em contato com nosso "corpo", nossa "matéria", nada fazemos com ele, sem que isso atue sobre nossa mente e nosso "coração". É que nosso "corpo" não existe isolado de nossa mente e de nosso "coração". À medida que vamos adquirindo uma visão unificada, holística, do ser humano, teremos condições de perceber e vivenciar esta unidade.

Se forem confirmados os resultados de estudos interligando física quântica e psicologia, o conceito de dualidade onda-partícula talvez possa esclarecer futuramente o tipo de relação que ocorre na dualidade corpo-mente durante a ação ritual, de modo que uma determinada ação realizada com o "corpo" de certa forma gera uma consciência e sensibilidade correspondentes, porque o mental já estaria presente no corporal. Seriam duas dimensões de uma única realidade: tudo o que existe é simultaneamente onda (energia) e partícula (matéria) e esta dualidade está à base da relação mente-corpo.

Talvez, em alguns momentos "extáticos", vivenciamos esta unidade: quando somos arrebatados por uma peça musical, por um pôr do sol, por um gol muito esperado de nosso time de futebol, por um entrosamento profundo no amor, na amizade, no encontro com o Inefável… Falta-nos transpor esta mesma percepção da unidade para (entre outros momentos) as celebrações litúrgicas.

Os ritos não interligam apenas as várias dimensões dentro de nós, mas integram também sujeito e sociedade, subjetividade e realidade objetiva, seres humanos e cosmo. Etimologicamente falando, o rito tem a ver com ordem, ritmo. O fato de realizar certas ações de certa maneira possibilitaria "pôr ordem" nas coisas, a ordem "sagrada" (não em oposição à realidade "profana", mas no coração da mesma), em nós mesmos, na sociedade, no cosmo. O rito traz, de forma codificada, simbólica, a maneira como idealizamos, em determinada cultura, o mundo, a vida em grupo, em sociedade, como achamos que deveria ser. A realização da ação ritual permitiria nos colocar de acordo com esta ordem, nos moldar progressivamente, individual e coletivamente, a esta ordem, mantendo-a. Portanto, embora o rito se realize em um determinado momento delimitado, não é um ato estanque do resto da vida; expressa uma atitude que diz respeito à realidade como um todo. Traz em seu interior, como uma realidade intrínseca, uma dimensão ética.

Então, na liturgia, será preciso:

1. Valorizar a corporeidade. Sem ela, não há rito, não há ação litúrgica. O espírito nasce no corpo e a fé também. Vivenciar o nosso corpo profundamente, afetivamente, espiritualmente. Levar a sério os gestos, as atitudes do corpo: andar, sentar-se, levantar-se, ficar de pé, estender as mãos, abrir os braços para saudar e acolher, abraçar, olhar, ouvir, falar, cantar, dançar... Sentir a água, saborear o pão e o vinho, apreciar a luz e as cores, inalar o perfume do incenso... Na preparação dos ministérios litúrgicos, criar e oferecer exercícios de consciência do corpo.

2. Ultrapassar o uso "mecânico" do corpo, como se fosse um instrumento "material" a ser manipulado. Positivamente: perceber e vivenciar a unidade constitutiva de nosso ser: *barro e brisa*, isto é, corporeidade animada, corpo espiritual, "espírito encarnado". Ouvir com o ouvido/coração, ver com o olho/luz-interior, cheirar com o nosso olfato/faro interior, emitir palavras e fazer gestos que expressem e brotem da raiz de nosso ser, deixar o Cristo e o Espírito cantar e dançar em nós...

3. Redescobrir a dimensão simbólica da liturgia.[2] Evocar os vários aspectos de nossa vida representados nos símbolos e ações simbólicas: dimensão psicológica e social, pessoal e comunitária, telúrica, cósmica, espiritual. Na preparação dos ministérios litúrgicos, criar e oferecer exercícios de sensibilização com símbolos. Superar o racionalismo e o verbalismo, que impedem a vivência simbólica e o envolvimento afetivo.

3. Ritualidade e fé cristã

Além da necessidade antropológica, a ritualidade cristã baseia-se em imperativo bíblico-teológico. No centro de nossa fé encontramos o mandamento de Jesus: "Façam isto para celebrar a minha memória".

---

[2] Para um embasamento teológico, ver a teoria simbólico-sacramental trabalhada principalmente por CHAUVET, L. M.: *Symbole et sacrement*; une relecture sacramentelle de l'existence chrétienne. Paris: Du Cerf, 1987.

Paulo e Lucas colocam esta frase no contexto da última ceia de Jesus e da ceia eucarística das comunidades cristãs. A fração do pão, como gesto litúrgico, incluindo a ação de graças pelo mistério da Páscoa, expressa o sentido da vida e missão de Jesus, assim como nossa relação com ele e entre nós. Não se faz memória de Jesus apenas pregando, testemunhando, mas também celebrando. O culto espiritual no sentido bíblico não elimina a ritualidade; ele como que atravessa a própria ação ritual, ou melhor, nasce juntamente com ela. Esta é a lei da criação, da encarnação, da ressurreição, que devemos urgentemente reencontrar na liturgia. É preciso sentar-se juntos à mesa, abençoar, comer, beber, partilhar... para corroborar comunitariamente nossa comunhão com o Senhor: "O cálice de bênção que abençoamos não é comunhão com o sangue de Cristo? O pão que partimos não é comunhão com o corpo de Cristo?" (1Cor 10,16). É preciso entrar na fonte batismal, mergulhar na água para ter parte na morte-ressurreição do Senhor e iniciar a vida nova no Espírito, formando um só corpo com os outros membros da comunidade: "Pelo Batismo *nós fomos sepultados com ele na morte, para que, como Cristo foi ressuscitado dos mortos pela ação gloriosa do Pai, assim também nós vivamos uma vida nova*" (Rm 6,4). "Todos nós, judeus ou gregos, escravos ou livres, fomos batizados num só Espírito, para formarmos um só corpo, e todos nós bebemos de um único Espírito" (1Cor 12,13). As ações rituais, codificações ou condensações simbólico-sacramentais de nossa fé, são assim uma referência indispensável para qualquer atividade do cristão, também para sua experiência religiosa. A "brisa" (experiência espiritual) está necessariamente associada ao "barro": à corporeidade, à ritualidade, ao caminho simbólico-sacramental.

Existe o perigo, nada imaginário, de reduzirmos a celebração da memória de Jesus ao rito em si (*ritualismo*), estático, fechado em si mesmo, sem dimensão simbólica, reduzido a formalismo, a exterioridade, sem prestar suficiente atenção ao sentido que expressa (ou até mesmo esvaziado de qualquer sentido), sem envolvimento afetivo, sem compromisso ético. É "barro" sem a "brisa" do Espírito atualizante. A *ritualidade*, ao invés, é dinâmica, está aberta ao sentido sempre novo que vem da realidade, como atualização do sentido fundante de nossa fé. É construtora de pontes: faz a ligação entre o "barro" e o "sopro", entre o consciente e o inconsciente, entre o tempo e a eternidade, entre o humano e o divino, entre passado, presente e futuro. O perigo, na direção oposta, é considerarmos dispensável, porque inútil e desnecessária, a expressão ritual. Bastaria a ética, a vida, o compromisso, o testemunho, a ação transformadora da realidade social.

Dito de outra forma, a memória de Jesus vai da mesa ritual ao culto vivido 24 horas por dia e de volta à mesa; a prática ritual refere à práxis histórica e vice-versa. Fazer memória da ceia de Jesus, sem continuar, no Espírito dele, sua missão messiânica no aqui e agora da realidade histórica, social, política, cósmica... é uma farsa, uma infidelidade (cf. 1Cor 11). O fazer memória ritualmente inclui o compromisso ético e místico da memória vivida na missão. É preciso *fazer* a vontade do Pai: dar de comer a quem tem fome, libertar os presos, devolver a visão aos cegos, fazer os surdos ouvirem e os coxos andarem. É o mesmo gesto da ceia eucarística que se prolonga no dia a dia: isto é a minha vida entregue por vocês. Os momentos litúrgicos, celebrativos, devem ser entendidos como realidades simbólico-sacramentais, que se referem a atitudes fundamentais na vida pessoal e social. Quem não levanta a voz para denunciar os massacres do nazismo contra os judeus não tem direito de cantar o gregoriano, dizia Bonhoeffer. A celebração litúrgica comporta um compromisso de fé com a transformação social, diz o documento de Medellín. Prática ritual, ética e mística estão indissoluvelmente unidos na concepção bíblica da aliança com o Senhor. Na Bíblia, piedade é ao mesmo tempo devoção e devotamento, amor afetivo e efetivo, ainda que a salvação, o Reino, a vida em Deus, vão além de nossa capacidade de realização e pedem, portanto, uma abertura e uma entrega incondicional à ação de Deus, ao Espírito que sopra onde e como quer.

Tudo isso supõe que sejamos capazes de:

1. Vivenciar as celebrações litúrgicas como momentos vivos, dinâmicos, alegres e íntimos de encontro, pessoal e comunitário, com o Ressuscitado, no Espírito dele.

2. Aprofundar o sentido objetivo da liturgia como expressão do mistério de Deus, mistério pascal, atualizado em cada momento e situação

histórica. Superar o sentimentalismo, o emocionalismo, a falta de referências teológicas atualizadas.

3. Integrar a dimensão social e político-profética, tanto na celebração como na vida da comunidade, sem a qual o nosso "culto" merecerá as críticas de todos os profetas da antiga e da nova aliança; sem a qual nossa celebração deixará de ser memória de Jesus que deu sua vida para que todos tivessem vida (terra; casa; trabalho; comida; participação na comunidade eclesial e na vida social, econômica, política; justiça, paz, igualdade...). Não se trata de transformar a liturgia em "palanque político" ou "reunião de sindicato", como se costuma dizer; trata-se de criar um estilo celebrativo e uma linguagem litúrgica capazes de expressar a densidade de nosso compromisso evangélico com a transformação da sociedade, na ótica da participação dos pobres e excluídos.

4. Reinventar a liturgia para que possa expressar o mistério de nossa fé dentro da realidade atual. Recriar suas formas, seu estilo, num diálogo constante entre a tradição (bíblica, litúrgica, eclesial) e a cultura contemporânea, superando tanto o fixismo, quanto o espontaneísmo.

5. Ultrapassar a concepção causa-efeito (seja teológico-sacramental, seja terapêutica, seja político-pedagógica), ativando a dimensão lúdica, poética, gratuita, contemplativa da liturgia. Cuidar da beleza e da expressão artística: do espaço e dos objetos, da palavra, da música, da dança e outras gestos rituais, das vestes. Somente a arte é capaz de expressar a inefabilidade do mistério de Deus revelado em Jesus Cristo.

4. Experiência ritual, experiência litúrgica

Para que a ação ritual possa ser fonte de espiritualidade, fonte de uma vida vivida no Espírito do Ressuscitado, lugar de encontro com o Mistério da vida, é necessário que seja realizada de forma a possibilitar uma experiência espiritual inscrita na própria ação ritual, ou seja, uma experiência ritual, uma experiência litúrgica.[3] Experiência tem a ver com subjetividade: de que maneira cada um(a) de nós, enquanto coparticipantes de ação litúrgica, somos atingidos pessoalmente? Como "atores" e "atoras", somos convidados a assumir como sendo nossos, as falas, os gestos simbólicos e outros significantes, com seus respectivos significados, oferecidos pela tradição e adquiridos por nós num processo de assimilação (na evangelização, na catequese, pelos sacramentos de iniciação etc.). Entramos no jogo ritual: agimos (falamos, cantamos, andamos, comemos etc.), conscientemente (acompanhando com nossa mente) e cordialmente (engajando nosso desejo, nossa afetividade). Subjetivamos a objetividade da liturgia, conforme expressão de Oliviéro e Orel.[4] No interior da ação ritual, estabelecemos um diálogo entre os elementos do rito e nossa realidade subjetiva (nossas experiências, nossos conhecimentos, nossas frustrações, nossos desejos, nossos sonhos…). Aceitamos o rito como um caminho, uma via, uma pedagogia de crescimento e de conhecimento (no sentido bíblico do termo), de cura interior, de resgate da inteireza humana, de progressão espiritual, um caminho místico. No encontro entre a proposta do rito e a nossa busca de sentido é que nasce a experiência.

Todo o povo celebrante tem direito à participação litúrgica em nível de experiência. Para que isso aconteça, é necessário indicar um caminho pedagógico, tanto para os ministros e agentes de pastoral litúrgica, como para o povo celebrante. Fora dos momentos celebrativos, podemos fazer uso da técnica de laboratório litúrgico, preparação à meditação litúrgica, retiros litúrgicos; dentro das celebrações necessitamos encontrar um modo espiritual de celebrar e o uso de motivações que despertem a "alma". Temos que aprender a interiorizar os símbolos, os cantos, os gestos, as palavras ouvidas e ditas. Temos que abrir espaços para a vivência interior: silêncios meditativos após as leituras, após a homilia, entre as preces, após a comunhão eucarística, após os salmos e cânticos

---

[3] Para uma descrição detalhada, ver: BUYST, Ione. Experiência litúrgica. In: *Pesquisa em liturgia*; relato e análise de uma experiência. São Paulo: Paulus, 1994, capítulo 1, pp. 13-37.

[4] Este encontro entre objeto/sujeito (teoria simbólica) nos faz superar tanto a tentação do objetivismo na sacramentologia da escolástica (relação causa-efeito, que desvaloriza o sujeito celebrante) como a tentação do subjetivismo, em K. Barth, por exemplo, que desvaloriza o rito.

bíblicos dos ofícios divinos... Temos que aprender a meditar com salmos e cânticos; a cantar e dançar meditativamente.[5] Temos que abrir espaços na celebração para a expressão da experiência pessoal: na acolhida, na recordação da vida, após os "oremos", na homilia, nas preces, na ação de graças (oração eucarística)...

5. O rito e seu referente

É importante frisar a relação entre a experiência subjetiva e a proposta objetiva da ação ritual que nos vem da tradição e de sua atualização comunitária. Entramos na ação litúrgica, não para viver uma experiência religiosa qualquer, totalmente aberta às projeções e vivências subjetivas. A liturgia cristã é uma proposta ritual objetiva, que pede para ser assumida subjetivamente por cada participante. Daí a importância do "referente" da ação ritual.

O referente é um dos elementos do rito com o qual o "ator" interage. Os linguistas diriam: seu significado, ou seja, a realidade a que os sinais ou significantes da ação simbólico-ritual se referem. No caso da liturgia cristã, trata-se em última instância de Jesus Cristo, seu mistério pascal, sua proposta do Reino. Ele é para nós o Caminho para o encontro com o Pai, o lugar de comunhão na Fonte da vida.

A ação ritual da liturgia cristã é, em sua essência, codificação, condensação, da experiência fundante de nossa fé, vivida pelas primeiras comunidades no encontro com a pessoa de Jesus. Tentando apanhar o processo comunicativo que nos vem das primeiras comunidades, poderíamos dizer:

1. a experiência do mistério cristão feita pelas primeiras comunidades cristãs foi como que condensada, codificada, na expressão litúrgica (mito/rito; sinais sensíveis);

2. a cada celebração, nós, como "atores", como que "descodificamos", ativamos, atualizamos esta mesma expressão litúrgica, para

---

[5] Meditar não se faz necessariamente no silêncio verbal e gestual; além da meditação passiva, existe a meditação ativa, quando vivenciamos os gestos, atitudes e movimentos do corpo com todo o nosso ser.

podermos viver ritualmente a experiência cristã, porém, agora em novo contexto, pessoal e social. O que terá como consequência uma experiência totalmente nova, em dupla dimensão: pessoalíssima e comunitária, possivelmente aberta a outras experiências de fé cristã (ecumenismo no sentido restrito) e a experiências de outras tradições religiosas (através de diálogo inter-religioso) e/ou filosóficas.

A atualização, ou interpretação, que fazemos não é unívoca; depende de nossa percepção da realidade que nos envolve e da "ideologia" veiculada em nossa comunidade ou grupo ou movimento de referência. Assim, nenhuma liturgia é neutra; sempre veicula, consciente ou inconscientemente, visivelmente ou de forma disfarçada, uma determinada teologia, cristologia, eclesiologia e também uma visão antropológica e sociopolítica. A ritualidade é indispensável. Resta saber o que pretende em cada caso, qual o programa ritual subjacente: que sentido o rito veicula, que força pretende deslanchar, com que elementos procura alcançar seus objetivos...

6. Caracterização das liturgias que temos

Parafraseando um ditado conhecido, poderíamos dizer: diga-me como celebra, e lhe direi quem você é, ou de que igreja, comunidade ou movimento participa. Arrisco uma caracterização das liturgias, baseada na simples observação, e destacando os três elementos trabalhados acima (ritualidade, relação sujeito/objeto, referente):

A liturgia chamada "oficial" aparece como ritualidade negada ou "congelada" (ritualismo). É inerte, estática, formalista, sem preocupação com a vivência subjetiva dos presentes, sem relação com a vida, não atualizadora do mistério que celebra. É "barro", sem calor humano e sem o dinamismo da história, sem a ternura e o dinamismo do Espírito.

Nas liturgias pentecostais, a ritualidade é muitas vezes "exacerbada", "exagerada" nos seus aspectos afetivos e sentimentais, na subjetividade, na busca da cura, do milagre. O que vale é a emoção, a vivência. Sopra forte a "brisa" (onde o Espírito às vezes parece se confundir com efeitos psicológicos), sem a consistência histórica do "barro", da realidade social, da inserção na história, sem a preocupação com os rumos da economia, da política, do caminho da humanidade, sem inserção nas correntes de busca de transformação social, sem compromisso com esta transformação.

Nas Comunidades Eclesiais de Base (pelo menos, no que depende de agentes de pastoral qualificados), os ritos e símbolos são (eram?) "tolerados", "aproveitados", explicados racionalmente e colocados a serviço da conscientização e da mobilização e organização políticas. Predomina a palavra e a palavra explicativa, não a palavra poética. Dá-se muita ênfase à realidade social, buscando levar a comunidade a um sério compromisso com a transformação da realidade social, mas dá-se relativamente pouca atenção à realidade individual e às vivências interiores. Nos últimos anos, a ritualidade ganhou espaço e força, talvez a partir da redescoberta do valor das expressões rituais do catolicismo popular e de uma maior participação e articulação de grupos de cultura negra ou afrodescendentes.

No catolicismo popular, ou — usando uma expressão de Carlos Brandão — "nos rituais das celebrações religiosas de domínio popular", encontramos misturados e unidos: a prece, o canto, o gesto, a dança, o comer e beber juntos, as longas voltas e caminhadas, a beleza das vestes e dos lugares preparados para a reza/festa, a alegria de estar juntos, a devoção e a diversão, o prazer e o saber.[6] O que importa é o encontro: com o divino, com as outras pessoas, com a vida.

Conclusão: das liturgias que temos, para as liturgias que queremos.

Diante da situação atual, o que fazer? Parece-me que temos três opções:

1. Continuar imperturbáveis com as liturgias oficiais, cada vez mais distantes da vida e do sentimento da maioria das pessoas.

2. Ceder à busca de um tipo de "experiência religiosa", superficial, epidérmica, que facilmente reúne multidões, mas que corre o perigo de fazer do "sagrado" e do "religioso" uma mercadoria.

---

[6] Ritos e festas dos catolicismos populares: de tão longe eu venho vindo! *Tempo e Presença*, n. 292, p. 8, mar./abr. 1997.

3. Investir na aprendizagem da experiência litúrgica:

- incorporando na liturgia elementos das novas tendências espirituais, acrescentando valores novos à tradição cristã, ou recuperando valores implícitos na própria tradição cristã ou práticas que se perderam ao longo da história (como, por exemplo, a dimensão corporal, a relação com os elementos da natureza, do cosmo, a interiorização, a meditação litúrgica...);

- reaprendendo com os catolicismos populares, com o candomblé e outras tradições religiosas que integram corpo-mente-coração, objetivo/subjetivo, experiência individual e comunitária;

- reencontrando na tradição bíblica a unidade entre a dimensão afetiva e efetiva do amor a Deus, entre devoção ao Senhor expressa comunitariamente na ação ritual e devotamento à causa do seu Reino.

7. Referências bibliográficas

AMBROSIO, G. et alii. *Nuove ritualitá e irrazionale*; come far rivivere il "mistero" liturgico? Padova, Edizione Messagero Padova, 1993.

BARNAL, José Manuel. La celebración liturgica como experiencia intima de Diós. *Phase*, Barcelona, 114: 473-93, 1979.

BOURGEOIS, Henri. La foi naît dans le corps. *LMD*, Paris, 146: 39-67, 1981.

BRANDÃO, Carlos. Ritos e festas dos catolicismos populares — "De tão longe eu venho vindo!" *Tempo e Presença*, Rio de Janeiro, nº292:8-10, mar./abr. 1997.

BUYST, Ione. Experiência litúrgica. Em: *Pesquisa em liturgia*; relato e análise de uma experiência. São Paulo, Paulus, 1994, pp. 13-37.

CHAUVET, Louis-Marie. La théologie sacramentaire est-elle an-esthésique? *LMDieu*, Paris, 188: 7-39, 1991.

COFFY, Robert. La célébration comme source de l'expérience spirituelle et de la mission. *LMD*, Paris, 146: 73-85, 1981.

HAMELINE, Jean Yves. De rebus liturgicis, ou célébrer à trois dimensions. *LMD*, Paris, 169: 105-122, 1987.

_____. Le culte chrétien dans son espace de sensibilité. *LMD*, Paris, 187: 7-45, 1991.

MESLIN, Michel. *A experiência humana do divino*; fundamentos de uma antropologia religiosa. Petrópolis, Vozes, 1992.

OLIVIÉRO, Philippe; OREL, Tufan. L'expérience rituelle. *Recherches de Science Religieuse*, 78/3 (1990): 329-72; RENAUD-CHAMSKA, Isabelle. De la sensibilité aux choses et du sens des mots; la bénédiction de l'eau baptismale. *LMD*, Paris, 188: 41-55, 1991.

ROUVILLOIS, Samuel. *Corps et Sagesse*; philosophie de la liturgie. s/l, Fayard, 1995. (Col. Aletheia).

TERRIN, A. N. Antropologia ritual. In: SARTORE, D.; TRIACCA, A. M. (org.). *Dicionário de liturgia*. São Paulo, Paulinas/Paulistas, 1992, p. 63-79.

_____. (a cura di) *Liturgia, soglia dell'esperienza di Dio?* Padova, Ed. Messagero Padova/Abbazia di Santa Giustina, 1982 (Caro Cardo Salutis, 1).

_____. (a cura di). *Nuove ritualità e irrazionale*; como far rivivere il "mistero" liturgico? Padova, Edizione Messagero Padova, Abadia di Santa Giustina, 1993 (Col. Caro Salutis Cardo/ 9).

_____. (a cura di). *Liturgia e terapia*; la sacramentalità a servizio dell'uomo nella sua interezza. Padova, Edizione Messagero Padova, Abadia di Santa Giustina, 1994 (Col. Caro Salutis Cardo/ 10).

ANEXO III

ESPIRITUALIDADE LITÚRGICA[1]

Muitos autores já ressaltaram o fato: a *participação* de todo o povo de Deus é como que um "refrão" que se repete ao longo da SC e é certamente a preocupação básica de toda a renovação litúrgica conciliar. Pouco mais de um mês após a promulgação do documento conciliar, o Papa Paulo VI, apressando os bispos e padres a colocar em prática as orientações do concílio, caracterizou esta participação como sendo "corporal e espiritual".[2]

Com estes dois termos conjugados, como que numa "dobradinha" inseparável, estamos no âmago da questão que queremos tratar aqui: a espiritualidade litúrgica está "casada" com a ritualidade. A característica da experiência de Deus e do mistério pascal na liturgia é de ser uma *experiência ritual*, que leva a sério e passa necessariamente pela corporeidade. A liturgia e a espiritualidade na qual está banhada supõem uma antropologia na qual corpo, alma, mente e espírito formam uma unidade. Requerem uma teologia que leve a sério a liturgia enquanto ação ritual.

1. Parto do conceito de espiritualidade cristã como "vida no Espírito de Jesus Cristo". É vida de seguimento de Jesus, na força do Espírito; vida de comunhão com o Pai por meio de Jesus Cristo, sob a ação do

---

[1] Palestra proferida no Centro Universitário Assunção, São Paulo, na semana teológica, 16 maio 2003. Publicada em: *Revista de Cultura Teológica*, São Paulo, (11) 44: 31-40, jul/set. 2003. Aqui com pequenas correções.

[2] *Motu proprio* de 25 de janeiro de 1964. In: DOCUMENTOS DO CONCÍLIO ECUMÊNICO VATICANO II (1962-1965). 2. ed. São Paulo: Paulus, 2002, p. 83.

Espírito Santo. É a vida cotidiana, familiar, profissional, social, política... vivida não mais seguindo a "carne", mas seguindo o Espírito Santo que foi derramado sobre nós. (Vale notar: nos escritos paulinos — por exemplo Rm 8,1-17; 1Cor 15,35-44; Gl 5,13-26 — a "vida no Espírito" vem descrita em oposição à "vida na carne", não em oposição a corpo, matéria, história..., como uma leitura dualista induziu durante séculos). É preciso "pautar nossa conduta" pelo Espírito (cf. Gl 5,25), como fez Jesus, o Ungido pelo Espírito. Portanto, vida espiritual (ou espiritualidade) não pode ser entendida como compartimento estanque, desligada das outras atividades da vida humana. A espiritualidade é uma maneira de estar presente e atuar no mundo. Muito bem o entende assim a Igreja latino-americana que, nos últimos decênios, exercendo sua missão espiritual, se tem declarado e posicionado em diversas situações sociais e políticas. No entanto, podemos, e devemos, sim, ter *momentos específicos para alimentar a vida espiritual*. O momento mais forte e indispensável é... a liturgia. Diz o documento conciliar: A liturgia "é a primeira e necessária fonte, da qual os fiéis podem haurir o espírito genuinamente cristão" (SC 14).

2. Afinal, onde nos é dado o Espírito de Jesus Cristo que nos permite viver no seguimento de Jesus Cristo? O Espírito sopra aonde quer (cf. Jo 4). No entanto, a quem deseja fazer parte da comunidade cristã, é oferecida uma pedagogia que nos leva progressivamente a nos deixar possuir pelo Espírito. Há um momento de evangelização e catecumenato, seguidos dos sacramentos da iniciação cristã. "Fomos batizados num só Espírito, para formarmos um só corpo" (1Cor 12,13). O Batismo significa e realiza nossa inserção no corpo de Cristo e nossa comunhão com o Pai, por Cristo, no Espírito Santo. Na Confirmação (sacramento da Crisma) nos é dito: "Recebe, por este sinal, o Espírito Santo, o dom de Deus". Em cada celebração eucarística, invocamos o Espírito sobre os dons do pão e do vinho, para que se tornem para nós corpo e sangue de Cristo e para que, comendo e bebendo deste pão e vinho, nos tornemos um só Corpo em Cristo. E assim, identificados com ele, feitos participantes de seu mistério pascal, somos levados a viver da maneira como afir-

ma o apóstolo Paulo: "Eu vivo, mas não eu: é Cristo que vive em mim. Minha vida atual na carne, eu a vivo na fé, crendo no Filho de Deus, que me amou e se entregou por mim" (Gl 2,20). Ao longo do ano litúrgico e em cada um dos sacramentos e sacramentais, nas celebrações da Palavra e no Ofício Divino (Liturgia das Horas)..., é realizada e aperfeiçoada esta participação no mistério pascal de Cristo, naqueles que participam da ação litúrgica com as disposições necessárias. Portanto, para os cristãos, a vida espiritual está ancorada na participação na liturgia. Os "exercícios espirituais" consistem na participação nas ações litúrgicas.

3. Em que se fundamenta esta "dobradinha" ritualidade/espiritualidade, ou ação ritual/ação do Espírito Santo? Em primeiro lugar, na natureza do ser humano, criada por Deus como "uno e integral: corpo e alma, coração e consciência, inteligência e vontade" (GS 3). O corpo é mais que ossos, músculos e nervos, numa relação mecânica... Talvez seja melhor falar em "corporeidade". Somos uma realidade complexa com dimensões biológicas, psíquicas, mentais, espirituais, profundamente unidas entre si. Há muito tempo, vários ramos das ciências exatas (por exemplo, a física quântica) e humanas (por exemplo, a neuropsicologia, a neurolinguística...) aprofundam a unidade entre cérebro e mente, matéria e espírito e vem assim corroborar a sabedoria de tradições espirituais, para as quais espírito e matéria formam como que duas dimensões de uma única realidade. Assim o expressa Aldo Natale Terrin: "Está acontecendo em nossos dias um encontro, estranho mas sintomático, entre as ciências físicas, que abandonaram a arrogância, e as ciências psicológicas e do espírito. Com o advento da ciência quântica sobre a matéria, tudo volta a ser discutido. Todos concordam que é preciso falar de probabilidade, de ondas de probabilidades e *do espírito que parece aninhar-se dentro da matéria* (itálico meu), do qual não se consegue descobrir a natureza".[3] Leonardo Boff, falando sobre teologia cósmica, sinte-

---

[3] TERRIN, Aldo Natale. A doença? Síndrome de desarmonia do espírito; tratado sobre religiões antigas e novas. In: *Liturgia e terapia*; a sacramentalidade a serviço do homem na sua totalidade. São Paulo: Paulinas, 1998, p. 230.

tiza: "A matéria não é 'material', mas um campo altamente sutil de inter-retro-relações [...]. O espírito é a capacidade de interatividade de tudo com tudo. Ele penetra o cosmo [...]. O universo é autoconsciente e perpassado de espírito. Bem dizia o mestre inesquecível Karl Rahner: o corpo é a expressão espaçotemporal do espírito que está no cosmo e em Deus".[4] Em segundo lugar, a relação inseparável ritualidade/espiritualidade se baseia ainda na afirmação de nossa fé, de que Deus, o Eterno, se fez homem em Jesus de Nazaré. Colocou-se ao alcance de nossas mãos, de nossos ouvidos, de nossos olhos..., para que pudéssemos — olhando, ouvindo e tocando — viver em comunhão com ele (cf. 1Jo 1,1-4). Depois de sua morte-ressurreição, o contato com ele se faz na comunidade (Igreja), principalmente nas ações litúrgicas (cf. SC 7). Ambrósio dizia: "Eu te encontro nos teus mistérios", e Leão Magno: "Tudo o que na vida de nosso Redentor era visível passou para os mistérios",[5] isto é, a Eucaristia, os outros sacramentos, os sacramentais e a liturgia de modo geral. Trata-se da estrutura sacramental de nossa fé. Em nível de experiência, sabemos que, tocando o corpo, tocamos a pessoa com sua sensibilidade, sua capacidade de pensar, se relacionar, amar e odiar... Assim também, comendo e bebendo o pão e o vinho da ação de graças (Eucaristia), tocamos o mistério de Cristo e nos tornamos uma só coisa com ele e, por ele, com o Pai, na unidade do Espírito Santo.

4. Porém, a participação corporal/espiritual não é algo que se realiza automaticamente. Não basta estar presente ou "sofrer" a ação ritual para termos parte na vida do Espírito que nos é oferecida. Antes de tudo, é preciso uma atitude de fé, de ir em busca e abrir-se à ação de Cristo que nos oferece participação em sua vida pascal, e a liturgia não somente supõe a fé, mas também a alimenta, fortalece e exprime (cf. SC 59). A fé vem da escuta da Palavra, seja nas etapas da evangelização e da catequese, seja na liturgia da Palavra para os

---

[4] BOFF, Leonardo. Teologia sob o signo da transformação, p. 239. In: SUSIN, Luiz Carlos (org.). *O mar se abriu*; trinta anos de teologia na América Latina. Porto Alegre/São Paulo: SOTER/ Loyola, 2000, pp. 233-240.

[5] Sermo 2 de Ascensione, 1-4; PL 54, 397-399; LH, Ofício de Leituras, Sexta-feira da VI Semana do Tempo Pascal.

já iniciados. Depois, "é necessário que os fiéis se acerquem da sagrada liturgia com disposições de reta intenção, adaptem a mente às palavras, e cooperem com a graça divina para não recebê-la em vão, [...] participem com conhecimento de causa, ativa e frutuosamente" (SC 11). Só assim, o amor de Cristo poderá purificar e animar nosso coração, nosso corpo e nossa mente, e fazer com que a atitude espiritual adquirida e aperfeiçoada nas ações litúrgicas se prolongue na vida cotidiana, na ética, no testemunho na sociedade. Ou seja, a memória da morte-ressurreição de Jesus, celebrada na liturgia, é "encarnada" em nosso ser a tal ponto "por toda a parte e sempre levamos em nosso corpo o morrer de Jesus, para que também a vida de Jesus se manifeste em nossa existência mortal" (2Cor 4,10-11),[6] pela atuação do Espírito do Senhor. Comparemos com a seguinte definição de T. Goffi: "Homem espiritual é aquele que percebe a força do Espírito como um componente de si mesmo [e não como algo exterior a si]; é quem vive o devir pascal em Cristo como uma experiência interior própria; é quem vive o dom da caridade como amadurecimento íntimo".[7] Tudo isso supõe participação na vida e missão eclesial, para que a Páscoa aconteça, para que se estabeleça o Reino de Deus no mundo.

5. Para compreender melhor a atual dicotomia entre ritualidade e espiritualidade, recorramos à história.[8] No início do cristianismo, e na época patrística, não havia separação entre vida espiritual (devoção) e liturgia. Por exemplo, no monaquismo, imitar Cristo e viver a celebração litúrgica coincidem; são na realidade a mesma coisa. A partir dos séculos III-IV, começa o divórcio entre liturgia e devoção; dos séculos X-XI em diante, com a teologia escolástica, surge o divórcio também entre teologia e liturgia. Nascem várias "escolas" de espiritualidade, sem ligação com a liturgia: São

---

[6] Citado em SC 12.

[7] GOFFI, T. Homem espiritual. In: FIORES, S. de; GOFFI, T. *Dicionário de Espiritualidade*. São Paulo: Paulinas/Paulistas, 1989, p. 513.

[8] Para todo este parágrafo, cf. AUGÉ, Matias. *Liturgia*; história, celebração, teologia, espiritualidade. São Paulo: Ave Maria, 1996, pp. 343-346; NEUNHEUSER, B. Espiritualidade litúrgica. In: SARTORE, D.; TRIACCA, A. M. (org.). *Dicionário de Liturgia*. São Paulo: Paulinas/Paulistas, 1992, pp. 370-388.

Francisco se concentra no presépio e na cruz; Inácio de Loyola aceita qualquer tipo de piedade de seu tempo e mostra repulsa à oração comunitária; com Teresa de Ávila, os termos teológicos e cristológicos da tradição adquirem sentido psicológico (cf. A. Stolz); Francisco de Sales supera o individualismo, porém, não chega à espiritualidade propriamente litúrgica. Mais tarde surgem no horizonte cultural o iluminismo, o racionalismo..., com sua desconfiança para com símbolos, ritos, devoção... (mais acentuado nas igrejas protestantes que na católica). No final do século XIX e início do século XX surgem tentativas significativas de re-unir liturgia e devoção (piedade, mística), liturgia e teologia: Guéranger (*L'Année Liturgique*...); Pio X, *Tra le sollecitudini* (o verdadeiro espírito cristão deve brotar da participação ativa na liturgia); Lambert Beauduin, *La piété de l'Eglise*... e todo o Movimento Litúrgico; Pio XII, *Mediator Dei*, 1947 (liturgia é de natureza teológica, não é só exterioridade); Vaticano II com a SC. Na América Latina, a prática das CEBs recupera a relação entre liturgia e vida, entre liturgia e piedade popular; os documentos de Medellín e Puebla confirmam e estimulam esta relação.

6. Na prática, como unir espiritualidade e ritualidade? Como crescer espiritualmente pela participação na liturgia? Como estabelecer a ponte entre liturgia, oração pessoal, devoção, trabalho, missão, compromisso com a transformação da sociedade?... Como passar do *conhecimento racional* da inseparável relação entre espiritualidade e ritualidade para o *conhecimento experiencial* da mesma? Como vivenciar esta relação? O termo que cabe aqui é: experiência litúrgica. Entendo a experiência litúrgica como sendo uma experiência espiritual (de comunhão com Deus em Cristo, no Espírito, de configuração com o Cristo em sua morte-ressurreição), mediante a participação (corporal/espiritual) na ação ritual, ou seja, mediante uma experiência ritual, que nos levará a uma participação cada vez mais comprometida na missão dos discípulos e discípulas de Cristo na sociedade atual. Podemos falar também de liturgia como iniciação e como mistagogia: "Assimilação experiencial do mistério por parte

da pessoa, em pensamento, sentimento e praxe".[9] O assunto é vasto. Traço apenas algumas pistas.[10] Antes de tudo, trata-se de procurar uma nova relação com nosso corpo e, a partir daí, uma nova maneira de viver a relação com a palavra (de Deus e da Igreja), com as ações simbólicas, as pessoas, o espaço, a música; quero destacar ainda a importância do ano litúrgico na espiritualidade.

7. Nova relação com o corpo. Não basta um conhecimento racional da antropologia apontado acima. É preciso desenvolver a *percepção, a consciência da unidade (inteireza) de nosso ser*, com suas várias dimensões: corporal, mental, afetiva e espiritual, sendo que a dimensão espiritual comanda as demais. Isto exige treino, ascese, pedagogia. No Centro de Liturgia criamos, nas décadas de 1980/1990, uma técnica pedagógica que denominamos "laboratório litúrgico" para nos ajudar nesse trabalho de unificação. No cerne desta técnica está a vivência da unidade entre gesto corporal, sentido teológico-litúrgico, afetividade e atitude espiritual. De fato, cada ação simbólica é uma palavra feito gesto e precisa ser vivida como tal. O gesto revela a pessoa e cria relação. Há gestos de Cristo que vem ao nosso encontro, e há gestos da comunidade, respondendo aos gestos de Cristo; ambos existem para expressar e alimentar as relações de aliança entre Deus e a comunidade de fé. É que, para nós, cristãos, a mística do corpo está no fato de ser ele templo do Espírito Santo. Por isso, aprendemos a realizar cada ação ritual com o máximo de atenção, de presença, de consciência do corpo em sua relação com a mente, o afeto, o espírito e... o Espírito, com o mistério que habita cada ação ritual. O importante é *fazer*, aprender fazendo, buscando atingir a realidade espiritual do gesto litúrgico. Trabalhamos sempre com "recortes", pequenas unidades de uma determinada celebração ou ação ritual. Procuramos ajuda de profissionais de outras áreas, como teatro, psicodrama, dança, terapia corporal.

---

[9] SALVADOR, F. Ruiz. Mediações. In: FIORES, Stefano de; GOFFI, Tullo, op. cit., p. 304.
[10] Ver exemplos práticos em: BUYST, Ione. *Liturgia, de coração*; espiritualidade da celebração. 2. ed. São Paulo: Paulus, 2007.

8. Esta relação espiritual com o corpo desdobra-se na maneira de nos relacionar com a palavra de Deus na liturgia. O recente re-encontro com a *lectio divina* (leitura orante), seu incentivo por documentos eclesiais (por exemplo, *Dei Verbum* 25) e sua recuperação em alguns ambientes (vida religiosa; leitura popular da Bíblia nas comunidades de base) nos ajudam a redescobrir o caráter espiritual da liturgia da palavra. As leituras bíblicas são proclamadas e interpretadas, não para passar informações sobre Deus ou levar a um conhecimento racional, mas para possibilitar a experiência comunitária do encontro com a Palavra Viva de Deus, Jesus Cristo e, assim dar sentido e direção à nossa vida pessoal e social. Não cabe o formalismo frio e vazio de leituras feitas "em carreira", de "homilias" inconsistentes e cansativas ou reduzidas a informações arqueológicas e exegéticas! Como os discípulos de Emaús, somos chamados a renovar nossa fé e nossa vida no encontro com o Ressuscitado, e dizer com eles: "Não estava ardendo o nosso coração quando ele nos falava pelo caminho e nos explicava as Escrituras?" (Lc 24,32).

9. À palavra ouvida, devemos responder com nossas orações e nossos cânticos. É a eucologia, a palavra da Igreja no diálogo da Aliança. Mas devemos responder à altura: deixar "ecoar" a própria palavra de Deus. Não temos o direito de desviar do assunto, despejando sentimentos religiosos a gosto de alguns animadores, compositores e cantores desrespeitosos ou desconhecedores da tradição de nossa fé. Aqui, de novo, podemos aprender com o método da *lectio divina*: é a palavra de Deus meditada, saboreado, que faz nascer em nós, pela ação do Espírito Santo, a oração e a contemplação, o louvor e a ação de graças, a súplica e a intercessão, de acordo com o coração de Deus. Há espaço para orações que nascem espontaneamente, há orações e cantos que já vêm codificados por gerações anteriores. Qualquer que seja a origem, o importante é que sejam vividos espiritualmente, acompanhando com nossa mente e nosso coração aquilo que nossa boca proclama. Até mesmo no silêncio deveremos estar atentos aos gemidos inefáveis do Espírito (cf. Rm 8,26).

10. O espaço litúrgico expressa o mistério "materializado" em pedra, madeira, formas, cores... Devemos aprender a nos relacionar, portanto, com este espaço, reconhecendo o mistério que re-presenta simbolicamente. Passar pela soleira da porta é buscar a face do Deus vivo, que se manifesta na comunidade reunida, na Palavra, no pão e no vinho... Inclinar-se diante do altar e beijá-lo é expressar as relações de aliança entre a comunidade (esposa) e o Cristo (esposo). Subir à estante e proclamar uma leitura significa deixar-se "engravidar" pelo Espírito, para poder "dar à luz" a Palavra de Deus...

11. Participar da assembleia litúrgica com seus ministérios requer que nos exercitemos na vivência do novo mandamento de Jesus: "Como eu vos amei, assim também vós deveis amar-vos uns aos outros" (Jo 13,34)... Não chameis a ninguém de pai ou de guia... O maior dentre vós deve ser aquele que vos serve... (cf. Mt 23,9-11). Devemos atuar como membros de um só corpo comunitário, em sinergia com o Espírito do Ressuscitado: cantar, dialogar, orar juntos; reconhecer e adorar o Cristo uns nos outros. Quem exerce a presidência ou qualquer outro ministério deve, em sua atitude e maneira de agir, passar uma imagem de Cristo Servidor. Levar tudo isso a sério requer muita atenção e ascese!

12. Por fim, cabe uma palavra sobre a importância do ano litúrgico na espiritualidade. Os tempos e as festas que voltam a cada ano, com as mesmas leituras, os mesmos cantos... nos permitem avançar no processo pascal de nossa identificação com Cristo, "até chegarmos, todos juntos, à unidade na fé e no conhecimento do Filho de Deus, ao estado de adultos, à estatura do Cristo em sua plenitude" (Ef 4,13). Cada celebração se inscreve neste processo e existe em função disso: trata-se da recriação de nosso eu segundo o Espírito de Deus.[11]

13. Sintetizando, podemos ficar com as seguintes definições de "espiritualidade litúrgica": é a vida cristã que se nutre, amadurece, se aperfeiçoa e chega à maturidade (santidade) através da participação

---

[11] Cf. GOFFI, T. Homem espiritual. In: FIORES, Stefano de; GOFFI, Tullo. *Dicionário de Espiritualidade*, op. cit.

na liturgia.[12] É "atitude permanente ou um estilo de vida cristão baseado na assimilação ou identificação com Cristo, produzidos pelo Batismo e pela confirmação e a seguir nutridos pela plena participação à Eucaristia, aos sacramentos em geral e à oração da Igreja [Ofício Divino, Liturgia das Horas]; tudo isso no âmbito fundamental do ano litúrgico e seguindo o ritmo cíclico que lhe é próprio".[13] Portanto, a espiritualidade não fica restrita ao momento celebrativo (perigo de "liturgismo"), mas tem na participação na ação litúrgica sua indispensável fonte, a partir da qual é irrigada toda nossa vida cristã, pessoal e comunitária.

14. Para celebrarmos com dignidade o aniversário da SC, termino com uma sugestão desafiadora: que assumamos, individualmente e como Igreja, o compromisso de pautar nossa vida espiritual na participação na liturgia; que os chamados "exercícios espirituais" (retiro, direção espiritual, revisão de vida...) se façam sempre, tendo como referência principal esta mesma participação corporal/espiritual na liturgia.

---

[12] Cf. CERVERA, Jesús C. *Liturgia y vida espiritual*; curso de espiritualidad litúrgica fundamental. Madrid: Instituto de espiritualidad a distancia, adscrito al Teresianum de Roma, 1984.

[13] AUGÉ, Matias. *Liturgia*; história, celebração, teologia, espiritualidade. São Paulo: Ave Maria, 1996, p. 339.

Impresso na gráfica da
Pia Sociedade Filhas de São Paulo
Via Raposo Tavares, km 19,145
05577-300 - São Paulo, SP - Brasil - 2012